Klaus Mattheß

EINSSEIN MIT GOTT – Facetten der Mystik

Klaus Mattheß

EINSSEIN MIT GOTT –

Facetten der Mystik

Dr. Klaus Mattheß
Duisburg
www.facettendermystik.de
mail@facettendermystik.de

Bibliografische Information der Deutschen Nationalbibliothek:
Die Deutsche Nationalbibliothek verzeichnet diese Publikation in der Deutschen Nationalbibliografie; detaillierte bibliografische Daten sind im Internet über http://dnb.dnb.de abrufbar.

Herstellung und Verlag: BoD – Books on Demand, Norderstedt

ISBN: 9783751905527

Inhaltsverzeichnis

Gott ist uns nahe, wir aber sind ihm fern; Gott ist drinnen, wir aber sind draußen; Gott ist in uns daheim, wir aber sind in der Fremde.
MEISTER ECKHART

Das Reich Gottes ist inwendig in euch.
LUKAS 17, 21

Meinem Kollegen Siegfried Gronemeyer danke ich für interessante Diskussionen, kritische Durchsicht und wertvolle Anregungen bei der Abfassung dieses Buches.

VORWORT

Vergleicht man die Aussagen der verschiedenen Mystikerinnen und Mystiker aus den unterschiedlichsten Kulturkreisen und Zeitepochen, so fällt seit jeher auf, dass diese sich in erstaunlicher Weise ähneln. Dabei soll hier unter Mystik ein spiritueller Weg verstanden werden, dessen Ziel die unmittelbare Erfahrung des Göttlichen ist bis hin zur völligen Vereinigung mit (einem personal oder apersonal gedachten) Gott im eigenen Inneren – und zwar schon im diesseitigen Leben.

Das Hauptanliegen dieses Buches ist es, die Vielfältigkeit und insbesondere die Gemeinsamkeiten des umfangreichen mystischen Gedankengutes darzustellen. Dazu werden Texte von Mystikerinnen und Mystikern aus verschiedenen Weltreligionen und aus unterschiedlichen Zeitaltern zitiert und verglichen.

Es kann hierbei natürlich kein vollständiger Überblick über alle mystischen Strömungen gegeben werden, sondern es werden Schwerpunkte gesetzt.

Aus dem Christentum werden vor allem die Mystiker Meister Eckhart und Angelus Silesius sowie Vertreterinnen der Frauenmystik betrachtet – darüber hinaus wird das Verhältnis von Martin Luther zur Mystik untersucht.

Aus dem Daoismus werden Texte von Laozi und Zhuangzi herangezogen, aus dem Hinduismus vor allem Texte von Shankara und Ramana Maharshi als Vertreter der Advaita-Vedanta-Lehre und aus dem Buddhismus Texte des Zen-Buddhismus. Zum Abschluss wird ein Blick auf gegenwärtige Vertreter der Mystik geworfen, wie z.B. Eckhart Tolle.

Es werden vor allem Textstellen zitiert und untersucht, die eine unmittelbare Nähe der einander entsprechenden Gedanken erkennen lassen.

Um einen desbezüglichen Vergleich zu erleichtern, werden die Aussagen der betreffenden Mystikerinnen und Mystiker jeweils nach ähnlichen Gesichtspunkten geordnet und gegenübergestellt. Auf diese Weise werden verschiedenste Facetten der Mystik zusammengebracht, und es zeigt sich, dass die Aussagen der meisten Mystikerinnen und Mystiker im Grunde den gleichen Kern enthalten. Und so liegt der Schluss sehr nahe, dass sie alle aus derselben inneren Quelle schöpfen und mit ihr in Beziehung treten.

Und damit stellt sich die Mystik auch als das Verbindende zwischen den Weltreligionen heraus, als tiefster Urgrund aller Spiritualität.

A. EINFÜHRUNG IN DIE MYSTIK

1.1 Einleitung

Offenbar hat der Mensch seit jeher ein inneres Bedürfnis nach Transzendenz, nach einer die materielle Welt übersteigenden höheren geistigen Wirklichkeit, mit der er in Verbindung treten kann und die seinem Leben einen tieferen Sinn verleiht. Im Folgenden sollen dieses Anliegen und seine Erfüllung als „Spiritualität" bezeichnet werden. Sie ist unabhängig von den einzelnen Religionen, aber die großen Religionen sind möglicherweise aus dem spirituellen Bedürfnis des Menschen entstanden, und insofern ist Spiritualität das Verbindende zwischen den Religionen.

In den letzten Jahrzehnten hat dieses Bedürfnis Menschen aus unserem Kulturkreis vor allem in den mittleren und fernen Osten, nach Indien und Japan blicken lassen, wo eine gewisse Verinnerlichung offenbar schon seit Jahrtausenden zur Philosophie, zur Religion und zum Alltag gehört.

Dabei wird oft vergessen, dass dieser Zugang zur Spiritualität schon seit Beginn auch im Christentum vorhanden ist, vor allem in Form der Mystik, die von Zeit zu Zeit immer wieder aufflackert - insbesondere in Zeiten, in denen die etablierten Kirchen allzu sehr den rationalen Zugang zu Gott betonen und die Menschen einen emotionalen Zugang zu ihm vermissen.

Unter Mystik versteht man dabei im Allgemeinen einen spirituellen Weg, dessen Ziel die unmittelbare Erfahrung des Göttlichen bis hin zur völligen Vereinigung mit (einem personal oder apersonal gedachten) Gott in unserem eigenen Inneren ist – und zwar schon im diesseitigen Leben (s. z.B. Dinzelbacher 1998, S. VII).

Vergleicht man nun die Aussagen der Mystiker aus den unterschiedlichsten Kulturkreisen und den verschiedensten Zeiträumen, so fällt auf, dass sich diese sowohl in der Schilderung ihrer unmittelbaren Erfahrungen als auch in den Anleitungen für den spirituellen Weg dorthin in erstaunlicher Weise ähneln, auch wenn sie natürlich in die jeweiligen kulturellen Hintergründe eingebettet sind.

Diese Parallelen sind von jeher aufgefallen, seit die betreffenden Texte aus den verschiedenen Kulturkreisen verfügbar sind. So schreibt der Philosoph Arthur Schopenhauer gegen Mitte des 19. Jahrhunderts:

„Nichts kann überraschender sein, als die Übereinstimmung der jene Lehren [der Mystik] vortragenden Schriftsteller untereinander, bei der allergrößten Verschiedenheit ihrer Zeitalter, Länder und Religionen, begleitet von der felsenfesten Sicherheit und innigen Zuversicht, mit der sie den Bestand ihrer inneren Erfahrung vortragen. Sie bilden nicht etwa eine Sekte, die ein theoretisch beliebtes und einmal ergriffenes Dogma festhält, verteidigt und fortpflanzt; vielmehr wissen sie meistenteils nicht voneinander; ja, die Indischen, Christlichen, Mohammedanischen Mystiker, Quietisten und Asketen sind sich in Allem heterogen, nur nicht im Inneren Sinn und Geiste ihrer Lehren." (Schopenhauer 1972b, S. 704 ff.)

Und er kommt zu der Schlussfolgerung:

„So viele Übereinstimmung, bei so verschiedenen Zeiten und Völkern, ist ein faktischer Beweis, dass hier nicht, wie optimistische Plattheit es gern behauptet, eine Verschrobenheit und Verrücktheit der Gesinnung, sondern eine wesentliche und nur durch ihre Trefflichkeit sich selten hervortuende Seite der menschlichen Natur sich ausspricht." (Schopenhauer 1972a, S. 460)

Ähnlich sagt im Jahr 2008 Josef Ratzinger, Papst Benedikt XVI., in einer Audienz in Bezug auf (Pseudo-)Dionysius Areopagita, einen christlichen Mönch, der um 500 n. Chr. lebte und als einer der Begründer der christlichen Mystik gilt und auf den später noch genauer eingegangen wird:

„[Dionysius Areopagita] erscheint [heute] als großer Vermittler im modernen Dialog zwischen dem Christentum und den mystischen Theologien Asiens, deren Wesensmerkmal in der Überzeugung liegt, dass man nicht sagen könne, wer Gott ist; man kann von ihm nur in negativen Formen sprechen [...]. Und hier erkennt man eine Ähnlichkeit zwischen dem Denken des Areopagiten und jenem der asiatischen Religionen: Er kann heute ein Vermittler sein, wie er es zwischen dem griechischen Geist und dem Evangelium gewesen ist." (Benedikt XVI. 2008; Wehr 2013, S. 148 f.)

Und der bekannte japanische Zen-Buddhist Daisetz Suzuki verfasste 1957 ein Buch „Der westliche und der östliche Weg", in dem er den Weg der christlichen Mystik und des Buddhismus vergleicht. Er geht hierin ausführlich auch auf Meister Eckhart, einen der größten christlichen Mystiker aus dem 14. Jahrhundert ein, von dem später noch ausführlich die Rede sein wird. Und er schreibt gleich am Anfang seines Buches:

„Als ich zum ersten Mal [...] ein kleines Buch mit einigen von Meister Eckharts Predigten las, beeindruckten diese mich tief, denn ich hatte niemals erwartet, dass irgendein christlicher Denker — gleich, ob alt oder modern — solch kühne Gedanken hegen würde, wie sie in diesen Predigten ausgesprochen wurden. Wenn ich mich auch nicht erinnere, welche Predigten das kleine Buch enthielt, so weiß ich doch: die darin geäußerten Gedanken waren buddhistischen Vorstellungen so nahe, dass man sie fast mit Bestimmtheit als Ausfluss buddhistischer Spekulation hätte bezeichnen können. Soweit ich es beurteilen kann, scheint mir Eckhart ein ungewöhnlicher »Christ« zu sein." (Suzuki 1957, S. 13)

1.2 Die Sehnsucht des Menschen nach Spiritualität

Der zeitgenössische Benediktinerpater Anselm Grün (*1945) zählt in seinem Buch „Mystik – Den inneren Raum entdecken" verschiedene Gründe dafür auf, weshalb sich die Menschen heutzutage bei uns zunehmend einer gelebten Form von Spiritualität zuwenden. (Grün 2011, S. 9 ff.)

Sehnsucht nach Erfahrung
In unserem sogenannten naturwissenschaftlichen Zeitalter wird jede Erkenntnis mit den Mitteln der Vernunft überprüft. Wir sind es nicht mehr gewohnt, das einfach zu glauben, was andere uns mitteilen. Und so glauben wir nicht einfach unbesehen, was uns die Kirchen In ihren überlieferten Dogmen lehren, sondern wir wollen die Glaubensinhalte persönlich erfahren, Gott unmittelbar erleben.

Auf der anderen Seite führt diese Überbewertung der Vernunft, des Geistes, zu einem Bedürfnis, aus dieser „kalten", rein rationalen Welt herauszutreten, unseren Körper, unsere Seele, unsere Gefühle wieder stärker in den Mittelpunkt treten zu lassen, tiefere eigene Erfahrungen zu machen.

Sehnsucht nach Stille und Ruhe
In unserer rastlosen Zeit voller Lärm, Hektik, Aktivismus, Termine, Zukunftsplanungen sehnen wir uns nach einem Weg in die innere Stille, in die Ruhe

und Gelassenheit, die uns der Weg der Verinnerlichung und Meditation zu erreichen verspricht.

Sehnsucht nach Gemeinschaft und Geborgenheit
Unser Drang zum Individualismus, zur Betonung des einzelnen Individuums, das seine persönlichen Wünsche und Werte ausleben kann, hat zu einer Vereinzelung und Isolation geführt, zu dem Gefühl, von Gott und den Mitmenschen abgeschnitten zu sein.

Der Mensch sehnt sich zunehmend nach Gemeinschaft und Geborgenheit, nach einem Einswerden mit sich selbst, mit seinen Mitmenschen, mit Gott.

Sehnsucht nach etwas, das den Tod übersteigt
Trotz oder vielleicht besser wegen unserer vielseitigen Aktivitäten und Eindrücke, die ständig wechseln, niemals einen größeren Zeitabschnitt überdauern, sehnen wir uns nach einem festen Grund, der uns unser ganzes Leben hindurch unverändert begleitet und auch unseren Tod überdauert. Und diesen festen Grund suchen wir in einem Einssein mit Gott, aus dessen Liebe wir auch nach dem Tod nicht herausfallen können.

Dies erfüllt auch unsere Sehnsucht nach dem Sinn unseres Lebens – dieser kann im Diesseits, im ständigen Wechsel der Erscheinungen nicht gefunden werden, sondern er muss möglicherweise die sinnlich wahrnehmbare Welt übersteigen, transzendieren.

Sehnsucht nach Freiheit
Um sich von den Vorschriften und Urteilen von Institutionen und unseren Mitmenschen befreien zu können, suchen wir nach eigenen Erfahrungen, nach einem unmittelbaren Schauen und Erleben der göttlichen Wahrheiten. Dies vermittelt uns ein Gefühl der Unabhängigkeit und Freiheit, das die Menschen, die Gott erfahren haben, von jeher beschrieben haben.

Soweit also die Sehnsüchte des Menschen, wie sie von Anselm Grün geschildert werden, die das Bedürfnis nach gelebter Spiritualität erwecken. Und dies sind vielleicht auch die Gründe, weshalb in letzter Zeit die Menschen zunehmend Interesse an der Mystik haben.

1.3 Das Wesen der Mystik

Unter Mystik versteht man dabei in unserem Kulturkreis, wie schon oben ausgeführt, im Allgemeinen einen spirituellen Weg, dessen Ziel die unmittelbare Erfahrung des Göttlichen bis hin zur völligen Vereinigung mit Gott in unserem eigenen Inneren ist.

Der zeitgenössische Benediktinermönch und Zen-Meister Willigis Jäger (*1925) beschreibt in seinem Buch „Wiederkehr der Mystik" die Erfahrung des mystischen Einheitsbewusstseins, der unio mystica, folgendermaßen:

„Das mystische Bewusstsein könnte beschrieben werden als eine Dimension des Erfahrens, in der alles so ist, wie es ist, und so, wie es ist, auch vollkommen ist. Dort ist man nicht glücklich und nicht unglücklich, nicht zufrieden oder unzufrieden, nicht froh und nicht traurig. Frohsein wäre bereits ein Weniger, genauso Traurigsein. Es gibt keine Seligkeit, kein Glück im Sinne eines Gefühls. Alle anderen Bewusstseinsebenen erscheinen neben der mystischen Einheitserfahrung relativ. Sie sind vorläufig und unerfüllt.

In dieser transrationalen Bewusstseinsebene sind Form und Formlosigkeit eins. Es ist die Erfüllung all unserer Sehnsüchte. Es gibt dort nicht Subjekt und Objekt, sondern nur Sein. Dort erfährt der Mensch seinen göttlichen Urgrund und er ist geneigt zu sagen: »Ich bin Gott.« Dieses Wort enthält jedoch keinerlei Arroganz. Darin ist kein Ich. Es ist vielmehr getragen von einer ungeheuren Demut und begleitet vom Bedürfnis, allen Lebewesen zu dieser Erfahrung zu verhelfen." (Jäger 2013, S.37)

In dieser Erfahrung, die eigentlich keine „Erfahrung" ist, sondern ein unmittelbares Erleben, spürt man also, dass alles so, wie es ist, „richtig" ist. Man könnte sagen, dass den Mystiker das Gefühl „Alles ist gut" erfüllt, aber das Adjektiv „gut" passt eigentlich auch nicht, da es bereits aus der Einheit herausführt.

An dieser Stelle bemerkt man die Schwierigkeit, über mystische Erlebnisse zu sprechen. Die mystische Vereinigung mit Gott, die unio mystica, geschieht im Inneren des Menschen, außerhalb von Raum und Zeit, im raum- und zeitlosen „Jetzt". Und da unsere Sprache aus unseren sinnlichen Erfahrungen in Raum und Zeit abgeleitet ist und sich auf diese Erfahrungen bezieht, kann die Sprache die mystischen Empfindungen und Erlebnisse, die gewissermaßen aus einer anderen Dimension stammen, gar nicht ausdrücken oder beschreiben.

Der schon erwähnte Meister Eckhart sagt dementsprechend:
„Das Schönste, was der Mensch über Gott auszusagen vermag, besteht darin, dass er aus der Weisheit des inneren Reichtums schweigen könne. Schweig daher und klaffe [schwatze] nicht über Gott, denn damit, dass du über ihn klaffst, lügst du, tust du Sünde. Willst du nun aber ohne Sünde und vollkommen sein, so klaffe nicht über Gott!" (Meister Eckhart und Quint 1979, Predigt 42, S. 353)

Ganz ähnlich formuliert es übrigens Rudolf Bultmann, wenn auch in ganz anderem Zusammenhang, in seinem Artikel „Welchen Sinn hat es, von Gott zu reden?" (1925):
„[...] von Gott reden, ist nicht nur Irrtum und Wahn, sondern ist Sünde." (Bultmann 1993, S. 27)

Angelus Silesius (Johannes Scheffler), ein christlicher Mystiker aus dem 17. Jahrhunderts, auf den später noch genauer eingegangen wird, schreibt dazu in Form von Epigrammen:
DAS STILLSCHWEIGENDE GEBET
„Gott ist so über alls, dass man nichts sprechen kann:
Drum betest du ihn auch mit Schweigen besser an."
(1, 240)
MIT SCHWEIGEN WIRDS GESPROCHEN
„Mensch, so du willst das Sein der Ewigkeit aussprechen,
So musst du dich zuvor des Redens ganz entbrechen."
(2, 68)
(Angelus Silesius und Gnädinger 1986, S. 86 und S. 117)

Worte trennen das, was sie ausdrücken wollen, was sie bejahen, von allem ab, wovon sie sich abgrenzen, was sie verneinen. In der Einheit gibt es jedoch keinerlei Unterscheidung, kein „ja" und „nein". Ich kann sie also nicht beschreiben. Sobald ich jedoch darüber nachdenke, mich an meine Erfahrung erinnere, bin ich bereits aus der Einheit herausgetreten und beschreibe meine Erinnerung, aber nicht mein unmittelbares Erleben.

Daher ist es auch schwer, eigentlich unmöglich, diesen Zustand der Einheit zu benennen – im Christentum wird er als „ewiges Leben" oder als „Reich Gottes", bei Meister Eckhart als „Gottheit" bezeichnet, im Judentum als „das gelobte Land", in östlichen Religionen als Brahman, das Absolute, das Sein, die Weltseele, das Dao, das Nirwana. Auf diese Problematik wird später in Kapitel 3.2 zu Meister Eckharts Lehre noch einmal genauer eingegangen werden.

Das *Erlebnis* der Einheit wird jedoch in allen großen Religionen ähnlich beschrieben, und so könnte man vermuten, dass es sich im Grunde um die gleiche Erfahrung handelt, die in die jeweils verschiedenen religiösen Kontexte eingebettet ist.

Man muss nämlich bei dem Vergleich der Religionen eine exoterische und eine esoterische Seite unterscheiden (s. z.B. Jäger 2013, S. 68 f.). Die exoterische, äußerliche Seite drückt sich aus in ihren Schriften, Dogmen, Ritualen, Symbolen – und diese sind in allen Religionen, je nach ihrer Entstehung und ihrem Kulturkreis, mehr oder weniger unterschiedlich.

Die esoterische, innere Seite, die die unmittelbaren religiösen bzw. spirituellen Erfahrungen, also ihren eigentlichen inneren Sinn umfasst, scheint jedoch in allen Religionen gleich zu sein – ob man sie nun im Christentum als Mystik bezeichnet oder im Islam als Sufismus, im Judentum als Kabbala, im Hinduismus als Advaita-Vedanta, in China als Daoismus, im Buddhismus als Zen. Damit ist die Mystik im weiteren Sinne das eigentliche Verbindende zwischen allen Religionen, ihr Kern und ihr tieferer Sinn – und damit auch das Verbindende zwischen allen Menschen auf der Erde. Wird dies erkannt, verschwinden alle Auseinandersetzungen und Feindseligkeiten zwischen den Vertretern der verschiedenen Religionen.

Im Folgenden sollen nun verschiedene Facetten der Mystik aus unterschiedlichen Perspektiven dargestellt werden, insbesondere aus christlicher und aus mittel- bzw. fernöstlicher Sicht. Alle diese Bruchteile zusammen genommen können vielleicht annähernd ein Bild dessen vermitteln, was für viele Mystiker das Wesen ihrer Religion und der tiefere Sinn ihres spirituellen Lebens ist.

B. CHRISTLICHE MYSTIK

2.1 Mystische Elemente im Neuen Testament

Die Bibel umfasst beide Seiten der Spiritualität: den exoterischen und den esoterischen Teil. Auch die Worte Jesu sprechen beide Bereiche an – je nach der Auffassungsgabe seiner Zuhörer. Der esoterische, der eigentliche mystische Zugang zu Gott, der in jedem Menschen wohnt und dort im Sinne der Mystik unmittelbar erfahren werden kann, wird beispielsweise in folgenden Bibelstellen angedeutet [alle Bibelstellen werden aus (Die Bibel 2017), der Lutherübersetzung von 2017 zitiert]:

- Matthäus 5 (Bergpredigt):

(3) „Selig sind, die da geistlich arm sind; denn ihrer ist das Himmelreich"

(8) „Selig sind, die reinen Herzens sind; denn sie werden Gott schauen", Stellen, die von Mystikern zumeist auf eine schon diesseitige Erfahrung bezogen werden.

- Lukas 17, 21:

„Als er [Jesus] aber von den Pharisäern gefragt wurde: Wann kommt das Reich Gottes?, antwortete er ihnen und sprach: Das Reich Gottes kommt nicht mit äußeren Zeichen; man wird auch nicht sagen: Siehe, hier! oder Da! ist es. Denn sehet, das Reich Gottes ist mitten unter euch."

Den letzten Teilsatz übersetzte Martin Luther ursprünglich mit *„das Reich Gottes ist inwendig in euch"* – beide Übersetzungen sind möglich.

- Johannes 14, 23:

[Jesus sprach:] *„Wer mich liebt, der wird mein Wort halten; und mein Vater wird ihn lieben, und wir werden zu ihm kommen und Wohnung bei ihm nehmen."*

- Johannes 17, 20 ff.:

„Ich bitte aber nicht allein für sie [die Menschen, die du mir gegeben hast], sondern auch für die, die durch ihr Wort an mich glauben werden, dass sie alle eins seien. Wie du, Vater, in mir bist und ich in dir, so sollen auch sie in uns sein, auf dass die Welt glaube, dass du mich gesandt hast. Und ich habe ihnen die Herrlichkeit gegeben, die du mir gegeben hast, auf dass sie eins seien, wie wir eins sind, ich in ihnen und du in mir, damit sie

vollkommen eins seien und die Welt erkenne, dass du mich gesandt hast und sie liebst, wie du mich liebst."

- Oder im Zitat aus dem Paulusbrief an die Galater:

  „Ich lebe, doch nun nicht ich, sondern Christus lebt in mir."
  (Galater 2, 20)

- Dazu gezählt werden kann auch der Bericht des Apostels Paulus (2. Korinther 12, 4) von seiner Entrückung in den dritten Himmel und in das Paradies, wo er, wie er schreibt, *„unaussprechliche Worte [hörte], die kein Mensch sagen kann"*.

- Als weiteres Beispiel wird auch häufiger folgender Spruch aus dem Thomas-Evangelium angeführt, einem apokryphen Evangelium, das also nicht in den biblischen Kanon aufgenommen wurde:

  „Jesus sagte: Ich bin das Licht, das über ihnen allen ist. Ich bin das All. Aus mir ist das All hervorgegangen, und zu mir ist das All gelangt. Spaltet ein Holz, ich bin dort, hebt einen Stein hoch, und ihr werdet mich dort finden." (Thomasevangelium, Spruch 77) (Ceming und Werlitz 2007, S. 143 f.)

In all diesen Stellen wird also angedeutet, dass Gott bzw. Christus im Menschen wohnt und dort erfahren werden kann, was der Kernaussage der christlichen Mystik entspricht. Und dieser Zugang zu Gott weicht natürlich stark von dem traditionellen Vorgehen vieler Theologen ab, die ihn, etwas vereinfacht ausgedrückt, ausschließlich in einer Interpretation der Bibel als des Wortes Gottes suchen.

Diesbezüglich schreibt der katholische Theologe Karl Rahner im Jahr 1966:

„Der Fromme von morgen wird ein »Mystiker« sein, einer, der etwas »erfahren« hat, oder er wird nicht mehr sein." (Rahner 1966, S. 335)

2.2 Stufen der Mystik

Wie erwähnt, geht es in der Mystik im Wesentlichen darum, nicht nur an einen vom Menschen getrennt gedachten „äußeren" Gott zu glauben, ihm (gewissermaßen blind) zu vertrauen, sondern hauptsächlich darum, diesen Gott in sich selbst zu erfahren – nicht erst in einem nachtodlich gedachten Jenseits, sondern schon hier und jetzt, im irdischen Leben. Insofern wurde die Mystik schon im christlichen Mittelalter im Anschluss an eine Formulierung des großen Kirchenlehrers Thomas von Aquin aus dem 13. Jahrhundert als „cognitio dei experimentalis", als erfahrungsmäßige Erkenntnis Gottes bezeichnet (Grün 2011, S. 79 f.).

Thomas von Aquin unterscheidet in seinem Lehrwerk „Summa theologica" (Summe der Theologie) zwei Arten des Zugangs zu Gott:
Den spekulativen Zugang (cognitio divinae speculativa), der durch reines Nachdenken gewonnen wird, und den experimentellen Zugang (cognitio divinae experimentalis), bei dem Gott unmittelbar erfahren wird (Thomas von Aquin, II^a-IIae q. 97 a. 2 ad 2).

Während sich die kirchliche Tradition hauptsächlich auf die Bibel stützt und diese rein rational auslegt, geht es in der der christlichen Mystik um den zweiten Weg: den Weg der unmittelbaren Erfahrung Gottes bis hin zur völligen Vereinigung mit ihm, der sogenannten „unio mystica". Es erhebt sich nun natürlich die Frage, wie man zu dem unmittelbaren Erleben des Göttlichen gelangen kann (die sogenannte Mystagogie).

In der Geschichte der Mystik (nicht nur der christlichen) sind dazu viele verschiedene Wege empfohlen worden, mit einer mehr oder weniger großen Zahl an Vorbereitungsstufen. Im Wesentlichen handelt es sich jedoch immer um folgende drei klassischen Stufen bzw. Phasen:
1. Stufe: Reinigung,
2. Stufe: Erleuchtung,
3. Stufe: Vereinigung mit Gott (unio mystica).

Stufe 1: Reinigung
Diese erste Stufe ist für viele Mystiker (wenn auch nicht für alle) die Vorbedingung für die weiteren Stufen.

Der Grundgedanke hierbei ist, dass Gott zwar in jedem Menschen wohnt, aber durch dessen egoistisches Denken gewissermaßen verdeckt wird. Der Mensch muss sich also „reinigen", sich vom ichbezogenen Eigenwillen abwenden, sich ganz Gott überlassen, so dass Gott in ihn einkehren kann und Gottes Willen zu seinem eigenen Willen wird.

Zur Erreichung dieses Ziels schlagen die verschiedenen Weisheitslehrer aller Religionen die unterschiedlichsten geistlichen Übungen vor, wie Askese, Atemübungen, Imaginationsübungen, Gebete, Kontemplation, Meditation, Reflexion, die oft sehr mühsam und langwierig exerziert werden müssen. Es wird oft der Vergleich mit dem Lesen Lernen eines Kindes gebracht: Am Anfang muss das Kind mühsam die einzelnen Buchstaben entziffern und zusammensetzen, später jedoch erfasst es den Sinn eines Wortes mühelos mit einem Blick.

Stufe 2: Erleuchtung

Wenn der Suchende auf der ersten Stufe der Reinigung angekommen ist, so ist er auf das Erreichen der weiteren Stufen vorbereitet. Wichtig ist jedoch, dass bei den meisten Mystikern sich der Mensch zwar für den Weg der ersten Stufe selbst entscheiden und diesen selbst gehen muss. Die zweite und die dritte Stufe allerdings kann er aus eigener Willensanstrengung nicht mehr erreichen – diese zu erlangen geschieht allein durch göttliche Gnade.

Diese zweite Stufe, die Erleuchtung, wird in allen großen Religionen beschrieben. Im Christentum bezeichnet sie eine unmittelbare Erfahrung Gottes, des göttlichen Lichts. Möglicherweise sind so einige prophetische Bücher des Alten Testaments durch göttliche Eingebung entstanden. Vielleicht deutet auch das Pfingstwunder, die Erfüllung der Apostel vom Heiligen Geist, in diese Richtung (Apostelgeschichte 2,1 ff.).

Viele Mystiker berichten von ekstatischen Visionen, die sie in solchen Augenblicken erfahren haben (z.B. Paulus im 2. Korintherbrief, 12, 1 ff.). Jedoch sind diese Erfahrungen zumeist vorübergehend und deuten lediglich darauf hin, dass der Suchende seinem Ziel, der Annäherung an Gott und der Vereinigung mit Gott nähergekommen ist.

Diese Erfahrungen der zweiten Stufe sind also bei den meisten Mystikern nicht Selbstzweck, sondern nur Wegweiser und eine Durchgangsstufe auf dem Weg zu Gott.

Stufe 3: Vereinigung (unio mystica)

Erschien auf der zweiten Stufe, der Erleuchtung, mir Gott noch als ein Gegenüber, der mich aus seiner Gnade heraus seine Nähe und seine Liebe spüren lässt, so kommt es auf der dritten Stufe, der unio mystica, zu einer völligen Vereinigung zwischen mir und Gott. Oben (in Kapitel 1.3) wurde schon eine, wenn auch natürlich unvollkommene Beschreibung dieses Zustandes durch Willigis Jäger angeführt.

Es sei hier schon erwähnt, dass für die meisten Mystiker der Zustand der Vereinigung kein kurzzeitiges Erlebnis ist, wie es möglicherweise in tiefer meditativer Versenkung auftritt, sondern eine anhaltende Erfahrung, die sich durch alle alltäglichen Tätigkeiten hindurchzieht. Hiervon wird später noch ausführlicher die Rede sein.

In der Weltgeschichte der Mystik können zwei verschiedene Zugänge und Arten der Einheitserfahrung unterschieden werden, die mit dem Weltbild der jeweiligen Kultur zusammenhängen (s. z.B. Grün 2011, S. 24 und S. 105 ff.).

Die westlichen Offenbarungsreligionen, das Christentum, der Islam und das Judentum, gehen überwiegend von einem linearen Weltbild aus, in dem die Weltgeschichte aus nacheinander folgenden Ereignissen besteht. Dementsprechend wird oft der Weg des Menschen zu einem personalen Gott als ein Fortschreiten von der Gottferne zur Vereinigung mit Gott gesehen. Es handelt sich dabei oft um eine Persönlichkeitsmystik, bei der Gott und mein Selbst in mir als Einheit erfahren wird.

Im zyklischen Weltbild der fernöstlichen Religionen (Hinduismus, Buddhismus, Daoismus) wird die Weltgeschichte als ein Kreislauf von sich immer wiederholenden Zyklen gesehen, denen eine apersonale Weltenseele, ein Urgrund allen Seins zugrunde liegt. Und die Mystiker dieses Kulturkreises erfahren die unio mystica daher oft apersonal oder besser transpersonal, indem die eigene Persönlichkeit aus dem ewigen Kreislauf der Wiederkehr ausbricht und sich in diesem Urgrund, der Gottheit, auflöst.

Ein Beispiel für die Persönlichkeitsmystik ist die christliche mittelalterliche Braut- oder Liebesmystik, auf die später noch genauer eingegangen wird. Hierin wendet sich der oder die Suchende Gott in Gestalt Jesu Christi zu, oft als dem leidenden Heiland am Kreuz. Und viele Mystikerinnen nähern sich ihm in der Vorstellung, die Braut Christi zu sein und sich mit ihm zu vereinen.

Der schon erwähnte Meister Eckhart hingegen beschreibt auf der Basis des Christentums die apersonale Erfahrung der Einheit mit Gott folgendermaßen:

„[Die Seele] wird mit Gott eins und nicht vereint; denn, wo Gott ist, da ist [auch] die Seele, und, wo die Seele ist, da ist [auch] Gott." (Meister Eckhart und Quint 1976, Predigt 64, S. 519)

Und an anderer Stelle:

„Soll ich aber Gott auf solche Weise unmittelbar erkennen, so muss ich schlechthin er, und er muss ich werden. Genauerhin sage ich: Gott muss schlechthin ich werden und ich schlechthin Gott, so völlig eins, dass dieses »Er« und dieses »Ich« Eins ist, werden und sind und in dieser Seinsheit ewig ein Werk wirken." (Meister Eckhart und Quint 1979, Predigt 42, S. 354)

In dieser Vereinigung existiert für Meister Eckhart Gott also nicht mehr außerhalb von mir, getrennt von mir, aber auch nicht innerhalb von mir, aber immer noch getrennt von mir. In der mystischen Vereinigung besteht kein Unterschied mehr zwischen mir und Gott – „ich" bin Gott: mein individuelles Ich ist ausgelöscht; Gott allein ist es, der (als Gott bzw. als Ich) existiert und wirkt.

3. Meister Eckhart

(Zu diesem ganzen Kapitel s. z.B. Ruh 1985, ausführliche Dokumentation zu Meister Eckhart auf der Webseite www.eckhart.de: Triebel)

Das schon oben (in Kapitel 1.1 und 1.2) erwähnte universelle Bedürfnis des Menschen nach Spiritualität tritt wie gesagt insbesondere in Zeiten in den Vordergrund, in denen die etablierten Kirchen allzu sehr den rationalen Zugang zu Gott betonen und die Menschen einen emotionalen Zugang zu ihm vermissen. Dies war vor allem am Ende des Mittelalters in der Scholastik der Fall, wo die Theologie zu einer reinen gedanklichen, gewissermaßen sterilen, blutleeren Spekulation über das transzendente Göttliche erstarrt war, die ein unmittelbares Erleben eines immanenten Gottes vermissen ließ. Hierdurch erfuhr die Mystik in Mitteleuropa eine Wiederbelebung – und vielleicht auch in der heutigen Zeit, die uns wieder zurückblicken lässt auf unsere christliche Tradition, in der die Mystik stets einen wichtigen Platz hatte, wenn auch lange Zeit mehr oder weniger unbemerkt, ja oft angefeindet und bekämpft.

Demgemäß erblühte im Hoch- und Spätmittelalter, also etwa ab 1000 n. Chr., die christliche Mystik erneut, und es sind uns viele Texte von christlichen Mystikern aus dieser Zeit überliefert.

Vor allem der schon mehrfach erwähnte deutsche Dominikanermönch Meister Eckhart (1260 - 1328) war es, dessen Lehre nicht nur diesem spirituellen Bedürfnis der Menschen entgegenkam, sondern der in seinen Predigten eine tiefgehende Beschreibung der Mystik darlegte, die lange Zeit nachwirkte und die bis heute nichts an ihrer Eindringlichkeit und Wirksamkeit verloren hat. Seine Popularität ist unter anderem auch darauf zurückzuführen, dass er viele seiner Predigten in deutscher Sprache verfasste, wodurch er auch vom einfachen Volk verstanden werden konnte. Auf Meister Eckhart soll deshalb im Folgenden etwas ausführlicher eingegangen werden.

3.1 Meister Eckharts Leben

Meister Eckhart wurde um 1260 in Hochheim in Thüringen in der Nähe von Gotha geboren, wahrscheinlich aus ritterlichem Geschlecht. In jungen Jahren trat er in Erfurt in den Dominikanerorden ein (dem zuvor schon die berühmten Kirchenlehrer Albertus Magnus und Thomas von Aquin angehörten). Er studierte Theologie in Köln und in Paris, das damals als geistige Metropole des Abendlandes galt. Dort erwarb er mit der Promotion den Magister-Titel, woher seine Namensbezeichnung „Meister" Eckhart stammt.

Ihm wurden schon früh hohe Ämter innerhalb des Ordens übertragen. Er leitete die Ordensprovinzen in Sachsen und Böhmen und betreute später in Straßburg vor allem die zahlreichen süddeutschen Dominikanerinnenklöster, fast 100 an der Zahl. Auch wurde er ein zweites Mal von seinem Orden als Lehrer an die Universität in Paris geschickt. Er war damit also seinerzeit einer der höchsten Würdenträger des Dominikanerordens.

Da seine Lehren teilweise den offiziellen Lehren der Kirche widersprachen und auch indirekt ihre Autorität in Frage stellten, wurde Meister Eckhart zunehmend der Häresie, der Ketzerei bezichtigt. Eine entsprechende Verurteilung vor dem Inquisitionsgericht hätte damals ein Verbot der

Verbreitung seiner Lehre zur Folge gehabt bis hin zur Hinrichtung des Autors und seiner Anhänger auf dem Scheiterhaufen.

Im Jahre 1326 wurde gegen Meister Eckhart (im Alter von 66 Jahren) in Köln das Inquisitionsverfahren eröffnet. Zu den Vorwürfen äußerte er sich schriftlich, indem er zunächst das Gericht als für ihn nicht zuständig bezeichnete (Karrer, Otto und Piesch, Herma 1927, S. 77) und seinen Anklägern entweder Bosheit oder Unwissenheit vorwarf, *„die in ihren grobsinnlichen Vorstellungen Göttliches, Hohes, Unkörperhaftes zu beurteilen sich unterfangen".* (Karrer, Otto und Piesch, Herma 1927, S. 88)
Und später:
„Der Irrtum der Gegner liegt zunächst darin, dass sie alles, was sie nicht verstehen, für verkehrt halten und wiederum das Verkehrte für eine Ketzerei." (Karrer, Otto und Piesch, Herma 1927, S. 99)
Und er fasste seine Entgegnung zusammen in dem markanten Satz*:*
„Irren kann ich, aber nicht ein Häretiker sein. Denn das erste betrifft den Verstand, das zweite aber den Willen". (Karrer, Otto und Piesch, Herma 1927, S. 79)

Da auf seine ausführlichen Erwiderungen nicht eingegangen wurde und er als Mitglied des Dominikanerordens nicht dem Klerus, sondern nur dem Papst unmittelbar unterstellt war, reiste er im Jahre 1327 zu Papst Johannes XXII., um sich direkt vor ihm zu rechtfertigen. Dieser residierte damals während der sogenannten babylonischen Gefangenschaft der Kirche im südfranzösischen Avignon (das von Köln etwa 900 km, also ca. 6 Wochen Fußmarsch!) entfernt ist. Dort oder auf seiner Rückreise nach Köln ist Meister Eckhart vermutlich zu Beginn des Jahres 1328 im Alter von 67 Jahren verstorben.
Im Folgejahr 1329 veröffentlichte Papst Johannes XXII. die päpstliche Bannbulle „In agro dominico" („Auf dem Acker des Herrn"), in der 17 von 28 Meister Eckhart zugeschriebenen „Artikel" als „häretisch" und 11 als „der Häresie verdächtig" verurteilt wurden (jedoch nur diese Sätze, nicht aber seine Lehre, geschweige denn seine Person) (s. z.B. Trusen 1988, S. 189 f.). Auf diese kritisierten Artikel soll unten in Abschnitt 3.3 noch einmal kurz eingegangen werden. Er selbst hat diese Verurteilung also nicht mehr erlebt.

3.2 Meister Eckharts Lehre

Einer der bekanntesten Schüler von Meister Eckhart, Johannes Tauler (1300 – 1361), sagt über seinen Lehrer:

„Euch belehrt und zu euch spricht ein liebenswerter Meister, aber ihr begreift nichts davon. Er sprach aus der Ewigkeit, und ihr versteht es nach der Zeit." (Zitiert nach Ruh 1985, S. 11)

Und dementsprechend sagt Meister Eckhart des Öfteren, dass seine Worte nicht von ihm selbst, sondern von Gott unmittelbar stammen (s. dazu auch Ruh 1985, S. 189 f.):

„Könntet ihr mit meinem Herzen erkennen, so verstündet ihr wohl, was ich sage; denn es ist wahr, und die Wahrheit sagt es selbst." (Quint 1957, Predigt 2, S. 163)

„Was ich euch gesagt habe, das ist wahr; dafür setze ich euch die Wahrheit zum Zeugen und meine Seele zum Pfande." (Quint 1957, Predigt 2, S. 164)

„Wer diese Rede nicht versteht, der bekümmere sein Herz nicht damit. Denn solange der Mensch dieser Wahrheit nicht gleich ist, solange wird er diese Rede nicht verstehen. Denn es ist eine unverhüllte Wahrheit, die da gekommen ist aus dem Herzen Gottes unmittelbar." (Quint 1957, Predigt 32, S. 309)

Meister Eckhart bezieht sich in seinen Predigten also nicht ausschließlich auf die Aussagen der Bibel, sondern spricht davon, dass er seine Wahrheiten unmittelbar von Gott empfangen hat. Während viele andere Theologen ihre Aufgabe darin sehen, die Worte der Bibel auszulegen, dienen die Worte der Bibel ihm nur als Ausgangspunkt, gewissermaßen als Aufhänger für seine eigenen Aussagen. Wichtig ist für ihn nicht der Gedanke an Gott, sondern ein Haben von Gott, die unmittelbare Gewissheit eines wesenhaften Gottes:

„Woran liegt nun dieses wahre Haben Gottes, dass man ihn wahrhaft besitze? [...]

Der Mensch soll sich nicht genügen lassen an einem gedachten Gott; denn wenn der Gedanke vergeht, so vergeht auch der Gott. Man soll vielmehr einen wesenhaften Gott haben, der weit erhaben ist über die Gedanken des Menschen und aller Kreatur. Der Gott vergeht nicht, der Mensch wende sich denn mit Willen von ihm ab." (Quint 1957, Reden der Unterweisung 6, S. 60)

Man kann sich vorstellen, dass ihm diese Auffassung zunächst die Skepsis und später die Feindschaft der etablierten Kirche eingebracht hat. Diese Ablehnung seitens der Kurie wurde übrigens den meisten Mystikern zuteil, wohl auch deswegen, weil diese einen direkten Zugang zu Gott aufzeigen, der nicht auf die Mittlerschaft des Papstes und der Kirche angewiesen ist.

Was insbesondere den Unwillen der Kirche hervorrief, war, dass er, wie schon erwähnt, seine Predigten weitgehend auf Deutsch in den Kirchen und Klöstern hielt, wo ihn also jeder verstehen konnte. Vor allem in den ihm anvertrauten Frauenklöstern lebten seinerzeit viele Frauen des hohen und mittleren Adels, die infolge der Kreuzzüge verwitwet oder verwaist waren. Durch diese bildungshungrigen Frauen, die vor allem an religiös-theologischen Fragen höchst interessiert waren, wurden Meister Eckharts in Deutsch verfassten Predigten und Lehren sehr schnell im Volk verbreitet.

Der Inhalt seiner Lehre soll nun genauer dargelegt werden. Der Übersichtlichkeit halber soll diese Darstellung in folgende Abschnitte untergliedert werden:
  a. Die Lehre vom Seelenfünklein und die Gottgeburt in der Seele
  b. Die Vereinigung mit Gott (unio mystica)
  c. Gott und Gottheit - das Sprechen von Gott
  d. Der Weg zu Gott
  e. Leben in Gott – Leben mit Gott in der Welt

a. Die Lehre vom Seelenfünklein und die Gottgeburt in der Seele

Nach Meister Eckhart hat Gott, indem er den Menschen zu seinem Bilde schuf (1. Mos 1,27), in die Seele des Menschen ein „Fünklein" gelegt, in das er sich ergießen kann, in das er seinen Sohn gebären kann. Dieses Fünklein ist in jedem Menschen vorhanden, auch wenn er, durch Äußerlichkeiten geblendet, nichts davon merkt und weiß.

Es ist wie ein lebendiger Brunnen, der mit Erde zugeschüttet ist. Wird dieser Brunnen ausgegraben, so kommt er wieder zum Vorschein und man kann ihn sehen:

„Gottes Bild, Gottes Sohn, sei in der Seele Grund wie ein lebendiger Brunnen. Wenn aber jemand Erde, das ist irdisches Begehren, darauf wirft, so hindert und verdeckt es (ihn), so dass man nichts von ihm erkennt oder gewahr wird; gleichviel bleibt er in sich selbst lebendig, und wenn man die Erde, die von außen darauf geworfen ist, wegnimmt, so kommt er (wieder) zum Vorschein und wird man ihn gewahr." (Meister Eckhart und Quint 1979, S. 143)

Und er bringt dazu noch zwei weitere Gleichnisse:

„Die Sonne scheint ohne Unterlass; jedoch, wenn eine Wolke oder Nebel zwischen uns und der Sonne ist, so nehmen wir den Schein nicht wahr.

[…] Wenn ein Meister ein Bild macht aus Holz oder Stein, so trägt er das Bild nicht in das Holz hinein, sondern er schnitzt die Späne ab, die das Bild verborgen und verdeckt hatten; er gibt dem Holze nichts, sondern er benimmt und gräbt ihm die Decke ab und nimmt den Rost weg, und dann erglänzt, was darunter verborgen lag. Dies ist der Schatz, der verborgen lag im Acker, wie unser Herr im Evangelium spricht (Matth. 13, 44)." (Meister Eckhart und Quint 1979, S. 143 f.)

Ebenso ist dieses Fünklein in der Seele Grund verborgen und muss durch Abkehr vom persönlichen Ich und von allen weltlichen Dingen freigelegt werden, damit sich Gott in es ergießen kann.

„Ich habe zuweilen von einem Lichte gesprochen, das in der Seele ist, das ist ungeschaffen und unerschaffbar. Dieses nämliche Licht pflege ich immerzu in meinen Predigten zu berühren. Und dieses selbe Licht nimmt Gott unmittelbar, unbedeckt entblößt auf, so wie er in sich selbst ist; und zwar ist das ein Aufnehmen im Vollzuge der Eingebärung. [...]

Darum sage ich: Wenn sich der Mensch abkehrt von sich selbst und von allen geschaffenen Dingen - so weit du das tust, so weit wirst du geeint und beseligt in dem Fünklein in der Seele, das weder Zeit noch Raum je berührte. Dieser Funke widersagt allen Kreaturen und will nichts als Gott, unverhüllt, wie er in sich selbst ist." (Quint 1957, Predigt 34, S. 315 f.)

Sobald der Mensch sich selbst „zunichte" gemacht hat, also auf alle selbstsüchtigen Wünsche verzichtet, muss Gott sich in ihn ganz und gar „ergießen".

„Ebenso sage ich von dem Menschen, der sich zunichte gemacht hat in sich selbst, in Gott und in allen Kreaturen: Dieser Mensch hat die unterste Stätte bezogen, und in diesen Menschen muss sich Gott ganz und gar ergießen, oder - er ist nicht Gott. Ich sage bei der ewigen und immerwährenden Wahrheit, dass Gott sich in einen so jeglichen Menschen, der sich bis auf den Grund gelassen hat, seinem ganzen Vermögen nach völlig ergießen muss, so ganz und gar, dass er in seinem Leben, in seinem Sein, in seiner Natur noch auch in seiner ganzen Gottheit nichts zurückbehält: das alles muss er in befruchtender Weise ergießen in den Menschen, der sich Gott gelassen und die unterste Stätte bezogen hat.“ (Quint 1957, Predigt 34, S. 314)

Meister Eckhart spricht von „Eingebären“, von der Gottgeburt, davon, dass Gott seinen Sohn in meiner Seele gebiert, ja dass er mich als seinen Sohn gebiert:

„Der Vater gebiert seinen Sohn in der Ewigkeit sich selbst gleich. »Das Wort war bei Gott, und Gott war das Wort«: es war dasselbe in derselben Natur. Noch sage ich überdies: Er hat ihn geboren aus meiner Seele. Nicht allein ist sie bei ihm und er bei ihr als gleich, sondern er ist in ihr; und es gebiert der Vater seinen Sohn in der Seele in derselben Weise, wie er ihn in der Ewigkeit gebiert und nicht anders. Er muss es tun, es sei ihm lieb oder leid. Der Vater gebiert seinen Sohn ohne Unterlass, und ich sage mehr noch: Er gebiert mich als seinen Sohn und als denselben Sohn. Ich sage noch mehr: Er gebiert mich nicht allein als seinen Sohn; er gebiert mich als sich und sich als mich und mich als sein Sein und als seine Natur. Im innersten Quell, da quelle ich aus im Heiligen Geiste; da ist ein Leben und ein Sein und ein Werk. Alles, was Gott wirkt, das ist Eins; darum gebiert er mich als seinen Sohn ohne jeden Unterschied. Mein leiblicher Vater ist nicht eigentlich mein Vater, sondern nur mit einem kleinen Stückchen seiner Natur, und ich bin getrennt von ihm; er kann tot sein und ich leben. Darum ist der himmlische Vater in Wahrheit mein Vater, denn ich bin sein Sohn und habe alles das von ihm, was ich habe, und ich bin derselbe Sohn und nicht ein anderer. Weil der Vater [nur] ein Werk wirkt, darum wirkt er mich als seinen eingeborenen Sohn ohne jeden Unterschied.“ (Quint 1957, Predigt 7, S. 185)

Es ist, wie schon erwähnt, nicht verwunderlich, dass diese Sätze den Widerstand der Kirche hervorgerufen haben, denn wenn der Mensch unmittelbaren Zugang zu Gott hat und dazu nicht eines Mittlers in der Person von Jesus Christus bedarf, wieviel weniger bedarf er dann der Mittlerin des Mittlers, also der Kirche!

b. Die Vereinigung mit Gott (unio mystica)

Diese Gottgeburt in der Seele hat man sich nach Meister Eckhart allerdings nicht so vorzustellen, als würde Gott als ein Gott, der außerhalb von mir existiert, in mir als ein Abbild von sich vorhanden sein, gewissermaßen als ob ein Teil von ihm in mir existiert – etwa so, wie dieselbe Sonne sich in vielen Tautropfen widerspiegelt. Dieses Gleichnis von den Tautropfen wird oft als Bild dafür verwendet, dass Gott in jedem Menschen vorhanden ist, aber es trifft nicht die Auffassung von Meister Eckhart, wie sie in der unio mystica zum Ausdruck kommt.

In der mystischen Vereinigung hat der Mensch nicht eine eigene Stätte in sich, in der Gott wirken kann, sondern Gott selbst ist diese Stätte:
„Nun gebt hier genau acht! Ich habe es (schon) oft gesagt, und große Meister sagen es auch: der Mensch solle aller Dinge und aller Werke, innerer wie äußerer, so ledig sein, dass er eine eigene Stätte Gottes sein könne, darin Gott wirken könne. Jetzt aber sagen wir anders. Ist es so, dass der Mensch aller Dinge ledig steht, aller Kreaturen und seiner selbst und Gottes, steht es aber noch so mit ihm, dass Gott in ihm eine Stätte zum Wirken findet, so sagen wir: Solange es das noch in dem Menschen gibt, ist der Mensch (noch) nicht arm in der eigentlichsten Armut. Denn Gott strebt für sein Wirken nicht danach, dass der Mensch eine Stätte in sich habe, darin Gott wirken könne; sondern das (nur) ist Armut im Geiste, wenn der Mensch so ledig Gottes und aller seiner Werke steht, dass Gott, dafern er in der Seele wirken wolle, jeweils selbst die Stätte sei, darin er wirken will, - und dies täte er (gewiss) gern. Denn, fände Gott den Menschen so arm, so wirkt Gott sein eigenes Werk und der Mensch erleidet Gott so in sich, und Gott ist eine eigene Stätte seiner Werke; der Mensch (aber) ist ein reiner Gott-Erleider in seinen (= Gottes) Werken angesichts der Tatsache, dass Gott einer ist, der in sich selbst wirkt. Allhier, in dieser Armut erlangt der Mensch

das ewige Sein (wieder), das er gewesen ist und das er jetzt ist und das er ewiglich bleiben wird. [...]

„So denn sagen wir, dass der Mensch so arm dastehen müsse, dass er keine Stätte sei noch habe, darin Gott wirken könne. Wo der Mensch (noch) Stätte (in sich) behält, da behält er noch Unterschiedenheit. Darum bitte ich Gott, dass er mich Gottes quitt mache; denn mein wesentliches Sein ist oberhalb von Gott, sofern wir Gott als Beginn der Kreaturen fassen. In jenem Sein Gottes nämlich, wo Gott über allem Sein und über aller Unterschiedenheit ist, dort war ich selber, da wollte ich mich selber und erkannte mich selber ..." (Meister Eckhart und Quint 1979, Predigt 32, S. 307 f.)

Man hat sich die Gottgeburt in der Seele nach Meister Eckhart also auch nicht etwa so vorzustellen, dass der Mensch sich aller Dinge entleeren muss, damit Gott sich von außen in ihn ergießen kann, denn *„Gott ist allzeit bereit, wir aber sind sehr unbereit; Gott ist uns »nahe«, wir aber sind ihm fern; Gott ist drinnen, wir aber sind draußen; Gott ist (in uns) daheim, wir aber sind in der Fremde".* (Meister Eckhart und Quint 1979, Predigt 36, S. 326 f.)

Also nicht Gott muss von außen in unseren Seelengrund eindringen, sondern wir müssen uns von allen äußeren Dingen abwenden und in unseren eigenen inneren Seelengrund eingehen, der zugleich sein innerster Grund ist, und uns dort mit ihm vereinigen, denn Gott ist immer schon hier. Es geht also immer um die völlige Einheit zwischen Mensch und Gott, die mystische Vereinigung, die unio mystica, wo Gott und ich nicht mehr unterscheidbar sind, wo ich mit Gott eins bin.

Meister Eckhart schildert dies sehr anschaulich am Beispiel vom Wasser in einem Fass:

„[Die Schrift sagt:] Die Seele wird mit Gott eins und nicht vereint. Nehmt dazu einen Vergleich: Füllt man ein Fass mit Wasser, so ist das Wasser im Fass [mit dem Fass] vereint und [doch] nicht [mit dem Fass] eins, denn, wo Wasser ist, da ist nicht Holz, und, wo Holz ist, da ist nicht Wasser. Nun nehmt ein Stück Holz, und werft das mitten in das Wasser, so ist doch [auch dann] das Holz nur [mit dem umgebenden Wasser] vereint und doch nicht [mit dem Wasser] eins. So [aber] ist es mit der Seele nicht; die wird mit Gott eins und nicht vereint; denn, wo Gott ist, da ist [auch] die Seele, und, wo die Seele ist, da ist [auch] Gott.

Die Schrift sagt: 'Moses sah Gott von Antlitz zu Antlitz' [2 Mos. 33,11]. Dem widersprechen die Meister und sagen so: Wo zwei Antlitze in Erscheinung treten, da sieht man Gott nicht; denn Gott ist Eins und nicht Zwei; denn, wer Gott sieht, der sieht nichts als Eins." (Meister Eckhart und Quint 1976, Predigt 64, S. 519)

Diese mystische Einheit zwischen Gott und dem Menschen beschreibt Meister Eckhart an vielen Stellen – hier sei noch eine weitere angeführt, die teilweise schon oben (in Kapitel 2.2) zitiert wurde:

„Und wie [soll ich Gott erkennen]? Du sollst ihn bildlos erkennen, unmittelbar und ohne Gleichnis. Soll ich aber Gott auf solche Weise unmittelbar erkennen, so muss ich schlechthin er, und er muss ich werden. Genauerhin sage ich: Gott muss schlechthin ich werden und ich schlechthin Gott, so völlig eins, dass dieses »Er« und dieses »Ich« Eins ist, werden und sind und in dieser Seinsheit ewig ein Werk wirken. Denn, solange dieses »Er« und dieses »Ich«, das heißt Gott und die Seele, nicht ein einziges Hier und ein einziges Nun sind, solange könnte dieses »Ich« mit dem »Er« nimmer wirken noch eins werden." (Meister Eckhart und Quint 1979. S. 354 f.)

Wenn also Gott vom Menschen erkannt werden und in ihm wirken soll, so muss er mit dem Menschen und der Mensch mit ihm Eins sein. Es sei jedoch hervorgehoben, dass für Meister Eckhart diese mystische Vereinigung schon im Diesseits stattfinden kann und dass es sich nicht um ein vorübergehendes, gewissermaßen ekstatisches Erlebnis handelt, sondern um einen mehr oder weniger dauerhaften Zustand, der auch im weltlichen Alltag nicht verloren geht, wie im späteren Abschnitt zum „Leben mit Gott in der Welt" deutlich werden wird.

An dieser Stelle muss allerdings erwähnt werden, dass nicht alle Mystiker die letzte Stufe, die unio mystica, als Endziel der menschlichen Vervollkommnung angeben. Bei vielen christlichen Mystikern wird lediglich der selbstlose Zustand beschrieben, in dem der Mensch sein eigenes Inneres so weit von seinem Eigenwillen entleert hat, dass Gott in ihn einkehren und in ihm wirken kann. Hier wird Gott jedoch immer noch als ein Gegenüber beschrieben, es handelt sich also dabei um eine *personale* Begegnung mit Gott, nicht um eine *transpersonale* Vereinigung mit ihm, also eher um eine Vorstufe, den (zweiten) Zustand der Erleuchtung, nicht den Endzustand der

Vereinigung mit Gott (zur Unterscheidung personal-transpersonal und zu den Stufen s.o. Kapitel 2.2).

Meister Eckhart ist tatsächlich innerhalb des Christentums einer der wenigen Mystiker, bei dem die transpersonale Vereinigung mit Gott im Zentrum steht, die Auslöschung des persönlichen Ichs und ein vollkommenes Aufgehen in Gott. Dies ist vielleicht der Grund, weshalb viele seine Lehre als dem Buddhismus nahestehend bezeichnen (s. z.B. das Zitat von Suzuki in Kapitel 1.1).

c. Gott und Gottheit - das Sprechen von Gott

Da nach dem oben erwähnten Zitat von Tauler Meister Eckharts Worte „aus der Ewigkeit" gesprochen werden, können sie mit der menschlichen Sprache, die ja aus der „Zeit" stammt, kaum beschrieben, kaum formuliert werden. Das Problem besteht darin, dass Gott als und in der Einheit *erlebt* wird, aber in der Dualität erinnert und ausgesprochen wird. Sobald ich mich an diese Erfahrung erinnere und sie beschreibe, bin ich nicht mehr in dieser Einheit, und die weltliche Dualität stellt gar nicht die Begriffe zur Verfügung, die ich benötige, um meine Erfahrungen auszudrücken.

Und so bedient sich Meister Eckhart an vielen Stellen einer eigenen Sprache, erfindet eigene Formulierungen, die das Unaussprechliche zumindest annäherungsweise ausdrückbar und damit, wenn auch begrenzt, verständlich machen. Durch diese Sprachschöpfungen wird er auch als wortgewaltiger Vater der sogenannten „Deutschen Mystik" bezeichnet.

Beispielsweise finden sich bei ihm Formulierungen wie „Seinsheit" und „Nichtheit", die „Eingebärung Gottes" (s.o.), Gott ist für ihn der „einfaltige Grund", die „einfaltige Stille", „das überseiende Nichtsein"; auch die Begriffe „Abgeschiedenheit" und „Gelassenheit" wurden von ihm in Bezug auf die Mystik in die deutsche Sprache eingeführt.

Über die Unaussprechlichkeit und die Unerkennbarkeit von Gott sagt Meister Eckhart, stellenweise auch etwas provozierend:

„Gott ist namenlos, denn von ihm kann niemand etwas aussagen oder erkennen. Darum sagt ein heidnischer Meister: Was wir von der ersten Ursache erkennen oder aussagen, das sind wir mehr selber, als dass es die erste Ursache wäre; denn sie ist über alles Aussagen und Verstehen

erhaben. *Sage ich demnach: Gott ist gut - es ist nicht wahr; ich (vielmehr) bin gut, Gott aber ist nicht gut! Ja, ich möchte darüber hinaus sagen: Ich bin besser als Gott! Denn, was gut ist, das kann besser werden; was besser werden kann, das kann zum Allerbesten werden. Nun aber ist Gott nicht gut; darum kann er nicht besser werden. Weil er denn nicht besser werden kann, so kann er (auch) nicht das Allerbeste werden; denn fern ab von Gott sind sie alle drei: »gut«, »besser« und »allerbest«, denn er ist über alles erhaben. Sage ich weiterhin: Gott ist weise - es ist nicht wahr; ich bin weiser als er! Sage ich ferner: Gott ist ein Sein - es ist nicht wahr; er ist (vielmehr) ein überseiendes Sein und eine überseiende Nichtheit! Daher sagt Sankt Augustinus: Das Schönste, was der Mensch über Gott auszusagen vermag, besteht darin, dass er aus der Weisheit des inneren Reichtums schweigen könne. Schweig daher und klaffe [schwatze] nicht über Gott, denn damit, dass du über ihn klaffst, lügst du, tust du Sünde. Willst du nun aber ohne Sünde und vollkommen sein, so klaffe nicht über Gott! Auch erkennen (wollen) sollst du nichts von Gott, denn Gott ist über allem Erkennen. Ein Meister sagt: Hätte ich einen Gott, den ich erkennen könnte, ich würde ihn nimmer für Gott ansehen! Erkennst du nun aber etwas von ihm: er ist nichts davon, und damit, dass du etwas von ihm erkennst, gerätst du in Erkenntnislosigkeit und durch solche Erkenntnislosigkeit in Tierischkeit. Denn, was an den Kreaturen nichterkennend ist, das ist tierisch. Willst du nun nicht tierisch werden, so erkenne nichts von dem im Wort unaussprechbaren Gott! - »Ach, wie soll ich denn tun?« Du sollst ganz deinem Deinsein entsinken und in sein Seinsein zerfließen, und es soll dein »Dein« in seinem »Sein« ein »Mein« werden so gänzlich, dass du mit ihm ewig erkennest seine ungewordene Seinsheit und seine unnennbare Nichtheit."* (Meister Eckhart und Quint 1979, Predigt 42, S. 353 f.)

Vor allem am letzten Satz wird die oft gerühmte Wortgewalt von Meister Eckharts Sprache deutlich. In einer anderen (früheren) Übersetzung von Herman Büttner lautet dieser Satz:

„Entsinke du allem, was irgend du,
verfließe ganz in seine Wesenruh´;
was erst für sich: dort er, du hier,
schließt nun sich zusammen zum einigen Wir,
wo du – nun er – ihn erkennst mit ewigem Sinn:
ein namenloses Nichts, ein ungewordenes: »Bin!«"
(Büttner 1934, „Von der Erneuung am Geiste", S. 145)

An diese Unaussprechlichkeit Gottes erinnert auch die schon erwähnte Stelle im 2. Korintherbrief (2. Korinther 12,4) über die Entrückung des Apostel Paulus in das Paradies, wo er *„unaussprechliche Worte [hörte], die kein Mensch sagen kann"*.

* * * * *

Ähnliche Gedanken finden sich schon bei (Pseudo-)Dionysius Areopagita (wahrscheinlich einem syrischen Theologen um 500 n.Chr.), auf den sich Meister Eckhart auch mehrfach bezieht. Seinerzeit war man der Meinung, dass es sich dabei um den in der Apostelgeschichte (in Apostelgeschichte 17, 34) erwähnten Dionysius, einen Schüler des Apostels Paulus und Mitglied des Areopags, handelt. Dessen Schriften genossen daher damals ein hohes Ansehen und haben die Denkweise der Mystik wesentlich beeinflusst.

Erst gegen Ende des 19. Jahrhunderts konnte nachgewiesen werden, dass nicht der in der Apostelgeschichte erwähnte Dionysius der Verfasser dieser Schriften war, der deshalb seitdem als Pseudo-Dionysius Areopagita bezeichnet wird. (S. dazu z. B. Wehr 2013, S. 11 ff.)

In seiner Schrift „Über die mystische Theologie" heißt es in Bezug auf Gott:

„Er ist weder Seele noch Geist; hat weder Einbildung noch Meinung, Vernunft- oder Verstandeserkenntnis; Er ist weder Wort noch Verstehen, wird weder ausgesprochen noch erkannt; Er ist weder Zahl noch Ordnung, weder Größe noch Kleinheit, weder Gleichheit noch Ungleichheit, weder Ähnlichkeit noch Unähnlichkeit; Er steht weder noch ist Er in Bewegung oder ruht, Er hat weder Vermögen noch ist Er Vermögen oder Licht; Er lebt nicht, noch ist Er Leben; Er ist kein Einzelwesen, nicht Aion oder Zeit, Er ist nicht geistig berührbar, nicht Wissen oder Wahrheit, nicht Königtum oder Weisheit, weder Eines noch Einheit noch Gottheit noch Güte, nicht Geist, wie wir ihn verstehen; nicht Sohnschaft noch Vaterschaft noch sonst etwas von dem, was wir erkennen oder was ein anderes Seiendes erkennt; Er ist nichts vom Nichtseienden oder vom Seienden: Weder erkennt Ihn das Seiende als seiend noch erkennt Er das Seiende als seiend; es gibt für Ihn weder Begriff noch Namen noch Erkenntnis; Er ist weder Dunkelheit noch Licht noch Irrtum noch Wahrheit: Und es gibt für Ihn allgemein weder Behauptung noch

Verneinung. Und wenn wir von dem, was nach Ihm kommt, etwas behaupten oder verneinen, setzen wir Ihn weder noch leugnen wir Ihn; denn Er ist über jeder Setzung als die vollkommene und einzige Ursache aller Dinge und über jeder Verneinung als die Überlegenheit des schlechthin Abgelösten von allem und jenseits des Alls." (Dionysius und Stein 2015, S. 16 f.)

Ähnlich wie Meister Eckhart sagt also auch Dionysius, dass über Gott keinerlei Aussagen gemacht werden können (sogenannte „negative Theologie"), da Gott oberhalb bzw. jenseits aller Eigenschaften ist, die ihm vom Menschen zugeschrieben werden können.

* * * * *

Um dennoch den Unterschied zwischen dem erkennbaren, erfahrbaren, dem geoffenbarten Gott und dem im Grunde unerkennbaren Gott der Einheit ausdrücken zu können, unterscheidet Meister Eckhart insbesondere die Begriffe „Gott" und „Gottheit":

Gott ist für ihn der Schöpfer der Welt, der also „in der Zeit" existiert und als solcher zumindest teilweise mit der Vernunft *erkennbar* und *beschreibbar* ist. Die Gottheit dagegen ist außerhalb, also vor und jenseits von Zeit und Raum, gewissermaßen die erste Ursache, der „unbewegte Beweger", der nicht mehr mit menschlichen Worten zu erfassen und zu beschreiben ist – allenfalls, wenn überhaupt, in der unio mystica, der mystischen Vereinigung mit Gott, *erfahrbar* ist.

Vielleicht könnte man im Sinne von Meister Eckhart „Gott" als den personalen Aspekt Gottes bezeichnen, die „Gottheit" hingegen als seinen apersonalen bzw. transpersonalen Aspekt. Hierauf wird später noch genauer eingegangen werden.

Zum Unterschied zwischen Gott und Gottheit sagt Meister Eckhart:
„Gott wird und entwird. [...]
„Gott wird (»Gott«), wo alle Kreaturen Gott aussprechen: da wird »Gott«. Als ich (noch) im Grunde, im Boden, im Strom und Quell der Gottheit stand, da fragte mich niemand, wohin ich wollte oder was ich täte: da war niemand, der mich gefragt hätte. Als ich (aber) ausfloss, da sprachen alle Kreaturen: »Gott«! Fragte man mich: »Bruder Eckhart, wann gingt Ihr aus dem Hause?«, dann bin ich drin gewesen. So also reden alle Kreaturen von

»Gott«. Und warum reden sie nicht von der Gottheit? Alles das, was in der Gottheit ist, das ist Eins, und davon kann man nicht reden. Gott wirkt, die Gottheit wirkt nicht, sie hat auch nichts zu wirken, in ihr ist kein Werk; sie hat niemals nach einem Werke ausgelugt. Gott und Gottheit sind unterschieden durch Wirken und Nichtwirken. Wenn ich zurückkomme in »Gott« und (dann) dort (d. h. bei »Gott«) nicht stehen bleibe, so ist mein Durchbrechen viel edler als mein Ausfluss. Ich allein bringe alle Kreaturen aus ihrem geistigen Sein in meine Vernunft, auf dass sie in mir eins sind. Wenn ich in den Grund, in den Boden, in den Strom und in die Quelle der Gottheit komme, so fragt mich niemand, woher ich komme oder wo ich gewesen sei. Dort hat mich niemand vermisst, dort entwird »Gott«."

Und er fügt hinzu:

„Wer diese Predigt verstanden hat, dem vergönne ich sie wohl. Wäre hier niemand gewesen, ich hätte sie diesem Opferstocke predigen müssen."
(Meister Eckhart und Quint 1979, Predigt 26, S. 272 f.)

An anderer Stelle sagt Meister Eckhart zu seinem Verhältnis zu „Gott":

„In meiner (ewigen) Geburt wurden alle Dinge geboren, und ich war Ursache meiner selbst und aller Dinge; und hätte ich gewollt, so wäre weder ich noch wären alle Dinge; wäre aber ich nicht, so wäre auch »Gott« nicht: dass Gott »Gott« ist, dafür bin ich die Ursache; wäre ich nicht, so wäre Gott nicht »Gott«. Dies zu wissen ist nicht not." (Meister Eckhart und Quint 1979, Predigt 32, S. 308)

Ähnlich wird später einmal Angelus Silesius (1624-1677), auf den unten noch genauer eingegangen wird, sagen:

8. GOTT LEBT NICHT OHNE MICH.

*„Ich weiß dass ohne mich
Gott nicht ein Nu kann leben:
Werd ich zunicht, er muss
von Not den Geist aufgeben."*
(1, 8)
(Angelus Silesius und Gnädinger 1986, S. 34)

Und Meister Eckhart fährt an derselben Stelle fort:

„Ein großer Meister sagt, dass sein Durchbrechen edler sei als sein Ausfließen, und das ist wahr. Als ich aus Gott floss, da sprachen alle Dinge:

Gott ist. Dies aber kann mich nicht selig machen, denn hierbei erkenne ich mich als Kreatur. In dem Durchbrechen aber, wo ich ledig stehe meines eigenen Willens und des Willens Gottes und aller seiner Werke und Gottes selber, da bin ich über allen Kreaturen und bin weder »Gott« noch Kreatur, bin vielmehr, was ich war und was ich bleiben werde jetzt und immerfort. Da empfange ich einen Aufschwung, der mich bringen soll über alle Engel, In diesem Aufschwung empfange ich so großen Reichtum, dass Gott mir nicht genug sein kann mit allem dem, was er als »Gott« ist, und mit allen seinen göttlichen Werken; denn mir wird in diesem Durchbrechen zuteil, dass ich und Gott eins sind. Da bin ich, was ich war, und da nehme ich weder ab noch zu, denn ich bin da eine unbewegliche Ursache, die alle Dinge bewegt. Allhier findet Gott keine Stätte (mehr) in dem Menschen, denn der Mensch erringt mit dieser Armut, was er ewig gewesen ist und immerfort bleiben wird. Allhier ist Gott eins mit dem Geiste, und das ist die eigentlichste Armut, die man finden kann."

Und beschwichtigend fügt er hinzu:

„Wer diese Rede nicht versteht, der bekümmere sein Herz nicht damit. Denn solange der Mensch dieser Wahrheit nicht gleicht, so lange wird er diese Rede nicht verstehen. Denn es ist eine unverhüllte Wahrheit, die da gekommen ist aus dem Herzen Gottes unmittelbar." (Meister Eckhart und Quint 1979, Predigt 32, S. 308 f.)

Es ist nicht verwunderlich, dass viele Hörer diese Worte nicht verstanden und nach Meister Eckharts eigener Aussage *„Der Irrtum der Gegner liegt zunächst darin, dass sie alles, was sie nicht verstehen, für verkehrt halten und wiederum das Verkehrte für eine Ketzerei"* (s.o. Kapitel 3.1) ihn der Ketzerei bezichtigten.

d. Der Weg zu Gott

Es erhebt sich nun die Frage, wie und wann denn der Mensch zur Gottgeburt in seiner Seele kommen kann, insbesondere ob er etwas und gegebenenfalls was er selbst dazu beitragen kann, ob er diese (Wieder-)Geburt beeinflussen und beschleunigen kann. (Hierbei geht es wohlgemerkt immer um die Wiedergeburt im Diesseits, nicht erst im Jenseits nach dem Tode). Hierzu gibt es bei den verschiedenen Mystikern die unterschiedlichsten Auffassungen und Ratschläge.

Vielen gemeinsam sind jedoch die oben (in Kapitel 2.2) schon einmal erwähnten drei klassischen Stufen bzw. Phasen:

1. Stufe: Reinigung
2. Stufe: Erleuchtung
3. Stufe: Vereinigung

Hierbei wird, noch einmal kurzgefasst, im Allgemeinen unter „Reinigung" die Vorbereitung des Menschen, oft durch geistliche Übungen, auf die Begegnung mit Gott verstanden.

Unter Erleuchtung wird die Begegnung mit Gott verstanden, eine oft ekstatische Gottesschau, und schließlich unter Vereinigung die oben genauer beschriebene unio mystica, die Vereinigung mit Gott.

Meister Eckhart unterscheidet hier etwas differenzierter sechs Stufen „des inneren und des neuen Menschen":

„Die erste Stufe des inneren und des neuen Menschen, spricht Sankt Augustinus, ist es, wenn der Mensch nach dem Vorbilde guter und heiliger Leute lebt, dabei aber noch an den Stühlen geht und sich nahe bei den Wänden hält, sich noch mit Milch labt.

Die zweite Stufe ist es, wenn er jetzt nicht nur auf die äußeren Vorbilder, (darunter) auch auf gute Menschen, schaut, sondern läuft und eilt zur Lehre und zum Rate Gottes und göttlicher Weisheit, kehrt den Rücken der Menschheit und das Antlitz Gott zu, kriecht der Mutter aus dem Schoß und lacht den himmlischen Vater an.

Die dritte Stufe ist es, wenn der Mensch mehr und mehr sich der Mutter entzieht und er ihrem Schoß ferner und ferner kommt, der Sorge entflieht, die Furcht abwirft, so dass, wenn er gleich ohne Ärgernis aller Leute (zu erregen) übel und unrecht tun könnte, es ihn doch nicht danach gelüsten würde; denn er ist in Liebe so mit Gott verbunden in eifriger Beflissenheit, bis der ihn setzt und führt in Freude und in Süßigkeit und Seligkeit, wo ihm alles das zuwider ist, was ihm (= Gott) ungleich und fremd ist.

Die vierte Stufe ist es, wenn er mehr und mehr zunimmt und verwurzelt wird in der Liebe und in Gott, so dass er bereit ist, auf sich zu nehmen alle Anfechtung, Versuchung, Widerwärtigkeit und Leid-Erduldung willig und gern, begierig und freudig.

Die fünfte Stufe ist es, wenn er allenthalben in sich selbst befriedet lebt, still ruhend im Reichtum und Überfluss der höchsten unaussprechlichen Weisheit.

Die sechste Stufe ist es, wenn der Mensch entbildet ist und überbildet von Gottes Ewigkeit und gelangt ist zu gänzlich vollkommenem Vergessen vergänglichen und zeitlichen Lebens und gezogen und hinüberverwandelt ist in ein göttliches Bild, wenn er Gottes Kind geworden ist. Darüber hinaus noch höher gibt es keine Stufe, und dort ist ewige Ruhe und Seligkeit, denn das Endziel des inneren Menschen und des neuen Menschen ist: ewiges Leben." (Meister Eckhart und Quint 1979, „Vom edlen Menschen", S. 142 f.)

Es bleibt nun noch die Frage offen, was der Mensch konkret dafür tun kann, um auf dieser Stufenleiter emporzusteigen. Meister Eckhart sagt dazu nur recht wenig, und seine Ratschläge haben überwiegend zum Inhalt, dass der Mensch im Grunde von sich aus nichts aktiv tun kann, um zu Gott zu kommen, ja gar nichts aktiv zu tun braucht, da Gott ja bereits das Seelenfünklein in ihn gelegt hat, in das er selbst sich ergießen kann. Der Mensch braucht sich nur von allen Hindernissen zu befreien, muss sich gewissermaßen „leer" machen, damit sich Gott in ihn „eingebären" kann (s.o. Kapitel 3.2 a).

Dementsprechend spricht er von der „Abgeschiedenheit", der „Gelassenheit", der „geistigen Armut" als Bedingung dafür, dass sich die Gottgeburt in der Seele ereignen kann.

Unter „Abgeschiedenheit" versteht Meister Eckhart allerdings nicht, wie im Mittelalter oft als Weg zu Gott verstanden, Rückzug aus der Welt, Leben im Kloster oder als einsamer Eremit in den Wäldern.

„Ich wurde gefragt: manche Leute zögen sich streng von den Menschen zurück und wären immerzu gern allein, und daran läge ihr Friede und daran, dass sie in der Kirche wären — ob dies das Beste wäre? Da sagte ich »Nein!« Und gib acht, warum.

Mit wem es recht steht, wahrlich, dem ist's an allen Stätten und unter allen Leuten recht. Mit wem es aber unrecht steht, für den ist's an allen Stätten und unter allen Leuten unrecht. Wer aber recht daran ist, der hat Gott in Wahrheit bei sich; wer aber Gott recht in Wahrheit hat, der hat ihn an allen Stätten und auf der Straße und bei allen Leuten ebensogut wie in der Kirche oder in der Einöde oder in der Zelle; wenn anders er ihn recht und nur ihn hat, so kann einen solchen Menschen niemand behindern. [...]

Der Mensch soll Gott in allen Dingen ergreifen und soll sein Gemüt daran gewöhnen, Gott allzeit gegenwärtig zu haben im Gemüt und im Streben und in der Liebe. Achte darauf, wie du deinem Gott zugekehrt bist, wenn du in der Kirche bist oder in der Zelle: diese selbe Gestimmtheit behalte und trage sie unter die Menge und in die Unruhe und in die Ungleichheit."
(Meister Eckhart und Quint 1979, „Reden der Unterweisung" Nr. 6, S. 58 f.)

Der Mensch muss sich innerlich frei machen von allen inneren und äußeren „Bildern", die ihn von Gott wegführen. Er muss seinen Eigenwillen aufgeben, sich von allen eigenen Wünschen und eigenem Wollen frei machen, damit Gott in ihn einziehen kann:

„Man muss lernen, mitten im Wirken (innerlich) ungebunden zu sein. Es ist aber für einen ungeübten Menschen ein ungewöhnliches Unterfangen, es dahin zu bringen, dass ihn keine Menge und kein Werk behindere — es gehört großer Eifer dazu — und dass Gott ihm beständig gegenwärtig sei und ihm stets ganz unverhüllt zu jeder Zeit und in jeder Umgebung leuchte. Dazu gehört ein gar behender Eifer und insbesondere zwei Dinge: das eine, dass sich der Mensch innerlich wohl verschlossen halte, auf dass sein Gemüt geschützt sei vor den Bildern, die draußen stehen, damit sie außerhalb seiner bleiben und nicht in ungemäßer Weise mit ihm wandeln und umgehen und keine Stätte in ihm finden. Das andere, dass sich der Mensch weder in seine inneren Bilder, seien es nun Vorstellungen oder ein Erhobensein des Gemütes, noch in äußere Bilder oder was es auch sein mag, was dem Menschen (gerade) gegenwärtig ist, zerlasse noch zerstreue noch sich an das Vielerlei veräußere. Daran soll der Mensch alle seine Kräfte gewöhnen und darauf hinwenden und sich sein Inneres gegenwärtig halten. [...]

In allen Gaben und Werken müssen wir Gott ansehen lernen, und an nichts sollen wir uns genügen lassen und bei nichts stehen bleiben. [...]

Der Mensch muss lernen, bei allen Gaben sein Selbst aus sich herauszuschaffen und nichts Eigenes zu behalten und nichts zu suchen, weder Nutzen noch Lust noch Innigkeit noch Süßigkeit noch Lohn noch Himmelreich noch eigenen Willen." (Meister Eckhart und Quint 1979, „Reden der Unterweisung" Nr. 21, S. 87 ff.)

Der Mensch soll „sich selbst lassen" – um Gottes Willen. Er muss „die unterste Stätte beziehen", damit Gott sich in ihn ergießen kann; er muss schweigen, damit Gott in ihm sprechen kann und er das Wort Gottes in sich hört:

„Ebenso sage ich von dem Menschen, der sich zunichte gemacht hat in sich selbst, in Gott und in allen Kreaturen: Dieser Mensch hat die unterste Stätte bezogen, und in diesen Menschen muss sich Gott ganz und gar ergießen, oder - er ist nicht Gott. Ich sage bei der ewigen und immerwährenden Wahrheit, dass Gott sich in einen jeglichen Menschen, der sich bis auf den Grund gelassen hat, seinem ganzen Vermögen nach völlig ergießen muss, so ganz und gar, dass er in seinem Leben, in seinem Sein, in seiner Natur noch auch in seiner ganzen Gottheit nichts zurückbehält: das alles muss er in befruchtender Weise ergießen in den Menschen, der sich Gott gelassen und die unterste Stätte bezogen hat." (Meister Eckhart und Quint 1979, Predigt 34, S. 314)

Und an anderer Stelle:

„[...] das allerbeste und alleredelste, wozu man in diesem Leben kommen kann, ist, wenn du schweigst und Gott wirken und sprechen lässt. Wo alle Kräfte allen ihren Werken und Bildern entzogen sind, da wird dieses Wort gesprochen. [...]

Soll daher Gott sein Wort in der Seele sprechen, so muss sie in Frieden und in Ruhe sein: dann spricht er sein Wort und sich selbst in der Seele, - kein Bild, sondern sich selbst." (Meister Eckhart und Quint 1979, Predigt 57, S. 419 f.)

Damit Gott in ihn einkehrt, braucht der Mensch also nichts weiter zu tun, als sich von allen eigenen Wünschen abzuwenden, innerlich zu schweigen und Gott in sich wirken zu lassen.

Aber nach Meister Eckhart *kann* er aus eigenen Stücken auch nichts dazu tun, da alles menschliche Wollen und Streben aus der Ichsucht, dem Eigenwollen entsteht. Solange man mit seinen Werken einen Zweck und eine Absicht verfolgt, solange handelt man aus Eigenwillen, nicht aber aus Gottes Willen.

Diese innere Gelassenheit, die auf alle eigensüchtigen Wünsche verzichtet, muss so weit gehen, dass der Mensch selbst auf geistige Freuden, ja sogar auf das „ewige Leben" und das „Himmelreich" zu verzichten bereit ist – um Gottes Willen:

„Wiewohl aber solche Gelassenheit etwas gar Hohes und aus der Maßen selten ist, so gibt es doch noch einen Grad, der noch viel stolzer und vollkommener den Menschen emporträgt in sein letztes Ziel [...]. Und das ist, so der Mensch auch auf das ewige Leben Verzicht leistet und den Schatz der Ewigkeit, auf alles, was er von Gott und seinen Gaben dereinst etwa besitzen könnte, also, dass er dieses, für sich und um seinetwillen, nie mehr ausdrücklich und vorsätzlich sich zum Ziele nehme und ihm frohne, und die Hoffnung auf das ewige Leben ihn hinfort nicht rühre noch erfreue oder ihm seine Mühsal leichter mache.

Dies erst ist der rechte Grad wahrer und vollkommener Gelassenheit."
(Büttner 1934, „Stark wie der Tode ist die Liebe", S. 276 f.)
Und ähnlich:

„Aus diesem innersten Grunde sollst du alle deine Werke wirken ohne Warum. Ich sage fürwahr: Solange du deine Werke wirkst um des Himmelreiches oder um Gottes oder um deiner ewigen Seligkeit willen, (also) von außen her, so ist es wahrlich nicht recht um dich bestellt. Man mag dich zwar wohl hinnehmen, aber das Beste ist es doch nicht. Denn wahrlich, wenn einer wähnt, in Innerlichkeit, Andacht, süßer Verzücktheit und in besonderer Begnadung Gottes mehr zu bekommen als beim Herdfeuer oder im Stalle, so tust du nicht anders, als ob du Gott nähmest, wändest ihm einen Mantel um das Haupt und schöbest ihn unter eine Bank. Denn wer Gott in einer (bestimmten) Weise sucht, der nimmt die Weise und verfehlt Gott, der in der Weise verborgen ist. Wer aber Gott ohne Weise sucht, der erfasst ihn, wie er in sich selbst ist; und ein solcher Mensch lebt mit dem Sohne, und er ist das Leben selbst." (Meister Eckhart und Quint 1979, Predigt 6, S. 180)

Der Mensch soll also alle seine Werke tun „ohne Warum", nicht auf eine bestimmte Art und „Weise", gewissermaßen absichtslos. Denn jedes „Warum" ist auf einen Eigenwillen, auf Eigeninteresse gerichtet und wendet sich von Gottes Willen ab. Damit kritisiert Meister Eckhart insbesondere diejenigen Gottsuchenden, die sich ihm um irgendwelcher eigenen Vorteile willen zuwenden (und die er vielleicht in den von ihm betreuten Klöstern beobachtet hat).

Wer noch irgendetwas begehrt, macht aus Gott eine Kerze, die man als Mittel zum Zweck benutzt, sie anzündet, wenn man ihrer bedarf und anschließend wieder wegwirft:

„Wisse, wenn immer du irgendwie das Deine suchst, so findest du Gott nimmer, weil du nicht Gott ausschließlich suchst. Du suchst etwas mit Gott und tust gerade so, wie wenn du aus Gott eine Kerze machtest, auf dass man etwas damit suche; und wenn man die Dinge findet, die man sucht, so wirft man die Kerze hinweg. Ganz so tust du: Was immer du mit Gott suchst, das ist nichts, was es auch sei, sei's Nutzen oder Lohn oder Innerlichkeit oder was es auch sei; du suchst ein Nichts, darum findest du auch ein Nichts." (Meister Eckhart und Quint 1979, Predigt 4, S. 170 f.)

Wir sollen also alles Gott unc seinem Willen überlassen, wie es im Vaterunser heißt: „Dein Wille geschehe" (Matthäus 6, 10) – dies allein kann uns zu innerer Ruhe und vollkommenem inneren Frieden führen:

„Ich pflege oft ein Wörtlein zu sprechen, und es ist auch wahr: Wir rufen alle Tage und schreien im Paternoster [Vaterunser]: »Herr, dein Wille werde!« (Matth. 6, 10). Und wenn dann sein Wille wird, so wollen wir zürnen, und sein Wille befriedigt uns nicht. Indessen, was immer er täte, das sollte uns am allerbesten gefallen. Die es so als Bestes hinnehmen, die bleiben bei allen Dingen in vollkommenem Frieden. Nun dünkt es euch mitunter, und ihr sagt: »Ach, wäre es anders gekommen, so wäre es besser«, oder: »Wäre es nicht so gekommen, so wäre es vielleicht besser gekommen«. Solange es dich so dünkt, wirst du niemals Frieden gewinnen. Du sollst es als Allerbestes hinnehmen." (Meister Eckhart und Quint 1979, Predigt 4, S. 169)

Wie schon erwähnt, wird von den meisten Mystikern die Ansicht vertreten, dass der Mensch die zweite und die dritte Stufe auf dem Weg zu Gott, die Erleuchtung und die Vereinigung, nicht mehr selbst beeinflussen kann – sie zu erreichen geschieht allein durch göttliche Gnade.

Unterschiedliche Auffassungen gibt es jedoch bezüglich der Frage, ob der Mensch etwas dazu beitragen muss, diese Gnade zu erlangen, ob er also die erste Stufe, die Reinigung, selbst aktiv in die Hand nehmen muss. Dieses Problem durchzieht im Grunde die gesamte Geschichte der Mystik, und zwar in allen Religionen.

Die eine Seite vertritt die Ansicht, dass der Geist, die Seele des Menschen durch egoistische Wünsche und äußere Bilder so angefüllt ist, dass Gott keinen Platz in ihm findet. Deshalb muss die Seele gewissermaßen gesäubert, entleert werden, damit Gott in sie einkehren kann. Hierzu geben manche Mystiker konkrete Handlungsanweisungen bzw. schlagen oft mühsame geistliche Übungen (gewissermaßen Techniken) vor, wie man sich innerlich reinigen soll, um sich auf die Erleuchtung und die Vereinigung mit Gott vorzubereiten (s.o. Kapitel 2.2).

Einige Stellen bei Meister Eckhart, die oben teilweise zitiert wurden, weisen in diese Richtung. Allerdings müssen seine oben angesprochenen sechs Stufen des inneren und des neuen Menschen nicht unbedingt als Stufen auf dem Weg zu Gott verstanden werden, die der Mensch nacheinander gehen muss, sondern können auch als Beschreibung der verschiedenen Seinszustände des Menschen in verschiedenen Reifegraden verstanden werden.

Auf der anderen Seite gibt es die Ansicht, dass der Mensch durch und durch so egoistisch ist, dass jede seiner Absichten und Handlungen, also auch seine geistlichen Übungen, ihn in seinem egoistischen Gefängnis verharren lassen, ihn also nicht daraus herausführen können, Gott nicht näherführen können - dass also jegliche Anstrengung auf dem Wege eher von Gott wegführt, dass eher eine gewisse „Anstrengungslosigkeit", eine Gelassenheit zu Gott führt.

Andere Stellen bei Meister Eckehart weisen in diese Richtung, wie ebenfalls oben teilweise zitiert. Meister Eckhart scheint also stellenweise in die eine, stellenweise in die andere Richtung zu tendieren - möglicherweise hat er seine Sprechweise auch dem Verständnisvermögen seiner Zuhörer angepasst, die von den einfachen ungebildeten Bürgern über Mönche und Nonnen bis hin zu Gelehrten reichte.

Übrigens hat auch Martin Luther (1483 – 1546) diese Frage intensiv beschäftigt, nämlich ob man durch irgendwelche Werke Gott näherkommen kann, wie man „einen gnädigen Gott bekommen kann". Für ihn ist des Menschen Denken und Handeln durchgehend egoistisch, er ist „in sich selbst verkrümmt". Dies hat ihn bekanntlich zu seiner Auffassung von der Unfreiheit des menschlichen Willens und zu seiner Rechtfertigungslehre geführt, wonach der Mensch nichts für sein geistliches Heil tun kann, also seine

Erleuchtung auch nicht selbst vorbereiten kann. Die Luther'sche Auffassung und ihre Interpretation sind allerdings bis heute umstritten, insbesondere zwischen Protestanten und Katholiken, aber auch innerhalb der verschiedenen protestantischen Richtungen (s. dazu z.B. Mattheß 2019).

Auf die Stellung Luthers zur Mystik wird weiter unten in Kapitel 5 noch ausführlicher eingegangen werden.

e. Leben in Gott – Leben mit Gott in der Welt

In der Geschichte der Religionen wird immer wieder im Anschluss an Aristoteles zwischen der vita contemplativa, dem versunkenen beschaulichen Leben, dem Zurückziehen von aller Welt, z.B. als Mönch oder Eremit, und der vita activa, der Tätigkeit in der Welt, oft in Form von tätiger Nächstenliebe unterschieden.

Da viele Mystiker lehren, dass die Seele bzw. der Geist innerlich leer werden muss und sich der Mensch daher nach Innen kehren muss, wird ihnen oft der Vorwurf gemacht, dass sie in eine Art passiven Quietismus verfallen, sich von aller Welt abwenden und nur sich selbst genug sind. Sicherlich gibt es philosophische und auch religiöse Schulen, auf die dieser Vorwurf zutrifft. Meister Eckhart nimmt demgegenüber eindeutig eine andere Position ein.

Am deutlichsten wir dies in einer Predigt zu der Geschichte im Lukasevangelium, in der Jesus in das Haus von Maria und Marta kommt - den Schwestern des Lazarus, den er von den Toten auferweckte.

Im Original-Lukasevangelium heißt es dazu:

„Als sie aber weiterzogen, kam er [Jesus] in ein Dorf. Da war eine Frau mit Namen Marta, die nahm ihn auf. Und sie hatte eine Schwester, die hieß Maria; die setzte sich dem Herrn zu Füßen und hörte seiner Rede zu. Marta aber machte sich viel zu schaffen, ihm zu dienen. Und sie trat hinzu und sprach: Herr, fragst du nicht danach, dass mich meine Schwester lässt allein dienen? Sage ihr doch, dass sie mir helfen soll! Der Herr aber antwortete und sprach zu ihr: Marta, Marta, du hast viel Sorge und Mühe. Eins aber ist Not. Maria hat das gute Teil erwählt; das soll nicht von ihr genommen werden." (Lukas 10, 38 ff.)

Diese Stelle wird traditionellerweise, auch im Sinne der Mystik, so ausgelegt, dass sich der Mensch von allem weltlichen Treiben zurückziehen und sich ganz allein Gott zuwenden soll.

Meister Eckhart gibt ihr allerdings eine geradezu entgegengesetzte Deutung:

„Wir hegen den Verdacht, dass sie, die liebe Maria, irgendwie mehr um des wohligen Gefühls als um des geistigen Gewinns willen dagesessen habe. Deshalb sprach Martha: »Herr, heiß sie aufstehen!«*, denn sie fürchtete, dass sie (= Maria) in diesem Wohlgefühl stecken bliebe und nicht weiter käme."* (Meister Eckhart und Quint 1979, Predigt 28, S. 281 f.)

Und etwas später:

„[...] denn als sie [Maria] (noch) zu Füßen unseres Herrn saß, [... saß sie noch] im Wohlgefühl und süßer Empfindung und war in die Schule genommen und lernte (erst) leben. Martha aber stand ganz wesenhaft da. Daher sprach sie: »Herr, heiß sie aufstehen«*, als hätte sie sagen wollen:* »Herr, ich möchte, dass sie nicht da säße im Wohlgefühl; ich wünschte (vielmehr), dass sie leben lernte, auf dass sie es (= das Leben?) wesenhaft zu eigen hätte: heiß sie aufstehen, auf dass sie vollkommen werde.«* [...]*

Nun (aber) wollen gewisse Leute es gar so weit bringen, dass sie der Werke ledig werden. Ich (aber) sage: Das kann nicht sein! Nach dem Zeitpunkt, da die Jünger den Heiligen Geist empfingen, da erst fingen sie an, Tugenden zu wirken. Daher: als Maria zu Füßen unseres Herrn saß, da lernte sie (noch), denn noch erst war sie in die Schule genommen und lernte leben. Aber späterhin, als Christus gen Himmel gefahren war und sie den Heiligen Geist empfangen hatte, da erst fing sie an zu dienen und fuhr übers Meer und predigte und lehrte und ward eine Dienerin der Jünger. Wenn die Heiligen zu Heiligen werden, dann erst fangen sie an, Tugenden zu wirken." (Meister Eckhart und Quint 1979, Predigt 28, S. 288 f.)

In Bezug auf die Diskussion um die vita contemplativa und die vita activa scheint es für Meister Eckhart also drei Stufen zu geben:
1. das aktive Leben ohne Gott,
2. das kontemplative Leben (Maria),
3. das aktive Leben mit Gott (Martha).

Die Geburt Gottes in der Seele, die Vollkommenheit verwirklicht sich jedoch erst im tätigen Leben.

Die Lehre von Meister Eckhart ist also weit entfernt von einem weltabgewandten, weltverneinenden Denken.

Diese Predigt ist sicherlich auch gerichtet gegen einige Praktiken in der damaligen Zeit. Meister Eckhart war innerhalb seines Ordens die Visitation, Betreuung und Unterweisung insbesondere in den Dominikanerinnenklöstern (über 100 an der Zahl) anvertraut. Und offenbar übten sich seinerzeit viele Nonnen in Zurückgezogenheit in der „Gottesschau" mit zeitweise ekstatischen Visionen, die er also mit seiner Predigt von Maria und Martha indirekt kritisierte.

Und schließlich ist das Leben von Meister Eckhart selbst ein glänzendes Beispiel des aktiven Lebens, der vita activa, indem er als einer der höchsten Würdenträger des Dominikanerordens ständig auf der Reise durch Deutschland war, um in den verschiedenste ihm unterstellten Klöstern zu predigen und die ihm anvertrauten Nonnen und Mönche zu unterweisen und zu betreuen.

3.3 Zusammenfassung und Abschluss

Zusammenfassend kann gesagt werden, dass Meister Eckhart der wohl bekannteste, meistzitierte und einflussreichste christliche Mystiker ist. Innerhalb des Christentums ist er einer der wenigen Mystiker, bei dem die transpersonale Vereinigung mit Gott im Zentrum steht, die Auslöschung des persönlichen Ichs und ein vollkommenes Aufgehen in Gott. Darin steht er auch einigen Richtungen östlicher Religionen nahe, wie vor allem buddhistische Lehrer hervorgehoben haben.

Und in diesem Zustand, der „Gottgleichheit", bedarf er natürlich nicht mehr äußerer Lehren und Institutionen, also insbesondere auch nicht mehr der Kirche als Mittlerin zwischen Gott und Mensch. Und so ist es, wie schon angesprochen, nicht verwunderlich, dass die damalige Kirche sich gegen die Verbreitung seiner Lehre, die zudem noch in deutscher Sprache abgefasst war, gewehrt hat und Meister Eckhart der Ketzerei angeklagt und seine Schriften teilweise verurteilt hat.

Dabei sei noch einmal hervorgehoben, dass weder seine Person noch seine Lehre, sondern nur einige seiner „Artikel" (17 an der Zahl) als „das Mal der Häresie [Ketzerei] enthaltend", andere (11 an der Zahl) zumindest

„der Häresie verdächtig" befunden wurden. Diese „Artikel", nämlich einzelne Sätze, wurden aus dem jeweiligen Zusammenhang gerissen zitiert und untersucht, und nur der Wortlaut dieser Sätze wurde kritisiert (s. z.B. Trusen 1988, S. 189 f.).

Darunter befinden sich Formulierungen, die seit jeher (und teilweise sicherlich auch seitdem) zu den Kernaussagen christlicher Mystiker gehören, wie z.B.

„8. Die nach nichts trachten, weder nach Ehren noch nach Nutzen noch nach innerer Hingabe noch nach Heiligkeit noch nach Belohnung noch nach dem Himmelreich, sondern auf dieses alles verzichtet haben, auch auf das, was das Ihrige ist, – in solchen Menschen wird Gott geehrt.

10. Wir werden völlig in Gott umgeformt und in ihn verwandelt; auf gleiche Weise, wie im Sakrament das Brot verwandelte wird in den Leib Christi: so werde ich in ihn verwandelt, dass er selbst mich hervorbringt als sein Sein als eines, nicht (etwa nur) als gleiches; beim lebendigen Gott ist es wahr, dass da kein Unterschied besteht.

17. Das äußere Werk ist nicht eigentlich gut und göttlich, und Gott wirkt und gebiert es nicht eigentlich.

18. Lasst uns nicht die Frucht äußerer Werke bringen, die uns nicht gut machen, sondern innerer Werke, die der Vater, in uns bleibend, tut und wirkt.

19. Gott liebt die Seelen, nicht das äußere Werk.

23. Gott ist auf alle Weisen und in jedem Betracht nur Einer, so dass in ihm selber keinerlei Vielheit zu finden ist, weder in der Vernunft noch außerhalb der Vernunft; wer nämlich Zweiheit oder Unterschiedenheit sieht, der sieht Gott nicht, denn Gott ist Einer außerhalb aller Zahl und über aller Zahl und fällt mit nichts in Eins zusammen. Daraus folgt: In Gott selbst kann demnach keinerlei Unterschied sein oder erkannt werden." (Meister Eckhart und Quint 1979, S. 451 ff.)

Schon allein diese Artikel geben einen ungefähren Eindruck davon, worin der Unterschied zwischen der Mystik und der Lehre der Amtskirche, zumindest im Mittelalter, bestand.

Meister Eckhart geht es immer um einen lebendigen erlebten Gott, nicht einen Gott, der nur in den Gedanken der Menschen seinen Platz hat (wie schon oben einmal zitiert):

„Der Mensch soll sich nicht genügen lassen an einem gedachten Gott; denn wenn der Gedanke vergeht, so vergeht auch der Gott. Man soll vielmehr einen wesenhaften Gott haben, der weit erhaben ist über die Gedanken des Menschen und aller Kreatur. Der Gott vergeht nicht, der Mensch wende sich denn mit Willen von ihm ab." (Meister Eckhart und Quint 1979, Reden der Unterweisung 6, S. 60)

Auch betont er immer wieder, dass Gott sich nicht außerhalb von uns befindet, sondern in unserem eigenen Inneren wohnt und nur dort zu finden ist:

„Gott ist allzeit bereit, wir aber sind sehr unbereit; Gott ist uns »nahe«, wir aber sind ihm fern; Gott ist drinnen, wir aber sind draußen; Gott ist (in uns) daheim, wir aber sind in der Fremde." (Meister Eckhart und Quint 1979, Predigt 36, S. 326 f.)

In diesen beiden Sätzen sind im Grunde zwei Kernaussagen der Mystik Meister Eckharts, wenn nicht der christlichen Mystik überhaupt, enthalten.

4. Die Frauenmystik

4.1 Einleitung

Als eine besondere Form der Mystik hat sich im Hoch– und Spätmittelalter die sogenannte Frauenmystik herausgebildet, eine spirituelle Richtung, die vor allem von Frauen innerhalb und außerhalb der Klöster vertreten und praktiziert wurde. Zum besseren Verständnis des Ursprungs und des Wesens der Frauenmystik ist es hilfreich, die gesellschaftliche Situation der Frauen im späteren Mittelalter, also zwischen dem 11. und 15. Jahrhundert in Europa genauer zu betrachten.

4.2 Die Situation der Frau im späteren Mittelalter

(Zu diesem Kapitel s. z.B. Sieck 2011, S. 9 - 42; Unger 1991, S. 7 - 38)

Die Einstellung der mittelalterlichen Gesellschaft zur Rolle der Frau kann am besten verdeutlicht werden durch ein Zitat aus dem „Rosenroman", ein im 13. Jahrhundert verfasster Versroman zum Thema Liebe, der als das erfolgreichste und einflussreichste Werk der mittelalterlichen französischen Literatur gilt.

Hierin heißt es (im 2. Teil, verfasst von Jean de Meung):
„Eine Frau ist nichts weiter als durchtrieben und kokett. Ihre Schönheit? Alles nur Aufmachung. Ihr Lebensinhalt? Intrigen, Betrug, Eifersucht, Spitz-findigkeiten, Bosheit und Unfrieden. Die Frau hat kein Gewissen. Sie will den Mann nur ruinieren. Es genügt dem Mann, sein Vergnügen mit ihr zu haben. Ein Tor, der an die Liebe glaubt. Man muss auf die Natur hören, man braucht nur zu beachten, wie es die Kühe und Stiere, die Schafe und Ham-mel auf den Wiesen treiben." (Zitiert nach Sieck 2011, S. 10)

Und der berühmte Heilige und Kirchenlehrer Thomas von Aquin (1225 – 1274) nennt in seinem Hauptwerk, der „Summa theologica", indem er sich auf Aristoteles beruft, die Frau einen „misslungenen Mann" (mas occasio-natus) (Thomas von Aquin, I^a q. 92 a. 1 arg. 1). Er schreibt über die Frau:
„Die Frau ist ein Missgriff der Natur [...] mit ihrem Feuchtigkeitsüber-schuss und ihrer Untertemperatur körperlich und geistig minderwertiger [...] eine Art verstümmelter, verfehlter, misslungener Mann [...] die volle Verwirk-lichung der menschlichen Art ist nur der Mann. Der wesentliche Wert der Frau liegt in ihrer Gebärfähigkeit und in ihrem hauswirtschaftlichen Nutzen."
Sowie an anderer Stelle:
„Wenn sie müde werden oder sogar sterben, so macht das nichts aus. Lasst sie im Kindbett sterben, dafür sind sie da." (Zitiert nach Sieck 2011, S. 17 und S. 13)

Die Herabsetzung der Frau im Christentum kann bis zu seiner Entstehung zurückverfolgt werden - die Kirche entwickelte sich nämlich innerhalb der Strukturen des spätantiken Römischen Reiches, das durchgehend patriar-chalisch organisiert war. Diese Abwertung des weiblichen Geschlechts hat sich teilweise in der katholischen Kirche bis heute erhalten, wo Frauen der

Zugang zu wichtigen Ämtern verwehrt ist (so dürfen Frauen zumindest bisher weder Priester noch Diakoninnen werden).

Es muss jedoch immer wieder betont werden, dass diese Geringschätzung der Frau jedenfalls nicht auf das Neue Testament zurückzuführen ist. Peter Dinzelbacher schreibt in seinem „Wörterbuch der Mystik" (mit Angabe der betreffenden Bibelstellen):

„Jesus spricht mit Frauen, auch Nicht-Jüdinnen; er geht zu Frauen ins Haus und lehrt sie; er lässt sich von einer Sünderin vor Zeugen anrühren und salben. Vor allem aber sind bei den zentralen heilsgeschichtlichen Ereignissen, bei der Kreuzigung und beim Ostergeschehen Frauen zugegen und Zeugen. Der Auferstandene erscheint zuerst den Frauen und gebietet ihnen als ersten (!) von seiner Auferstehung zu künden und seine Himmelfahrt anzukündigen; Frauen sind Zeugen der Himmelfahrt." (Dinzelbacher 1998, S. 176)

Ganz offenbar hat Jesus mit diesen Geschehnissen und durch sein Wirken die Frau vor Gott und den Menschen dem Mann gleichgestellt und beide auch als gleichwertig anerkannt.

Allerdings schreibt der Apostel Paulus im 1. Korintherbrief (1. Korinther 14, 33-35):

„Wie in allen Gemeinden der Heiligen sollen die Frauen schweigen in den Gemeindeversammlungen; denn es ist ihnen nicht gestattet zu reden, sondern sie sollen sich unterordnen, wie auch das Gesetz sagt. Wollen sie aber etwas lernen, so sollen sie daheim ihre Männer fragen. Es steht einer Frau schlecht an, in der Gemeindeversammlung zu reden" – eine (möglicherweise missverstandene) Stelle, die in den folgenden Jahrhunderten sicherlich zur Abwertung der Frau vor allem in Bezug auf ihre Aufgaben in der Gemeinde mit beigetragen hat.

Demgemäß ist in der mittelalterlichen Gesellschaft die Frau dem Manne vollständig untertan. Die Heiraten erfolgten nicht aus Zuneigung, sondern aus wirtschaftlichen Gesichtspunkten, meist in Absprachen der Familienvorstände, und bei der Heirat ging die Frau gewissermaßen vom Besitz (Munt) ihres Vaters in den Besitz ihres Mannes über. Ihre Aufgabe war allein, Kinder zu gebären und zu erziehen und die Hauswirtschaft zu erledigen, wobei die Frauen häufig im Kindbett starben. Jeglicher Zugang zur Bildung war ihnen verwehrt. Außer einigen Adligen, die Privatunterricht erhielten, konnten sie weder lesen noch schreiben, geschweige denn die lateinische Gelehrtensprache verstehen. Der einzige Ausweg für eine Frau, der Ehe und damit zahllosen Schwangerschaften zu entgehen, war es, in ein Kloster zu gehen, wo sie auch Zugang zu Bildung und geistig-literarischen Tätigkeiten bekam.

So ist es naheliegend, dass vor allem selbstbewusste sowie geistig und religiös interessierte und fromme Frauen, oft aus der Oberschicht, sich dafür entschieden, Nonne zu werden. Infolgedessen wurden im 12. und 13. Jahrhundert viele neue Klöster gegründet. Jedoch waren sie nicht in der Lage, alle danach suchenden Frauen aufzunehmen, sondern standen fast nur Männern und Frauen aus dem Adel zu Verfügung.

Und so entstand um diese Zeit eine neue Form von religiöser Bewegung – die Gemeinschaft der Beginen (und als männliches Gegenstück der Begarden). Beginen schlossen sich zusammen und lebten nach christlichen Grundsätzen (in der Nachfolge Christi) in Beginenhäusern oder -höfen. Sie lebten in Armut und Enthaltsamkeit, konnten jedoch im Gegensatz zum Klosterleben aus der Gemeinschaft auch wieder austreten und heiraten. Sie verdienten sich ihren Lebensunterhalt selbst durch hauswirtschaftliche Tätigkeiten, aber auch durch Pflege von Kranken. Ihren überschüssigen Verdienst, den sie zum eigenen Lebensunterhalt nicht benötigten, gaben sie den Armen.

Diese Gemeinschaft der Beginen war also von der übrigen Welt und vor allem auch von der Kirche relativ unabhängig. Wegen ihres frommen Lebenswandels und um nicht ganz die Kontrolle über diese Bewegung zu verlieren wurden die Beginen zwar vom Papst als Gemeinschaft anerkannt (1215), aber dennoch argwöhnisch beobachtet, da sie sich nicht den kirchlichen Regeln unterwarfen und nach unmittelbaren Gottesbeziehungen strebten. Sie gerieten oft in den Verdacht der Häresie, und 100 Jahre später wurde ihnen die Anerkennung der Kurie wieder entzogen. Daraufhin fanden viele Ketzerprozesse gegen Beginen statt und einige fielen der Inquisition zum Opfer (wie z.B. Marguerite Porete, von der später noch ausführlicher die Rede sein wird).

In den Klöstern und Beginengemeinschaften, zu denen also viele gebildete und hochreligiöse Frauen gehörten, entwickelte sich nun die sogenannte Frauenmystik, indem die Nonnen und Beginen sich gegenseitig unterstützten und belehrten, über ihre eigenen Erlebnisse berichteten und diese aufschrieben (und zwar im Allgemeinen nicht im gelehrten Latein, das nur wenigen Gebildeten, vor allem Männern, zugänglich war, sondern in ihrer Volkssprache).

4.3 Das Hohelied Salomos

In der Frauenmystik des späteren Mittelalters spielt vor allem das Hohelied Salomos aus dem Alten Testament eine große Rolle. Es ist möglicherweise um 1.000 v. Chr. entstanden – seine Urheberschaft ist jedoch umstritten. Es heißt im Original das „Lied der Lieder" und wurde von Luther in seiner Bibelübersetzung als das „Hohelied Salomonis" bezeichnet. Es besteht aus einem Wechselgesang in acht Kapiteln zwischen einem Mann (möglicherweise dem König Salomo) und einer Frau mit dem Namen Sulamith.

Hieraus seien einige Stellen zitiert (Die Bibel 2017):
Hoheslied 1:
(Beginn)
Die Frau:
  „Er küsse mich mit dem Kusse seines Mundes; ja, deine Liebe ist köstlicher als Wein.

  Köstlich riechen deine Salben; dein Name ist eine ausgeschüttete Salbe, darum lieben dich die Mädchen. […]"

Hoheslied 4:
Der Mann:
  „Siehe, meine Freundin, du bist schön! Siehe, schön bist du! Deine Augen sind wie Tauben hinter deinem Schleier. Dein Haar ist wie eine Herde Ziegen, die herabsteigen vom Gebirge Gilead. […]

  Deine beiden Brüste sind wie zwei Kitze, Zwillinge einer Gazelle, die unter den Lotosblüten weiden. […]"

Hoheslied 5:
Die Frau:
  „Sein Haupt ist das feinste Gold. Seine Locken sind Rispen, schwarz wie ein Rabe.

Seine Augen sind wie Tauben an den Wasserbächen, sie baden in Milch und sitzen an reichen Wassern. [...]

Sein Mund ist voll Süße und alles an ihm ist lieblich. – So ist mein Freund, so ist mein Geliebter, ihr Töchter Jerusalems! [...]"

Hoheslied 7:

Der Mann:

„Wie schön ist dein Gang in den Schuhen, du Fürstentochter! Rund sind deine Schenkel wie zwei Spangen, die des Meisters Hand gemacht hat. Dein Schoß ist wie ein runder Becher, dem nimmer Getränk mangelt. Dein Leib ist wie ein Weizenhügel, von Lotosblüten umsäumt.

Deine beiden Brüste sind wie zwei Kitze, Zwillinge einer Gazelle. [...]

Dein Wuchs gleicht einem Palmbaum und deine Brüste den Trauben.

Ich sprach: Ich will auf den Palmbaum steigen und seine Zweige ergreifen. Lass deine Brüste sein wie Trauben am Weinstock und den Duft deines Atems wie Äpfel. [...]"

Die Frau:

„Mein Freund ist mein und nach mir steht sein Verlangen.

Komm, mein Freund, lass uns aufs Feld hinausgehen und unter Zyperblumen die Nacht verbringen, dass wir früh aufbrechen zu den Weinbergen und sehen, ob der Weinstock sprosst und seine Blüten aufgehen, ob die Granatbäume blühen. Da will ich dir meine Liebe schenken. [...]"

Hoheslied 8:

Die Frau:

„Fände ich dich draußen, so wollte ich dich küssen und niemand dürfte mich schelten!

Ich wollte dich führen und in meiner Mutter Haus bringen, in die Kammer derer, die mich gebar. Da wollte ich dich tränken mit gewürztem Wein und mit dem Most meiner Granatäpfel.

Seine Linke liegt unter meinem Haupt, und seine Rechte herzt mich. –

Ich beschwöre euch, ihr Töchter Jerusalems, dass ihr die Liebe nicht aufweckt und nicht stört, bis es ihr selbst gefällt. [...]"

4.4 Die Brautmystik

(Zu diesem Kapitel s. z.B. Ulrich Köpf in Dinzelbacher und Bauer 1990, S. 54 ff.)

Dem heutigen unbefangenen Leser erscheinen diese Texte als Liebeslieder zwischen einer Braut und ihrem Bräutigam und ihrer Sehnsucht nach körperlicher Vereinigung, und man fragt sich, weshalb dieses Buch in den Kanon der Heiligen Schriften aufgenommen wurde, zumal darin fast nirgendwo Bezug auf Gott genommen wird. Diese naheliegende Interpretation hat sich aber erst in letzter Zeit durchgesetzt – jahrhundertelang wurde dieses Lied ganz anders gedeutet. Innerhalb einer leibfeindlichen Gesinnung, die fast von Anfang an dem Christentum zu Eigen war, war es unvorstellbar, dass ein Buch mit körperlich-erotischem Inhalt im Kanon der Bibel Aufnahme gefunden haben sollte.

Also wurde fast seit dem Beginn des Christentums das Hohelied Salomos allegorisch ausgelegt, indem die einzelnen Bilder und Aussagen auf geistige Inhalte übertragen wurden. Der Bräutigam wurde mit Gott oder Jesus Christus gleichgesetzt, die Braut wurde mit dem Volke Israel, der christlichen Kirche, der Gottesmutter Maria oder der einzelnen Seele gleichgesetzt.

Und demgemäß wurde das Hohelied interpretiert als der Liebesgesang zwischen Gott und seinem Volke Israel oder zwischen Gott (bzw. Christus) und seiner Kirche oder zwischen Gott (bzw. Christus) und der einzelnen Seele. Sieht man sich die oben zitierten Textstellen des Hoheliedes an, so erscheinen diese Deutungsversuche doch recht willkürlich, und so ist man heutzutage von diesen allegorischen Interpretationen weitgehend abgerückt.

Am nachhaltigsten war wohl die Interpretation des berühmten Zisterziensermönches und Kirchenlehrers Bernhard von Clairvaux (1090 – 1153). Er legte in zahlreichen Predigten vor allem die Deutung nahe, dass der Bräutigam Jesus Christus ist, die Braut aber die Seele der einzelnen Person. Und in dieser allegorischen Auslegung beschreibt das Hohelied also das innere Gespräch zwischen Christus und der Seele des Menschen, ihren gegenseitigen innigsten Wunsch nach Vereinigung der Geliebten, der Seele, mit dem Geliebten, mit Gott bzw. Christus. Diese Deutung wurde insbesondere von den damaligen Nonnen aufgegriffen, die ja seit jeher als „Bräute Christi" bezeichnet wurden, und ebenso von frommen Beginen – daher auch der Begriff „Brautmystik".

Und so entstanden in dieser Zeit zahlreiche Berichte von frommen Frauen, die in einen inneren Dialog mit Christus eintreten, sich ihm hingeben, sich geistig mit ihm vermählen, ja sogar nach dem „heiligen Kuss" eine geistige Schwangerschaft erleben, die in ihnen den Heiligen Geist gebiert. Diese Schilderungen tragen oft fast erotische Formulierungen der Vereinigung der Frau mit Christus und sind häufig von entsprechenden Visionen begleitet, die teilweise mit ekstatischen Zuständen verbunden sind.

Aus der Fülle dieser Berichte christlicher Mystikerinnen sollen im Folgenden beispielhaft die Texte dreier Frauen herausgegriffen werden, die ganz unterschiedliche Zugänge zu ihren Begegnungen mit Gott bzw. Christus beschreiben.

4.5 Mechthild von Magdeburg

Als ein Beispiel hierfür seien drei Texte der Begine Mechthild von Magdeburg (1207 – 1282) aus ihrer Schrift „Das fließende Licht der Gottheit" angeführt, in denen sie die Sehnsucht der einzelnen Seele nach der Vereinigung mit Gott bzw. mit Christus beschreibt:

„»Ach, Viellieber [Gott], wann wirst du danach begehren, wonach ich begehre?« So sprach eine elende Seele.

Da antwortete ihr der Vielliebe und sagte, als ob er nicht wüsste, was sie wollte: »Wonach begehrst du?«

Da sagte sie wiederum: »Herr, die Stärke des Begehrens hat mich der Stimme für meine Worte beraubt.«

Da sagte er: »Jungfrauen taugen nicht als Werberinnen, denn sie besitzen von Natur aus edle Scheu.«

Da klagte sie: »O weh, Herr, du bist mir doch allzu lang fern! Könnte ich dich, Herr, doch durch einen Zauber gewinnen, so dass du nirgends ruhen könntest als bei mir! O, das gäbe ein Liebesspiel! Da müsstest du mich dann bitten, Maß zu halten!«

Da antwortete er und sprach: »O du unbefleckte Taube, nun erlaube mir, dich noch warten zu lassen; diese Welt braucht dich noch.«

Da sagte sie: »Ach, Herr, möchte mir das einmal zuteil werden, dass ich dich so, wie es mein Herz wünscht, ansehen und umarmen könnte und dass deine göttliche Liebeslust meine Seele durchdringen würde, soweit dies für Menschen auf Erden möglich ist!«" (Mechthild von Magdeburg und Vollmann-Profe 2008, S.123 ff.)

Und an anderer Stelle:

„Da sagte der liebevolle Mund [Gottes], der meine Seele zutiefst verwundet hat, diese gewaltigen Worte zu mir, der immer Unwürdigen:

»Du bist meinem Begehren ein Liebesfühlen,
du bist meiner Brust eine süße Kühlung,
du bist ein inniger Kuss auf meinem Mund,
du bist eine fröhliche Freude, wenn ich dich finde!
Ich bin in dir und du bist in mir,
wir können nicht näher sein,
denn wir zwei sind zusammengeflossen
und sind in eine Form gegossen;
so werden wir ewig bleiben, unermüdet.«"

(Mechthild von Magdeburg und Vollmann-Profe 2008, S. 93)

Und schließlich noch anschaulicher:

„Dann geht die Allerliebste zum Allerschönsten in das verborgene Gemach der unschuldigen Gottheit. Da findet sie das Lager der Liebe und die Stätte der Liebe von Gott nicht nach Menschenart bereitet.

Da sagt unser Herr: »Bleibt stehen, edle Seele!«

»Was gebietest du, Herr?«

»Ihr sollt euch ausziehen!«

»Herr, was wird dann mit mir geschehen?«

»Edle Seele, ihr seid meiner Natur so innig verbunden, dass gar nichts zwischen Euch und mir sein darf. Niemals war ein Engel so erhaben, dass ihm auch nur für einen Augenblick zuteil geworden wäre, was Euch auf ewig zu eigen ist. Darum sollt Ihr Furcht und Scham ablegen und jede äußere Tugend. Vielmehr sollt Ihr allein die (Tugend), die Ihr von Natur aus in Eurem Innern habt, auf ewig fühlen. Das ist Euer edles Verlangen und Euer unendliches Begehren. Diese will ich in Ewigkeit mit meiner unendlichen Gnade stillen.«

»Herr, nun bin ich eine nackte Seele und du in dir selbst ein Gott in großer Herrlichkeit. Unser bei der Gemeinschaft ist das ewige Leben ohne Tod.«

Darauf tritt da eine selige Stille ein, wie es beide wollen. Er schenkt sich ihr, und sie schenkt sich ihm. Was ihr jetzt geschieht, das weiß sie - und dies ist mein Trost. Nun kann dies nicht lange währen; wo zwei Liebende heimlich zusammenkommen, müssen sie immer wieder auseinandergehen, ohne sich doch zu trennen." (Mechthild von Magdeburg und Vollmann-Profe 2008, S. 47)

Bei der Lektüre dieser Texte drängt sich natürlich der Vergleich mit dem Hohelied Salomos und dessen Formulierungen auf. Hier wird also in höchst erotischer Sprache die Sehnsucht der Seele nach Gott und ihre Vereinigung mit Gott, also die unio mystica sehr anschaulich beschrieben – und zwar in deutscher Sprache, also für jedermann verständlich, was den Argwohn der Theologen erregte, in deren Augen die Vereinigung mit Gott als Gotteslästerung galt, als Häresie. Und im folgenden Jahrhundert wurden viele Beginen wegen ähnlicher Gedanken der Inquisition vorgeführt, einem Schicksal, dem Mechthild von Magdeburg noch entgangen war.

4.6 Hildegard von Bingen
(Zu diesem Kapitel s. z.B. Sieck 2011, S. 43 - 57)

Es gibt aber auch eine ganz andere Art mystischer Visionen von Frauen, die von diesen sehr viel rationaler empfunden und interpretiert werden. Als Beispiel hierzu sei Hildegard von Bingen (1098 – 1179) genannt, einer Zeitgenossin von Bernhard von Clairvaux, der sie zum Aufschreiben und Veröffentlichen ihrer Gedanken ermutigte. Hildegard von Bingen wird von vielen als die bedeutendste Frau des Mittelalters bezeichnet, deren großartige Visionen an die Offenbarungen des Johannes im Neuen Testament erinnern und die daher oft als die „deutsche Prophetin" (prophetissa teutonica) bezeichnet wird. Sie setzt sich über die Vorurteile ihrer Zeit gegenüber den Frauen hinweg und korrespondiert mit Bischöfen und Päpsten, Fürsten und Königen, denen sie häufig ins Gewissen redet und die oft ihren Rat erbitten.

Aus ihren Schriften seien hier drei Textstellen zitiert, die von ihren visionären Begegnungen mit Gott berichten:
„Im Jahr 1141 der Menschwerdung Jesu Christi, des Gottessohnes, als ich zweiundvierzig Jahre und sieben Monate alt war, kam ein feuriges Licht mit Blitzesleuchten vom offenen Himmel hernieder. Es durchströmte mein

Gehirn und durchglühte mir Herz und Brust gleich einer Flamme, die jedoch nicht brannte, sondern wärmte, wie die Sonne den Gegenstand erwärmt, auf den sie ihre Strahlen legt.

Nun erschloss sich mir plötzlich der Sinn der Schriften, des Psalters, des Evangeliums und der übrigen katholischen Bücher des Alten und Neuen Testamentes." (Zitiert nach Sieck 2011, S. 45)

Und an anderer Stelle schreibt sie:

„Ich sah eine geheimnisvolle, wunderbare Schau, sodass ich zuinnerst erschüttert wurde und die Empfindungen meines Körpers erloschen. Denn mein Bewusstsein wurde derart gewandelt, als ob ich mich selbst nicht mehr kennte. Und wie sanfte Regentropfen träufelte es aus dem Hauche Gottes in das Erkennen meiner Seele, so wie der Heilige Geist den Evangelisten Johannes erfüllt hat, als er an Jesu Brust die tiefgründige Offenbarung emp-fing, wobei sein Geist von der heiligen Gottheit derart berührt wurde, dass er die verborgenen Geheimnisse und Werke offenbarte, da er sprach: »Im Anfang war das Wort« (Joh 1). Denn das Wort, das vor den Geschöpfen ohne Anfang war und das nach ihnen ohne Ende sein wird, hieß alle Krea-turen hervorgehen. Und er schuf sein Werk, ähnlich wie der Werkmeister sein Werk zum Leuchten bringt. Was vor dem Zeitenbeginn in seinem Rat-schluss vorherbestimmt war, erschien jetzt in sichtbarer Weise. […]

Jedes Wort dieses Evangeliums, das vom Anfang des Werkes Gottes handelt, lehrte mich die genannte Schau und hieß es mich auslegen." (Zitiert nach Sieck 2011, S. 50)

Allgemein schreibt Hildegard von Bingen über die Natur ihrer Visionen:

„Das, was ich schaue, kann ich nicht vollkommen wissen, solange ich in der Dienstbarkeit des Leibes und der unsichtbaren Seele bin. [...] Von mei-ner Kindheit an, als meine Gebeine, Nerven und Adern noch nicht erstarkt waren, erfreue ich mich der Gabe dieser Schau in meiner Seele bis zur ge-genwärtigen Stunde, wo ich doch schon mehr als 70 Jahre alt bin. Und meine Seele steigt - wie Gott will - in dieser Schau empor bis in die Höhe des Firmaments. [...] Ich sehe aber diese Dinge nicht mit den äußeren Au-gen und höre sie nicht mit den äußeren Ohren, auch nehme ich sie nicht mit den Gedanken meines Herzens wahr noch durch irgendeine Vermittlung meiner fünf Sinne. Ich sehe sie vielmehr einzig in meiner Seele, mit offenen leiblichen Augen, sodass ich dabei niemals die Bewusstlosigkeit einer Eks-tase erleide, sondern wachend schaue ich dies bei Tag und bei Nacht. Das

Licht, das ich schaue, ist nicht an den Raum gebunden. Es ist viel, viel lichter als eine Wolke, die die Sonne in sich trägt. Weder Höhe noch Länge noch Breite vermag ich an ihm zu erkennen. Es wird mir als Schatten des lebendigen Lichtes bezeichnet.

Und wie Sonne, Mond und Sterne in Wassern sich spiegeln, so leuchten mir Schriften, Reden, Kräfte und gewisse Werke der Menschen in ihm auf. Alles was ich in der Schau sehe und lerne, das behalte ich lange Zeit in meinem Gedächtnis, weil, sobald ich es sehe oder höre, es in mein Gedächtnis eingeht. Ich sehe, höre und weiß gleichzeitig, und wie in einem Augenblick erlerne ich das, was ich weiß.“ (Zitiert nach Sieck 2011, S. 53)

Diese Visionen beschreiben also Zustände, in der die einzelne Seele Gott begegnet und von ihm, ähnlich wie die Propheten im Alten Testament und Johannes in seiner Offenbarung, unmittelbar Belehrungen empfängt – und zwar „wie sanfte Regentropfen“, „ohne Ekstase“. Hierin unterscheidet sich ihr Zugang zu Gott ganz wesentlich zu demjenigen von Mechthild von Magdeburg, die ihre Begegnung mit Gott eher als eine innige Vereinigung erlebte.

Uns ist Hildegard von Bingen heute allerdings vor allem bekannt durch ihre Beiträge zur Naturkunde und zur Heilkunde („Hildegard-Medizin“), aber auch durch musikalische Werke, unter anderem durch viele liturgische Gesänge, die sie verfasst hat.

4.7 Marguerite Porete
(Zu diesem Kapitel s. z.B. Marguerite Porete und Kern 2011, S. 13 - 22)

Am bemerkenswertesten, aber jedoch zugleich auch am tragischsten ist die Geschichte der Begine Marguerite Porete (ca. 1250 – 1310) und ihrer Schrift „Der Spiegel der einfachen Seelen“, die hier etwas ausführlicher behandelt werden soll. In diesem Buch, das in der französischen Volkssprache abgefasst ist, wird ein Dialog zwischen drei personifizierten Wesenheiten beschrieben: der Seele, der Vernunft und der „Liebe“, wobei unter der Vernunft die offizielle theologische Wissenschaft und die Kirche verstanden wird, die in dem Werk oft verspottet wird. Unter der Liebe aber wird die „fernnahe“ Gottheit verstanden, die bei Marguerite Porete bezeichnenderweise als weiblich dargestellt wird. Und das Thema des Buches ist die Befreiung der

Seele von allen äußeren Tugenden und Geboten bis hin zur göttlichen Freiheit und Einheit.

Offenbar aufgrund eigener mystischer Erfahrungen beschreibt sie sieben Stufen (Seinszustände) auf diesem Weg. Sie durchläuft dabei *„die Schule der Gottheit selbst; das Tal der Demut und die Ebene der Wahrheit sind ihr Ort, und sie findet Ruhe auf dem Berg der Liebe."* (Marguerite Porete und Kern 2011, Kapitel 9, S. 37)

Auf den ersten drei Stufen ist die Seele bemüht, die göttlichen Gesetze und Gebote einzuhalten, in Askese zu leben, oft unter großen Anstrengungen. Schließlich will sie nur noch für die Liebe und in Gehorsam nach Gottes Willen leben. Auf der vierten Stufe legt die Seele auch noch den Gehorsam einem Gott gegenüber ab und sieht und lebt nur noch in der reinen Liebe und genießt die Wonne, die aus der Harmonie der Einheit erwächst.

Auf der fünften Stufe erkennt die Seele, *„dass Gott der ist, der ist, aus dem alles ist, und sie selbst ist nicht und ist auch nicht diejenige, aus der alles ist"*. Sie ist nun von Gott mit einem freien Willen ausgestattet und erkennt ihre eigene Nichtigkeit und Bösartigkeit. Sie beschließt, sich von ihrem eigenen Willen zu trennen und ihn an Gott zurückzugeben. Damit ist sie zu einem Nichts geworden und sitzt an der tiefst möglichen Stelle, von wo aus die göttliche Güte *„sie emporzieht zu reiner göttlicher Güte, sie in sie verwandelt und durch die Vereinigung der Güte mit ihr vereint"*.
Der Wille und das Verlangen und die guten Werke sind von ihr genommen und sie befindet sich ganz in Ruhe und Freiheit.

Auf der sechsten Stufe schließlich sieht die Seele, *„dass da nichts ist außer Gott selbst, der ist, von dem alles ist. Und das, was ist, ist Gott selbst, und deshalb sieht sie nichts außer sich selbst. Denn wer das sieht, was ist, sieht nichts außer Gott selbst, der sich in dieser Seele selbst sieht. […]"*
Sie sieht *„weder Gott noch sich selbst, vielmehr sieht Gott sich von sich aus in ihr, für sie, ohne sie. Dieser (nämlich Gott) zeigt ihr, dass nichts ist als nur er."*
Dies also ist offenbar der Zustand, der als unio mystica, die mystische Vereinigung mit Gott bezeichnet wird.

Die siebte Stufe der Verherrlichung schließlich wird nach Marguerite Porete der Seele jedoch erst gegeben, wenn sie ihren Leib hinter sich gelassen hat. (Alle Zitate aus dem „Spiegel der einfachen Seelen", Kapitel 118, in Marguerite Porete und Kern 2011, S. 178 ff.)

Es ist interessant zu vergleichen, inwieweit ihre diesbezüglichen Aussagen über die sieben Seinszuständen, fast bis in die Wortwahl hinein, den sieben Stufen von Meister Eckhart ähneln, die oben genauer beschrieben wurden (in Kapitel 3.2 d).

Die Seele hat also schon in diesem irdischen Leben auf dem „Berg der Liebe" ihren eigenen Willen und damit ihre Identität vollständig aufgegeben, nun ist es Gott, der in ihr und durch sie wirkt.
Demgemäß sagt Marguerite Porete ganz am Ende ihres Buches:
„Ich habe gesagt, dass ich ihn lieben werde.
Ich lüge, das bin nicht mehr ich.
Er allein ist es, der mich liebt.
Er ist ich, und ich bin nicht.
Und mehr brauche ich nicht
als das, was er will
und was er wert ist.
Er ist Fülle,
und ich bin von ihr erfüllt.
Dies ist der göttliche Kern
und treue Liebe."
(Marguerite Porete und Kern 2011, Kapitel 122, S. 193 f.)

Eines der Ergebnisse dieser Beschreibungen ist, dass die Seele ihren Eigenwillen und damit auch alle weltlichen Tugenden hinter sich lassen muss, wenn sie zur wahren Erkenntnis Gottes gelangen will.

Sie lebt dann nicht mehr deswegen tugendhaft, weil die christlichen Gebote dies von ihr verlangen, sondern ihre Tugenden entstehen aus ihr selbst, aus der göttlichen Liebe in ihr:

„Diese Seele, die von solcher Art ist, sucht Gott nicht mehr durch Buß-
übungen und im Empfang der Sakramente der Heiligen Kirche, auch nicht
in Gedanken, Worten und Werken oder durch Geschöpfe hier unten oder
dort droben, weder durch Gerechtigkeit noch Barmherzigkeit oder Ehre über
Ehre, weder durch göttliche Erkenntnis noch durch göttliche Liebe oder gött-
lichen Lobpreis."
(Marguerite Porete und Kern 2011, Kapitel 85, S. 139 f.)

Man kann sich leicht vorstellen, dass dies schon bald den Argwohn und die Missbilligung der Vertreter der Kirche hervorgerufen hat. Nicht nur, dass hier ein Mensch, dazu noch eine Frau, die Gegenwart Gottes schon in diesem Leben erfahren hat und in der Sprache des gewöhnlichen Volkes, also für jedermann und jede Frau verständlich beschreibt – darüber hinaus erklärt sie die moralischen Tugenden für eine vollkommene Seele für überflüssig, insbesondere auch die Gnadenmittel der Kirche wie Predigten, Messen, Fasten und Gebet, im Grunde also die gesamte Institution der Kirche als Mittlerin zwischen Gott und Mensch.

Ihr Buch scheint insbesondere bei den Beginen und wahrscheinlich auch in den Klöstern eine große Verbreitung gefunden zu haben, und so blieb es nicht aus, dass Marguerite Porete in den Verdacht der Häresie geriet. Ihr Buch wurde als ketzerisch verurteilt und öffentlich verbrannt – wer es weiterhin besaß und seine Lehren verbreitete, geriet in die Gefahr, selbst als Ketzer verurteilt zu werden. Dies hielt Marguerite Porete jedoch nicht davon ab, im Vertrauen auf ihre eigenen inneren göttlichen Erfahrungen ihre Überzeugungen weiterhin zu verkündigen und zu verbreiten.

Infolgedessen fand im Jahre 1310 ein Inquisitionsprozess gegen sie statt. Da sie sich auch weiterhin weigerte, ihre Einsichten zu widerrufen, wurde sie am 1.6.1310 als „rückfällige Ketzerin" auf dem Rathausplatz von Paris öffentlich bei lebendigem Leibe verbrannt.

Dieses Beispiel erklärt vielleicht, weshalb die Mystik innerhalb der christlichen Religion, im Gegensatz z.B. zu den fernöstlichen Religionen, nur sehr schwer Fuß fassen konnte: Jahrhundertelang wurden alle mystischen Erlebnisse und Erkenntnisse seitens der Kirche systematisch unterdrückt und bekämpft. Erst in den letzten Jahrzehnten scheint sich diese Einstellung allmählich zu ändern.

Die Person Marguerite Porete geriet bald in Vergessenheit, nicht jedoch ihr Buch „Der Spiegel der einfachen Seelen", das weiterhin, natürlich anonym, verbreitet wurde. Erst im Jahre 1946 gelang es, sie als Verfasserin dieses Buches auszumachen, deren Opfertod für ihre innere Überzeugung damit also nicht vergebens war.

Aus den Prozessakten wird deutlich, dass ihr weniger angelastet wurde, dass sie unmittelbare Gotteserfahrungen hatte, als vielmehr, dass sie die

Autorität der Kirche mit ihren Gnadenmitteln in Frage stellte und dass sie den Wert der christlichen Tugenden relativierte. Dabei beruht dieser Vorwurf offenbar auf einem (sehr gelegen kommenden) Missverständnis: Marguerite Porete sagt nicht, dass die Tugenden übertreten werden dürften, sondern dass die befreite Seele *über* den Tugenden steht, dass diese Tugenden gewissermaßen selbstverständlich werden und nicht mehr erzwungen unter Mühen und Anstrengungen erfüllt werden müssen – Gott ist es nun, der die Tugenden bewirkt.

Es ist eine Ironie des Schicksals, dass der ihr seelenverwandte Meister Eckhart (s.o. Kapitel 3), der eine ganz ähnliche Überzeugung vertrat und verbreitete, als Dominikanermönch fast zeitgleich mit der Verurteilung von Marguerite Porete in Paris weilte – ja in demselben Haus wie der Dominikaner Wilhelm von Paris wohnte, dem Generalinquisitor im Prozess gegen Marguerite Porete.

Meister Eckhart hat den „Spiegel der einfachen Seelen" vermutlich gekannt und den darin enthaltenen Aussagen, soweit sie seinen eigenen Überzeugungen entsprachen, „eine präzisere, theologisch vertretbare Formulierung gegeben". (Zur Nähe der Mystik von Marguerite Porete zu derjenigen von Meister Eckhart s. vor allem Ruh 1985, S.95 - 108; Zitat S. 104) Wie schon erwähnt (s.o. Kapitel 3.1), wurde jedoch auch Meister Eckhart einige Jahre später der Ketzerei bezichtigt.

Vergleicht man die Aussagen von Marguerite Porete mit denjenigen von Meister Eckhart, so gewinnt man den Eindruck, dass beide, was ihre Beschreibung der Vereinigung mit Gott, der unio mystica, angeht, wenn nicht sogar dasselbe erlebt, so doch zumindest aus derselben Quelle geschöpft haben.

Zusammenfassend ist also zu sagen, dass Marguerite Porete eine derjenigen Frauen innerhalb der mittelalterlichen Frauenmystik ist, die ihre eigenen mystischen Erlebnisse, die Erfahrung ihrer Vereinigung mit Gott, der unio mystica, weniger emotional und visionär wie andere ihrer Zeitgenossinnen, sondern in einem eher rationalen Zugang in ein geschlossenes Weltbild zu gießen versucht hat – in der Sprache des gewöhnlichen Volkes, nicht für die gelehrten Theologen und Kleriker, sondern für diejenigen Menschen aus dem Volk, die sich einer christlichen, spirituellen Lebensweise verschrieben haben – und insofern ist ihr Werk auch heute noch hoch aktuell und erfreut sich einer zunehmenden Beliebtheit.

4.8 Die Leidensmystik (Passionsmystik)
(Zu diesem Kapitel s. z.B. Dinzelbacher und Bauer 1990, S. 67 ff. und Störmer-Caysa 2004, S. 153 ff.)

Aber es gibt auch noch eine andere Art der Frauenmystik, die ebenfalls von Bernhard von Clairvaux beeinflusst wurde: die sogenannte Leidensmystik oder Passionsmystik. Das körperliche und seelische Leiden des Menschen spielte nämlich in der mittelalterlichen Religiosität, speziell auch in der Mystik eine große Rolle.

Der Mystiker und Schüler von Meister Eckhart, Heinrich Seuse (1295 – 1366), drückt den spirituellen Wert des Leidens in seinem „Büchlein der ewigen Weisheit" folgendermaßen aus (in Worten, die Gott zu ihm spricht):

„Leiden ist ein Löscher meines Zornes und ein Erwerber meiner Huld. Leiden macht mir den Menschen liebwert, denn der leidende Mensch ist mir ähnlich. […]

Leiden behütet vor schwerem Fall, es lässt den Menschen sich selbst erkennen, in sich selbst bestehen, seinem Nächsten nachsichtig sein. Leiden hält die Seele in Demut und lehrt Geduld; es ist ein Hüter der Reinheit, es bringt die Krone ewiger Seligkeit. […]

Leiden nimmt Sünde ab, mindert das Fegfeuer, vertreibt Versuchungen, beseitigt die sinnlichen Lüste, erneuert den Geist. […]

Es kasteit den Leib, der doch faulen muss, und speist dafür die Seele, die da ewiglich bleiben soll. Sieh, die edle Seele gedeiht vom Leiden wie die schöne Rose vom süßen Maitau." (Seuse 1911b, Kapitel 13, S. 49; auch in Seuse et al. 1993, S. 114 f.)

Demgemäß kasteite er sich selbst, er geißelte sich, trug Tag und Nacht ein härenes Unterkleid mit spitzen Nägeln, sodass ihm das Blut herunterrann, und fügte sich weitere Schmerzen zu. (Seuse 1911a, Kapitel 15 und 16, S. 33 - 38)

Diese Einstellung zum Leid findet sich auch bei anderen mittelalterlichen Mystikern, woraus sich eine Art Leidensmystik entwickelte. Hierin vertieft sich die Person in die Leiden Christi, insbesondere in den Nöten seiner Kindheit, z.B. in seiner Armut und bei der Beschneidung, und vor allem in seinen Todesweg und sein Leiden und Sterben am Kreuz. Die Seele verbindet sich gewissermaßen mit Christus, indem sie seinen Leidensweg einfühlsam miterlebt, bis hin zu körperlichen Leiden und zu Stigmatisierungen, angeblich zuerst bei Franz von Assisi (1181 – 1226), dem Gründer des Franziskanerordens, bei dem im Jahre 1224 die Wundmale Christi auftraten.

Diese Leidensmystik wurde vor allem von Frauen praktiziert, die möglicherweise die Leiden Jesu aus mütterlichem Erbarmen stärker miterlebten.

Ein eindrückliches Beispiel hierzu ist die Dominikanernonne Elsbeth von Oye (ca. 1290-1340), die ebenfalls grausame Selbstkasteiungen an sich vornahm. So schildert sie, dass sie beständig ein großes Nagelkreuz bei sich trug, das sie peinigte. Hierzu schreibt sie:

„»Den blutenden Schmerz deines Kreuzes«, sagt Christus zu dem beschriebenen Ich, »leidest du allein mit Hilfe der lebenden Macht meines Markes, und deshalb hat er keinen Ort als im tiefsten Grunde meiner göttlichen Natur. Wie ich in Ewigkeit von meines Vaters Herzen mein göttliches Wesen und meine Natur gesogen habe, so saugt dein Kreuz aus mir das süße Mark meiner Natur. Wegen des peinigenden Schmerzes deines Kreuzes will ich mein wesentliches Tun in dir haben, und in dem wesentlichen Tun werde ich geboren werden in dem innersten Grund deiner Seele.«" (Zitiert nach Störmer-Caysa 2004, S. 157 f.)

Es ist allerdings festzuhalten, dass in der Mystik deutlich unterschieden werden muss, ob sich der Mensch absichtlich aus freien Stücken Leid zufügt, wie Entbehrungen und Kasteiungen, oder ob er ihm von außen zugefügtes Leid als von Gott auferlegt demütig erträgt, indem er seinen Eigenwillen aufgibt und nur noch das will, was Gott in ihm will, und sei es auch körperliches oder seelisches Leiden.

4.9 Männliche und weibliche Mystik

Es soll nun noch kurz auf die Frage eingegangen werden, ob die hier be- handelte Frauenmystik eine typisch weibliche Mystik ist, die sich von einer männlichen Mystik unterscheidet.

Als ein Charakteristikum der mittelalterlichen Frauenmystik kann gese- hen werden, dass die praktische, mehr gefühlsbetonte Mystik vor der theo- retischen, mehr rationalen im Vordergrund steht in Form von Visionen und auditiven Wahrnehmungen, ekstatischen, bildhaften, gefühlsbetonten Er- lebnissen. Bei den männlichen Mystikern scheint dagegen die theoretische Mystik im Vordergrund zu stehen, indem die mystischen Erlebnisse rational beschrieben und erklärt werden. Man könnte also bei den Mystikerinnen e- her von einer Erlebnismystik, bei den Mystikern eher von einer Erkennt- nismystik sprechen.

Es stellt sich nun die Frage, ob diese Unterschiede psychisch-geschlechts- spezifisch zu erklären sind oder eher historisch-sozial - ob es also im Wesen der weiblichen Psyche liegt, besondere Ereignisse eher bildhaft und ge- fühlsbetont zu erleben, oder ob beispielsweise die geringeren Bildungsmög- lichkeiten der Frauen im Mittelalter diese dazu führten, ihre Erlebnisse in bildhafter, gefühlsbetonter Sprache auszudrücken, da sie häufig nicht den Zugang zur akademischen Texten und damit zur Gelehrtensprache hatten. Darüber hinaus war es einer Frau nicht erlaubt, theologisch-diskursive Texte zu verfassen und zu verbreiten. Die einzig mögliche Verbreitungsform reli- giöser Überzeugungen war für eine Frau, sich auf persönliche Offenbarun- gen zu beziehen. (S. Störmer-Caysa 2004, S. 40).

Die Antwort auf diese Frage wie auch schon die Einteilung in männliche Erkenntnismystik und weibliche Erlebnismystik ist umstritten: Auf der einen Seite reicht die Frauenmystik von den erotisch-gefühlvollen Schilderungen einer Mechthild von Magdeburg bis zu einer eher rationalen Beschreibung einer Marguerite Porete. Und auf der anderen Seite gibt es männlicher Mys- tiker wie Meister Eckhart, die in rationaler Reflexion mystische Zustände e- her vernunftbetont, emotionslos beschreiben, aber auch Männer wie Hein- rich Seuse, die ihren Gefühlen in ihren Schriften detailliert Ausdruck verleihen.

Als ein weiteres Unterscheidungsmerkmal der verschiedenen Mystiker könnte ihre Beschreibung eines mehr personalen oder mehr apersonalen, transpersonalen Zugangs zu Gott gesehen werden, worauf oben (in Kapitel 2.2) schon einmal eingegangen wurde.

In einer mehr personalen Betrachtungsweise begegnet die Seele Gott bzw. Christus als einem Gegenüber, mit dem sie sich unterhält und von dem sie belehrt wird. Sie kann zwar in der unio mystica mit ihm innig vereint sein, bleibt jedoch auch in dieser Vereinigung noch als individuelle Seele bestehen. In einer transpersonalen Betrachtungsweise löst sich die individuelle Seele schließlich auf wie ein Tropfen im Meer, indem sie in der unio mystica in Gott aufgeht, mit ihm verschmilzt und er mit ihr, so dass die Seele und Gott als eine Einheit nicht mehr voneinander unterscheidbar sind (dies ist insbesondere auch der Zugang der fernöstlichen Mystik, wie unten noch genauer beschrieben werden wird).

Aber auch unter diesem Aspekt kann eine weibliche Mystik kaum von einer männlichen Mystik unterschieden werden, da beide Arten der Mystik bei Vertretern beiderlei Geschlechts vorkommen.

So wäre es also sehr willkürlich, weibliche Mystik von männlicher zu unterscheiden, sondern man könnte eher formulieren, dass es ein weites Spektrum der Mystik gibt, von praktischer, gefühlsbetonter bis zu theoretischer, rationaler Mystik, von personaler bis zu transpersonaler Mystik, und dass jede Mystikerin und jeder Mystiker eine besondere Facette des Ganzen, einen besonderen Farbausschnitt aus diesem Gesamtspektrum der Gottesnähe erlebt und beschreibt.

5. Martin Luther und die Mystik

(Zu diesem ganzen Kapitel s. insbesondere Leppin 2016)

5.1 Einleitung

Wie schon erwähnt, ist im Mittelalter die Einstellung der Kirche der Mystik gegenüber sehr zurückhaltend bis skeptisch, wenn nicht sogar feindselig gewesen. So wurden im Spätmittelalter viele Menschen, die der Mystik nahestehende Einstellungen verbreiteten, wie beispielsweise Meister Eckhart und Marguerite Porete, als Ketzer angeklagt und teilweise sogar zum Tode verurteilt und auf dem Scheiterhaufen verbrannt bzw. im Fluss ertränkt. Diese Verfolgungen hielten bis ins 17. Jahrhundert hin an.

An dieser skeptischen Haltung hat sich auch im weiteren Verlauf der Kirchengeschichte nicht viel geändert. Wenn überhaupt, so wurde die Mystik eher der katholischen Kirche zugeordnet: Nach dem Urteil vieler einflussreicher Theologen im 19. und 20. Jahrhundert (Ritschl, von Harnack, Barth) lässt sich die Lehre des Protestantismus mit der Grundeinstellung der Mystik nicht vereinbaren – eine protestantische Mystik gibt es demnach angeblich nicht.

Dem steht gegenüber, dass Martin Luther selbst stark von der Mystik beeinflusst wurde, ja dass seine reformatorische Einstellung in ihrer konkreten Gestalt ohne die mittelalterliche Mystik gar nicht denkbar wäre. Diese Rückbesinnung hat in den letzten Jahrzehnten zu einem Umdenken geführt – es werden Gemeinsamkeiten zwischen der protestantischen Position und den Grundelementen der Mystik entdeckt, die zu einer wesentlichen Bereicherung der evangelischen Lehre führen können, indem vor allem persönlich erfahrbare Elemente mit aufgenommen werden, die über die rein rationale Vermittlung und Erfassung des Wortes Gottes hinausgehen – womit auch dem unverkennbaren Grundbedürfnis des Menschen nach *erlebter* Spiritualität Raum gegeben wird.

Im diesem Abschnitt soll Martin Luthers Einstellung zur Mystik nachgezeichnet werden, von seiner anfänglichen Begeisterung an der mittelalterlichen Mystik über seine Weiterentwicklung der mystischen Grundgedanken bis hin zu seiner kritischen Haltung gegenüber Zeitgenossen, die eine andere Position zur Mystik als er einnahmen (s.u. Kapitel 5.4), obwohl diese teilweise näher als er an ihren mystischen Vorbildern blieben.

5.2 Luthers Entdeckung der Mystik

Martin Luther (1483 – 1546) wurde in seiner Zeit als augustinischer Mönch in Wittenberg schon früh mit den Schriften des oben schon erwähnten Mystikers Johannes Tauler (1300 - 1361), einem Schüler von Meister Eckhart bekannt. Taulers Predigten und Schriften atmen ganz den Geist von Meister Eckhart, sind allerdings weniger markant und provozierend als die seines

Lehrers formuliert, so dass er nicht mit der Kirche in Konflikt kam. Allerdings haben die späteren Herausgeber seiner Schriften häufig anonym Texte von Meister Eckhart angehängt, dessen Gedanken auf diese Art und Weise also unter fremdem Namen weiter verbreitet wurden

Luther hatte sich eine Ausgabe von Taulers Texten von einem Ordensbruder ausgeliehen und versah diese mit zahlreichen Randbemerkungen, so dass wir heute wissen, welche Gedanken Taulers ihn insbesondere inspiriert haben (s. Leppin 2016, S. 24).

Es sei hier als Beispiel ein charakteristischer Text von Tauler zitiert:

„Das Suchen, bei welchem der Mensch sucht, geschieht auf zweierlei Weise: Das eine Suchen des Menschen ist äußerlich, das andere innerlich; und dieses ist so [hoch] über jenem wie der Himmel über der Erde und ist jenem ganz und gar ungleich. Das äußerliche Suchen, mit dem der Mensch Gott sucht, besteht in äußerer Übung guter Werke mancherlei Art, so wie der Mensch von Gott gemahnt und getrieben wird, wie er von seinen Freunden angewiesen wird, vor allem durch Übung der Tugenden, als da sind Demut, Sanftmut, Stille, Gelassenheit und andere Tugenden, die man übt oder üben kann. - Aber die andere Art des Suchens liegt weit höher. Sie besteht darin, dass der Mensch in seinen Grund gehe, in das Innerste und da den Herrn suche, wie er es uns selbst angewiesen hat, als er sprach: »Das Reich Gottes ist in euch!« Wer dieses Reich finden will- und das ist Gott mit all seinem Reichtum und in seiner ihm eigenen Wesenheit und Natur -, der muss es da suchen, wo es sich befindet: nämlich im innersten Grunde [der Seele], wo Gott der Seele näher und inwendiger ist, weit mehr als sie sich selbst. Dieser Grund muss gesucht und gefunden werden." (Wehr 2011b)

In diesem Text sind bereits wesentliche Elemente von Luthers theologischem Anliegen enthalten: Die Abkehr vom äußerlichen Suchen, von der äußeren Verrichtung guter Werke, hin zu innerlichem Suchen nach dem Reich Gottes in uns, im innersten Grund unserer Seele.

Eine der großen Kritiken Luthers an der bestehenden Kirche war es ja, dass diese sich in ihrer Heilsbotschaft auf rein äußerliche Handlungen bezog: Zum Bußsakrament gehörte neben der „Reue des Herzens" insbesondere das „Bekenntnis des Mundes" (also die Beichte) und die „Wiedergutmachung durch das Werk". Und die Wiedergutmachung geschah vor allem durch den Kauf von Ablassbriefen, wodurch dem Spender seine Sünden erlassen und das Fegefeuer erspart blieb oder zumindest sein Aufenthalt dort verkürzt wurde. Ja es konnten dadurch sogar bereits verstorbenen Verwandten die Qualen im Fegefeuer vermindert werden.

Luther setzte allerdings an der anderen Seite an: nicht bei der Wiedergutmachung, sondern bei der inneren Wandlung des Menschen, der wahren Reue, denn *„wahre Buße [beginnt] allein mit der Liebe zur Gerechtigkeit und zu Gott."* (Zitat von Luther). (Leppin 2016, S. 27, Lutherzitat S. 29)

In Tauler fand er also einen Mystiker, der genau diesen Weg einschlug, der Luthers eigenem Anliegen entsprach. Luther begeisterte sich aber noch für eine weitere kleine Schrift von einem unbekannten Verfasser, einem Deutschordenspriester aus Frankfurt, die wohl im späten 14. Jahrhundert entstand und den Schriften von Meister Eckhart und Tauler sehr nahesteht. Luther gab diese Schrift selbst unter dem Titel „Theologia Deutsch" heraus (diese Schrift war damit eine von Luthers ersten Buchveröffentlichungen). Luther schreibt in seiner zweiten Vorrede (1518) über sie:

„[Es] ist mir nächst der Bibel und Sanct Augustin nicht fürkommen ein Buch, daraus ich mehr erlernet hab und will, was Gott, Christus, Mensch und alle Dinge sind. [...]

Ich danke Gott, dass ich in deutscher Zunge meinen Gott also höre und finde, als ich, und sie mit mir, anher nicht funden haben, weder in lateinischer, griechischer noch hebräischer Zungen. Gott gebe, dass dieses Büchlein mehr an Tag kommen, so werden wir finden, dass die deutschen Theologen ohne Zweifel die besten Theologen sind. Amen." (Pfeiffer 1886, "Vorrede Dr. Martin Luthers")

Wichtig war für Luther also auch, dass diese Schrift in deutscher Sprache verfasst worden war – im Gegensatz zur Gelehrtensprache der Kirche und der Universitäten, dem Latein, die das einfache Volk nicht verstehen konnte. Das Bedürfnis, dass jedermann die Botschaft Gottes erfassen sollte, hat ihn später dazu bewogen, die von ihm über alles verehrte Bibel in die deutsche Sprache zu übersetzen.

Aus der „Theologia Deutsch" sollen hier einige markante Stellen zitiert werden.

* * * * *

Texte aus der „Theologia Deutsch"
(Alle Zitate aus Pfeiffer 1886)

„Das 8. Kapitel
WIE DIE SEELE DES MENSCHEN, DIEWEIL SIE NOCH IM DEM LEIBE IST, EINEN VOR-
SCHMACK EWIGER SELIGKEIT EMPFANGEN MAG.

*Man fragt, ob es möglich sei, dass die Seele, dieweil sie in dem Leibe
ist, möge dazu kommen, dass sie tue einen Blick in die Ewigkeit und da
empfange einen Vorschmack des ewigen Lebens und ewiger Seligkeit?
Man spricht gemeiniglich nein darzu und das ist wahr in dem Sinn: alldieweil
die Seele ein Aufsehen hat auf den Leib und auf die Dinge, die dem Leibe
dienen und zugehören, und auf die Zeit und auf die Kreatur und sich damit
verbildet, bekümmert und vermannigfaltigt, also lange das geschieht, so
mag jenes nicht sein. Denn soll die Seele dahin kommen, so muss sie ganz
lauter, ledig und bloß sein von allen Bildern und muss auch gänzlich abgeschieden sein von allen Kreaturen und zu allererst von sich selber. [...]*

*Sobald dann der Mensch wieder einkehrt mit seinem Gemüte und mit
ganzem Willen und seinen Geist kehrt in Gottes Geist über die Zeit, so wird
das Alles wiedergebracht in einem Augenblick, das früher verloren war. Und
möchte das der Mensch zu tausendmalen an dem Tage tun, so würde da
allzeit eine neue wahre Vereinigung; und in diesem lieblichen und göttlichen
Werke ist die wahrste und lauterste Vereinigung, die in dieser Zeit immer
sein kann. Denn wer hiezu kommt, der frägt nicht weiter, denn er hat gefunden das Himmelreich und das ewige Leben auf Erden.*

[...]

Das 27. Kapitel
WIE MAN DAS VERSTEHEN SOLL, DASS CHRISTUS SPRICHT, MAN SOLLE ALLE
DINGE VERLIEREN, UND WORAN DIE WAHRE VEREINIGUNG MIT DEM GÖTTLICHEN
WILLEN GELEGEN SEI.

*Worin besteht nun die Vereinigung? Darin, dass man lauterlich und ein-
fältiglich und gänzlich in der Wahrheit einfältig sei mit dem einfältigen ewigen Willen Gottes oder zumal ohne Willen sei und dass der geschaffene
Wille geflossen sei in den ewigen Willen und darin verschmolzen sei und zu
nichte geworden sei also, dass der ewige Wille allein daselbst wolle, tue und*

lasse. Nun merke: was kann dem Menschen hier dienen oder helfen? Sieh, das vermag weder Weise, Wort noch Werk und auch keiner Kreatur noch aller Kreaturen Werk. Also soll man alle Dinge lassen und verlieren das ist, dass man nicht wähnen oder denken soll, dass ein Wert, Wort oder Weise, Kunst oder Meisterschaft oder kürzlich alles das geschaffen ist, das kann alles hiezu weder dienen noch helfen. Darum so muss man dies alles sein lassen, was es ist und muss gehen in die Einigung.

[…]

Das 46. Kapitel

WIE EIN GANZES GENÜGEN UND WAHRE RUHE ALLEIN IN GOTT SEI UND IN KEINER KREATUR, UND WER GOTT GEHORSAM SEIN WILL, DER MUSS AUCH ALLEN KREATUREN GEHORSAM SEIN IN LEIDENDER WEISE, UND WER GOTT LIEB HABEN WILL, DER MUSS ALLE DINGE LIEB HABEN IN EINEM.

Wem nun an Gott genügt, dem genügt an Einem und allein in dem Einen als an Einem. Und wem nicht Alles Eins ist und Eins Alles und wem nicht Etwas und Nichts gleich und Eins ist, dem kann an Gott nicht genügen. Aber wo dies wäre, da wäre auch wahres Genügen, und anders nirgends. Ebenso ist es auch: wer sich Gott gänzlich lassen und gehorsam sein soll, der muss auch allen Dingen gelassen und gehorsam sein in leidender Weise und ihm nicht widerstehen oder sich zu wehren und zu behelfen suchen. Und wer also nicht Allem und allen Dingen gelassen und gehorsam ist in Einem und als Einem, der ist Gott nicht gelassen oder gehorsam. […]

Wer nun Gott lieb haben will oder soll, der hat alle Dinge lieb in dem Einen als Einem und Alles und Eins in Allem als Alles in Einem, und wer etwas lieb hat, dies oder das, anders denn in dem Einen und um das Eine, der hat Gott nicht lieb, denn er liebt etwas, das nicht Gott ist. Darum hat er es mehr lieb denn Gott. Wer nun etwas mehr lieb hat denn Gott, oder etwas neben Gott, der hat Gott nicht lieb, denn Gott soll und will allein geliebt sein und es sollte in der Wahrheit nichts geliebt werden denn Gott allein. Und wo das wahre Licht in einem Menschen ist und die wahre göttliche Liebe, da wird nichts Anderes geliebt denn Gott allein, denn da wird Gott geliebt als Gut und um Gut und alles Gut als Eins und Eins als Alles, denn in der Wahrheit ist Alles Eins und Eins ist Alles in Gott.

[…]

Das 53. Kapitel
DAS ANDERE WORT: »NIEMAND KOMMT ZU MIR, DER VATER ZIEHE IHN DENN.«

Wenn der Mensch das Vollkommene schmecken wird, so viel es möglich ist, so werden alle geschaffenen Dinge dem Menschen zunichte und auch der Mensch selber. Und so man erkennt in der Wahrheit, dass das Vollkommene allein ist Alles und über Alles, so folgt notwendig darauf, dass man demselben Vollkommenen allein alles Gute zuerkennen muss und keiner Kreatur, z. B. Wesen, Leben, Erkennen, Wissen, Vermögen und desgleichen. Und darnach folgt, dass sich der Mensch nichts annimmt, weder Wesens, Lebens, Wissens, Vermögens, Thuns und Lassens, noch alles dessen, das man gut nennen kann. Und also wird der Mensch so arm und wird auch sich selber zu nichte und in sich und mit ihm alles Ich, das ist alle geschaffenen Dinge. Und nun erst hebt sich an ein wahres inwendiges Leben, und dann weiter wird Gott selber der Mensch, also dass da nichts mehr ist, das nicht Gott oder Gottes sei, und auch dass da nichts ist, das sich Etwas annehme. [...]

Denn Niemand kann zweien Herren dienen, die wider einander sind: wer Eines will haben, der muss das Andere lassen fahren. Darum, soll der Schöpfer hinein, so muss alle Kreatur hinaus, das wisset fürwahr."

Es ist auffallend, wie nahe diese Gedanken an denjenigen von Meister Eckhart sind, der einige Jahrzehnte vorher gelebt hat. In der „Theologia Deutsch" tauchen allein in den obigen Textauszügen Begriffe auf, die auch für Meister Eckhart zentrale Bedeutung hatten, wie „abgeschieden, einfältiglich, gelassen, ohne Willen, verschmolzen, [ohne] Weise, sich selber zunichte, Gott selber [wird] Mensch, Vereinigung [mit Gott]".

Es drängt sich die Frage auf, wie sich die christliche Kirche weiterentwickelt hätte, wenn Martin Luther bei seiner anfänglichen Begeisterung für diese Ideen geblieben wäre. Wie jedoch im Weiteren ausgeführt wird, hat er sich von diesen ursprünglichen Gedanken im Laufe seines Lebens immer weiter entfernt. Unten (am Ende von Kapitel 5.5) wird dieser Gedanke noch einmal kurz aufgegriffen werden.

* * * * *

In den oben zitierten Texten aus der „Theologia Deutsch" werden die charakteristischen Punkte der Mystik angesprochen, die Luther offenbar begeistert und sein Denken beeinflusst haben:

- Gott ist inwendig im Menschen zu finden;
- er ist unmittelbar erfahrbar, und zwar schon im diesseitigen Leben;
- hierzu muss sich die Seele von sich selbst und von allen äußerlichen Dingen abwenden und sich allein Gott im Inneren zuwenden;
- sie muss ihren Eigenwillen aufgeben und sich ganz Gottes Willen anvertrauen;
- dadurch kann es zu einer innigen Vereinigung der menschlichen Seele mit Gott kommen.

Diese Gedanken drücken unter anderem diejenigen Punkte aus, die Luther an der herrschenden Kirchenlehre kritisierte, indem er sich gegen ein Bild von Gott wendet,

- in dem dieser sich allein außerhalb der Welt befindet;
- zu dem der Mensch im diesseitigen Leben keinen unmittelbaren Zugang hat;
- der durch äußere Werke (z.B. das Bußsakrament) die Sünden vergibt;
- zu dem eine Verbindung nur über die Kirche und ihre offiziellen Vertreter besteht, die somit die unentbehrlichen Mittler zwischen dem Menschen und Gott sind.

Dem setzt Luther später das „Priestertum aller Getauften" entgegen, wonach alle Christen (durch Glaube und Taufe) einen unmittelbaren Zugang zum göttlichen Heil haben, ohne auf priesterliche Vermittlung angewiesen zu sein.

Die Vereinigung der Seele mit Gott geschieht für Luther über Jesus Christus als dem Sohn Gottes. Er greift hier das mystische Gleichnis der Vereinigung der Braut mit dem Bräutigam auf, das, wie oben (in Kapitel 4.4) schon genauer ausgeführt, vor allem der Zisterziensermönches und Kirchenlehrer Bernhard von Clairvaux (1090 – 1153) in seiner Interpretation des Hohelieds Salomo aus dem Alten Testament verbreitet hat. Dieser legte in zahlreichen Predigten vor allem die mystische Deutung nahe, dass der Bräutigam Jesus Christus ist, die Braut aber die Seele der einzelnen

Person. Diese Auslegung hat, wie erwähnt, in der mittelalterlichen Frauen-mystik (Brautmystik) eine wesentliche Rolle gespielt.

Auch Luther benutzt diese allegorische Deutung, indem Christus als der Bräutigam sich im Glauben mit seiner Braut, nämlich der menschlichen Seele, vereinigt:

„Also sollen wir hier wissen, dass Christus unser lieber, freundlicher Ge-spons [Bräutigam] ist, und wir sind die Braut; da ist kein Mittel [keine fremde Mittelsperson] vonnöten, sondern wir sollen selbst mit solcher ganzen Zu-versicht zu ihm treten, wie je eine geliebte Braut zu ihrem holdseligen, freundlichen ehelichen Gemahl immer getreten ist; denn der christliche Glaube bringt zuwege, dass Christus ist der Bräutigam, ich bin die Gespons [Braut]." (Wehr 2011b)

Diese zahlreichen angeführten Beispiele zeigen also, welche Elemente der Mystik Luther offenbar beeinflusst haben und auf die er seine reformatori-sche Theologie aufgebaut und weiterentwickelt hat.

5.3 Luthers Weiterentwicklung mystischen Gedankenguts

Jedoch ist Luther bei den mystischen Gedanken, wie sie von Tauler und der „Theologia Deutsch" dargestellt wurden, nicht stehen geblieben, sondern er hat sie auf seine eigene Art weiterentwickelt. Die Kernpunkte lassen sich vor allem in seinen vier „Soli" als Wege zum Heil zusammenfassen: sola fide (allein durch den Glauben), sola gratia (allein durch Gnade), sola scrip-tura (allein durch die Heilige Schrift), solus Christus (allein durch Christus). Am wichtigsten scheinen hierbei – vor allem in Abgrenzung zu anderen Glaubensrichtungen - das sola fide und das sola gratia zu sein, die in seiner Rechtfertigungslehre enthalten sind.

a. Luthers Rechtfertigungslehre
(Zu diesem Kapitel s. z.B. Rat der Evangelischen Kirche in Deutschland 2014, S. 44 ff. und S. 87 ff.)

Unter der „Rechtfertigungslehre" versteht man im Sinne von Martin Luther die Auffassung, dass jeder Mensch, auch der größte „Sünder", von Gott ge-rechtfertigt, also gerecht gesprochen wird oder besser: schon gerecht gesprochen ist. Obwohl der Mensch gar nicht anders als „sündigen" kann (heute würde man vielleicht anders formulieren: nur egoistisch denken und handeln kann), verzeiht ihm Gott alle Verfehlungen, er rechnet sie ihm nicht zu.

Wesentlich dabei ist, dass der Mensch selbst nichts zu seiner Rechtfertigung, zu seiner Erlösung tun kann, dass er also auf die göttliche Gnade angewiesen ist („*sola gratia*"). Kein menschliches Werk kann etwas dazu beitragen, wie es im Römerbrief heißt (dessen intensive Lektüre Luther zu einer Art „Schlüsselerlebnis" führte): *„So halten wir nun dafür, dass der Mensch gerecht wird ohne des Gesetzes Werke, allein durch den Glauben"* (Römer 3,28).

Denn der Mensch ist in den Worten Martin Luthers *„in sich zurückgekrümmt"* („incurvatus in se"), immer in seinem Denken und Handeln nur auf sich selbst, nicht aber auf den Nächsten und auf Gott bezogen. Denn die Menschen sind *„allesamt Sünder"* (Römer 3,23).

Nach Luther stecken sogar diejenigen, die nicht in fleischlichen Dingen ihre Lust suchen sondern geistlichen Gütern, noch tiefer in der Lust. Das ausschließlich egoistische Denken, Wollen und Handeln des Menschen schlägt sich auch in den sogenannten „frommen Werke" nieder:

„Und von den andern groben Sündern sind sie nur dadurch unterschieden, dass jene in fleischlichen Dingen ihre Lust suchen, diese aber in ihren geistlichen Gütern Weisheit Vernunft und Frömmigkeit. Und in dieser Lust stecken sie hoffärtiger und tiefer als die groben Sünder im Fleisch." (Mülhaupt 1959, Psalm 6 (10), S.105)

Gott rechtfertigt, erlöst den Menschen also allein aus Gnade, ohne dass der Mensch selbst das Geringste dazu tun kann. Durch die göttliche Gnade gelangt der Mensch schließlich zum rechten Glauben, durch den er die Rechtfertigung durch Gott zulässt, durch die er „Ja" sagt zur Liebe Gottes, und dazu, dass er selbst nichts zu seinem Heil beitragen kann. Der Mensch wird also gerecht allein durch den Glauben, *„sola fide"*.

Hierbei ist nun wesentlich, dass der Mensch auch zum Glauben nichts beitragen kann, dass auch sein Glaube ihm allein aus göttlicher Gnade („*sola gratia*") geschenkt wird. Denn wenn er sich selbst für oder gegen den Glauben entscheiden könnte, so wäre dies ja wieder ein Werk, das der Mensch vollbringen muss, um gerechtfertigt zu werden. Zu glauben ist also keine Leistung des Menschen, etwas, um das er sich bemühen muss, sondern er kann darauf vertrauen, dass Gott ihm den rechten Glauben schenkt. (Rat der Evangelischen Kirche in Deutschland 2014, S. 88 f.).

So heißt es in Luthers Kleinem Katechismus:

„Ich glaube, dass ich nicht aus eigener Vernunft noch Kraft an Jesus Christus, meinen Herrn, glauben oder zu ihm kommen kann; sondern der Heilige Geist hat mich durch das Evangelium berufen, mit seinen Gaben erleuchtet, im rechten Glauben geheiligt und erhalten". (1. Hauptstück, 3. Artikel) Allein durch die Gnade Gottes, seinen Heiligen Geist gelangt der Mensch also zum rechten Glauben. Der Glaube aber ist es, der die Rechtfertigung durch Gott zulässt.

Der Glaube aber ist es auch, der den Menschen gute Werke tun lässt. Luther schreibt dazu in seiner berühmten Vorrede zum Römerbrief:

„(Der wahre) Glaube aber ist ein göttlich Werk in uns, das uns wandelt und neu gebiert aus Gott, Joh. 1, 13, und den alten Adam tötet, uns zu ganz anderen Menschen an Herz, Gemüt, Sinn und allen Kräften macht, und den heiligen Geist mit sich bringet. Oh, es ist ein lebendig, wirkend, tätig, mächtig Ding um den Glauben, so dass es unmöglich ist, dass er nicht ohne Unterlass Gutes wirken sollte. Er fraget auch nicht, ob gute Werke zu tun sind, sondern ehe man fragt, hat er sie getan und ist immer im Tun." (Luther und Aland 2008, S. 3067)

Mit anderen Worten: Man muss (oder besser: kann) nicht etwas Gutes tun, um der göttlichen Gnade teilhaftig zu werden, sondern wer der göttlichen Gnade teilhaftig wird, der will und tut von selbst (gewissermaßen zwangsläufig) immer nur Gutes (vgl. Matthäus 7, 16 - 20).

Soweit also die Rechtfertigungslehre, wie sie Martin Luther gelehrt und vertreten hat. Aber auch hierin hat er im Wesentlichen mystisches Gedankengut aufgegriffen, insbesondere in der Hinsicht, dass der Mensch nichts selbst dazu tun kann, um zu Gott zu gelangen.

Hierzu nochmals die schon oben zitierte Textstelle aus der „Theologia Deutsch", 27. Kapitel, über die Vereinigung der Seele mit Gott:

„Nun merke: was kann dem Menschen hier [zur Vereinigung mit Gott] die-
nen oder helfen? Sieh, das vermag weder Weise, Wort noch Werk und auch
keiner Kreatur noch aller Kreaturen Werk.“ (Pfeiffer 1886, 27. Kapitel)

Und ähnlich noch eine weitere Stelle aus der „Theologia Deutsch“:

„Und in dieser Wiederherstellung und [meiner] Besserung kann und mag
und soll ich nichts dazu tun als ein bloßes lauteres Leiden, also dass Gott
allein alle Dinge in mir tue und wirke und ich leide Ihn und alle Seine Werke
und Seinen göttlichen Willen.

Aber so ich das nicht leiden will, sondern mich besitze mit Eigenschaft,
d. i. mit Mein und Ich, Mir, Mich und desgleichen, das hindert Gott, dass er
nicht lauterlich allein und ohne alles Hindernis in mir Sein Werk wirken kann.
Darum so bleibt auch mein Fall und mein Abkehren ungebessert. Sieh, dies
tut alles mein Annehmen.“ (Pfeiffer 1886, 3. Kapitel)

Auch hier wird also betont, dass der Mensch selbst nichts dazu tun kann,
dass Gott sich mit ihm vereinigt, sondern er muss alle persönlichen Eigenschaften und seinen Eigenwillen aufgeben, damit Gott ungehindert in ihm
wirken kann.

Martin Luther geht jedoch noch einen Schritt weiter, indem er in seiner
Schrift „Vom unfreien Willensvermögen“ (Luther 2006, S. 219 ff.) ausführlich
begründet, dass der menschliche Wille keinerlei Freiheit besitzt, sondern
dass alles menschliche Tun und Lassen durch Gott vorhergewusst und damit festgelegt ist:

„Und auch dies ist also für einen Christen vor allem notwendig und heil-
sam zu wissen, dass Gott nichts zufällig vorherweiß, sondern dass er alles
mit unwandelbarem, ewigem und unfehlbarem Willen vorhersieht, be-
schließt und ausführt. Durch diesen Blitzschlag wird der freie Wille vollstän-
dig zur Strecke gebracht und vernichtet.“ (Luther 2006, S. 251)

Diese Überzeugung Luthers zeigt eine bemerkenswerte Übereinstimmung
mit der Ansicht einiger moderner Gehirnforscher und Philosophen zum
Problem der menschlichen Willensfreiheit (s. Mattheß 2019).

b. Luthers Einstellung zur Heiligen Schrift
(Zu diesem Kapitel s. z.B. Leppin 2016, S. 94 ff. und 117 ff.)

In seiner Einstellung zur Heiligen Schrift, seinem „sola scriptura", geht Luther jedoch über seine mystischen Vorgänger hinaus. In der Auseinandersetzung mit den Lehren der Kirche befand er als einziges endgültiges Kriterium, das über die Wahrheit oder Unwahrheit einer Aussage entscheiden könne, die Worte der Heiligen Schrift, während nach Ansicht der herrschenden Kirche außer der Bibel dazu noch die eigene Tradition ein wesentliches Wahrheitskriterium hierfür war (wodurch beispielsweise auch der Ablasshandel gerechtfertigt werden konnte).

Damit sollte für Luther jedermann selbst über die wahre Lehre entscheiden können gemäß dem Bibelwort: *„Prüft aber alles und das Gute behaltet"* (1. Thessalonicher 5,21) - die Autorität der Kirche und ihrer Vertreter war für die Verbreitung der wahren Lehre nicht mehr erforderlich. (Leppin 2007, S. 95).

Gegen den Einwand (von Erasmus von Rotterdam), viele Stellen der Bibel seien dunkel und bedürften einer Auslegung, vertrat Luther die strikte Ansicht, dass die Aussagen der heiligen Schrift unmissverständlich klar seien, äußerlich durch das Schriftwort und innerlich im Herzen durch den Geist Gottes. (Luther 2006, S. 237 ff.)

Liest man allerdings Luthers Kommentare zu Bibelstellen, so hat man häufig das Gefühl, dass er diese sehr willkürlich und eigenwillig auslegt. Durch die moderne historisch-kritische Bibelforschung ist seine Herangehensweise an die Aussagen der Bibel ohnehin etwas fragwürdig geworden.

Mit diesem „sola scriptura"-Prinzip entfernte sich Luther allerdings auch von seinen mystischen Vorgängern, da er hier die Wahrheit außerhalb des Menschen sucht, indem er das „innere Wort" der Mystiker also gewissermaßen durch das von außen kommende Wort der Heiligen Schrift ersetzt. Insofern kann man seine Lehre von der ausschließlichen Gültigkeit der Heiligen Schrift als eine Erweiterung der mittelalterlichen Mystik ansehen auf einen Bereich, der dieser an sich fremd ist.

Weitere Grundpositionen der lutherschen Theologie, mit denen er sich von seinen mystischen Vorläufern entfernte, werden darin deutlich, wie er sich in seinen späteren Jahren (etwa nach seinem Aufenthalt in der Wartburg im

Jahre 1521/1522) zunehmend von der Mystik abwandte und seine Mitstreiter kritisierte, die andere Positionen als er vertraten, obwohl deren Einstellungen enger mit der traditionellen Mystik verbunden waren.

5.4 Luthers Entfernung von der Mystik

Während Luthers Abwesenheit von Wittenberg durch seinen unfreiwilligen Aufenthalt auf der Wartburg erklärte sein Doktorvater und reformatorischer Weggenosse Andreas Karlstadt (Bodenstein) öffentlich seine Einstellung zu sakralen Bildern: Ganz gemäß der mystischen Tradition komme es nicht auf äußere Abbildungen an, sondern auf das geistliche Gebet. In der Folgezeit kam es an vielen Orten zu den sogenannten Bilderstürmen, bei denen in zahlreichen Kirchen Gemälde, Skulpturen und Reliquien entfernt und großenteils zerstört wurden.

Nach seiner Rückkehr von der Wartburg verurteilte Luther entschieden die Umsetzung dieses ursprünglich auf die Mystik zurückgehenden Grundgedankens in Form von Gewalt (Invokavitpredigten).

Darüber hinaus feierte Karlstadt in Luthers Abwesenheit in Wittenberg die Messe ohne Messgewand, also gewissermaßen in Alltagskleidung und verabreichte das Abendmahl „in beiderlei Gestalt", wobei also entgegen der damaligen kirchlichen Praxis neben dem Brot auch der Wein von den Laien zu sich genommen wurde. Obwohl Luther im Grunde diese Folgerungen aus den Grundgedanken der Mystik befürwortete, war er jedoch der Meinung, dass die Laien mit dieser plötzlichen Umstellung überfordert wären.

Noch gravierendere Vorbehalte gegen die Einstellungen und Praktiken anderer reformatorischer Weggenossen war jedoch seine Deutung des Abendmahls. Luther war der Meinung, dass im Abendmahl Christus real gegenwärtig ist, während viele andere Reformatoren, unter ihnen auch Zwingli, mit dem Luther sich (im Marburger Religionsgespräch) intensiv auseinandersetzte, der Meinung waren, dass Brot und Wein im Abendmahl nur symbolisch zu verstehen sind, als Zeichen und Erinnerung an die Auferstehung Christi.

Interessant hierzu ist die Argumentation von Karlstadt gegen Luther, dass Christi Leib im Abendmahl schon deswegen nicht real präsent sei, weil ja zum Zeitpunkt seiner Einsetzung durch Christus mit den Worten „Dies ist mein Leib ..." dieser ja noch leiblich auf Erden wandelte – ein Argument das Luther jedoch nicht gelten ließ. (Leppin 2016. S. 195)

Auch in seinem Verständnis der Taufe ging Luther neue Wege. Für ihn ist das Wasser der Taufe nicht nur ein Symbol, sondern es wird zu einem „gnadenreichen Wasser des Lebens", indem der Täufling in der Taufe im Glauben durch den Heiligen Geist ein neues Leben empfängt (s. Kleiner Katechismus, 4. Hauptstück, 3. Artikel). Und auch hierin unterscheidet sich seine Auffassung von der anderer reformatorischer Zeitgenossen (z.B. Zwingli), die in der Taufe oft nur ein Zeichen, ein Symbol sehen.

Hier also, im Abendmahlsverständnis und im Taufverständnis, liegen Punkte, bei denen sich Luthers Ansicht von denen anderer reformatorischer Weggefährten unterscheidet, deren Deutung der „Sakramente" eigentlich der Mystik viel näherstehen, da sie Gott allein im Inneren des Menschen suchen und finden, während für Luther in diesen Bereichen das Heil gewissermaßen „von außen" kommt, gebunden an äußerliche Handlungen.

Diese Abkehr vom Grundanliegen der Mystik mag daher rühren, dass Luther in der Auseinandersetzung mit seinen Kollegen (Karlstadt, Münzer) und anderen reformatorischen Gruppen wie den sogenannten Täufern und Spiritualisten, die er abwertend als „Schwärmer" bezeichnete, das Gefühl hatte, dass die Theologie auf einigen festen Fundamenten aufbauen muss, um sich nicht in individueller Beliebigkeit zu verlieren. Und diese äußerlichen Fundamente waren für ihn eben die Sakramente des Abendmahls und der Taufe sowie die Wertschätzung der Heiligen Schrift als das alleinige Kriterium für die Wahrheit einer Glaubensaussage. Und gerade damit entfernte er sich von der traditionellen Mystik, die Gott und sein Wirken allein im Inneren des Menschen sah.

In diesem Sinne schreibt Volker Leppin in seinem Buch „Die fremde Reformation – Luthers mystische Wurzeln" (2016):

„Und Luther selbst hatte dazu beigetragen, dass mystisches Denken und mystische Frömmigkeit im Luthertum und generell im Protestantismus an den Rand gedrängt wurden." (Leppin 2016, S. 204)

5.5 Zusammenfassung

Zusammenfassend kann also festgehalten werden, dass Martin Luthers Denken, vor allem in jungen Jahren, ganz wesentlich von der mittelalterlichen Mystik beeinflusst war, vor allem durch die Schriften von Johannes Tauler und der „Deutschen Theologie". Diese haben für ihn die Grundlage gelegt für seine Kritik an der herrschenden Kirche und die Argumente hierfür geliefert.

Im Laufe seines Lebens hat er diese Grundlagen weiterentwickelt, durch eigene religiöse Erfahrungen, durch Diskussionen mit seinen Zeitgenossen und durch die Auseinandersetzung mit den kirchlichen und politischen Verhältnissen seiner Zeit. Dadurch hat er sich allerdings von der Grundauffassung der Mystik entfernt – der Einsicht, dass Gott allein im Inneren des Menschen wirkt und nur dort zu finden ist. Diese Auffassung hatte ihn zunächst darin bestärkt, die Kirche mit ihren weltlichen Herrschaftsansprüchen und den von ihnen vertretenen äußerlichen Sakramenten zu kritisieren und zu bekämpfen. Indem er aber die Taufe und das Abendmahl als äußere Sakramente – wenn auch in ihrer Bedeutung reformiert – beibehält und durch seine Hochschätzung der Heiligen Schrift wendet er das Augenmerk doch wieder auf äußere Elemente und verlässt damit die mystischen Grundprinzipien.

Andererseits hat er vielleicht gerade dadurch ein eigenes theologisches System geschaffen, das die bestehende Kirche gründlich reformierte und das bis heute mehr als 500 Jahre überdauert hat und das Denken und die Kultur des christlichen Abendlandes wesentlich geprägt hat.

Und es erhebt sich abschließend die Frage, ob eine rein mystische Lehre überhaupt geeignet ist, als breite Volksreligion zu existieren, oder ob sie nicht immer im Hintergrund verweilen muss, bereit, ab und zu wieder hervorzutreten, wenn die gesellschaftspolitische Situation dies begünstigt und einzelne Menschen sich in ihrem spirituellen Bedürfnis ihr zuwenden und in ihr innere Ruhe, Gelassenheit und Zufriedenheit finden.

6. Angelus Silesius

6.1 Einleitung

(Zu diesem Kapitel s. Angelus Silesius und Held 2002, Band 1)

Trotz der - im Anschluss an Luther - engen Anlehnung an das Wort der Bibel hat auch der Protestantismus bekannte Mystiker hervorgebracht. Zu nennen sind hier vor allem die beiden schlesischen Mystiker Jakob Böhme (1575 – 1624) und Johannes Scheffler (1624 – 1677), der sich später Angelus Silesius nannte. Allerdings sind beide, wie gleich noch genauer ausgeführt wird, mit der protestantischen Amtskirche in Konflikt geraten. Angelus Silesius hat in seinen Werken den Geist der mittelalterlichen Mystiker wie Meister Eckhart und Tauler aufgegriffen und, über 300 Jahre später, im Barock in seinem Hauptwerk „Der Cherubinische Wandersmann" in Alexandrinische Verse gebracht. Einige seiner Kirchenlieder sind noch heute in den evangelischen und katholischen Gesangbüchern enthalten, z.B. „»Mir nach«, spricht Christus, unser Held", „Ich will dich lieben, meine Stärke", „Liebe, die du mich zum Bilde deiner Gottheit hast gemacht".

Johannes Scheffler, wie sein Geburtsname lautet, stammte aus einer streng religiösen lutherisch-protestantischen Familie. Er studierte Medizin und arbeitete als fürstlicher „Hof- und Leibmedicus" des ebenfalls streng lutherischen Herzogs von Württemberg in Oels (bei Breslau).

Er beschäftigte sich schon früh mit mittelalterlicher Mystik. Als er für seine Freunde ein Büchlein mit „hochinbrünstigen das Gemüt zu Gott erhebenden Gebeten" (Zitat aus einem Brief an Georg Betkius, 1625, abgedruckt in Angelus Silesius und Held 2002, Band 1, S. 231, s. auch S. 34) verschiedener Mystiker in Druck geben wollte, wurde ihm von dem dortigen strenggläubigen Hofprediger die Druckerlaubnis verweigert, um nicht den in den Texten zum Ausdruck kommenden „Enthusiasmus" zu unterstützen. In der damaligen starren Orthodoxie der Lutheraner war offenbar kein Platz für unmittelbare „Gotteserfahrungen".

Jakob Böhme war es übrigens ähnlich ergangen: Auch seine mystisch-pantheistischen Gedanken wurden von den orthodoxen Vertretern der protestantischen Kirche abgelehnt und er erhielt Schreibverbot, womit er sich jedoch mehr oder weniger arrangierte.

Johannes Scheffler dagegen entschloss sich, zum Katholizismus zu konvertieren (1653), wo er sich ein größeres Verständnis für seine Überzeugungen erhoffte. Von da an nannte er sich selbst „Angelus Silesius" (schlesischer Engel). In Folge wurde er zu einem erbitterten Gegner des Luthertums. Im Jahre 1661 empfing er die Priesterweihe und wurde ein aktiver Verfechter der schlesischen Gegenreformation.

In seiner Begründung für seinen Übertritt zum Katholizismus kritisiert er Luther und die von diesem etablierte protestantische Lehrmeinung vor allem in folgenden Punkten (zitiert aus der Schrift von Johannes Scheffler: „Gründliche Ursachen und Motive, warum er von dem Luthertum abgetreten und sich zu der Katholischen Kirche bekannt hat", abgedruckt in Angelus Silesius und Held 2002, Band 1, S. 233 ff.):

- ***Bruch mit der Tradition:***
„Die unverschämte Bezichtigung und Verleumdung der heiligen Väter (des Heiligen Geistes, welcher in ihnen war und sie in alle Wahrheit leitete, zu geschweigen;) dass sie in den Glaubens-Punkten, um welcher Willen die Lutherischen von der Katholischen Kirche abgefallen, geirret hätten." (S. 241, XIV)
„Dass die [katholische] Kirche [dagegen] die guten Satzungen und gottselige Übungen der lieben Alten nicht verworfen, sondern noch bis hier behalten hat." (S. 246, IX)

- ***Willkürliche Auslegung der Heiligen Schrift:***
„[Der Grund des Luthertums ist nicht] das reine Wort Gottes: sondern die nach ihrem eigenwilligen Kopf und vorgefasster Meinung ausgelegte Schrift durch die von Gott ungelehrten und ungesandten Prediger" (S. 236, II)
„Das Luthertum [ist] auf das Wort Gottes nicht gegründet, sondern ein bloßes eigensinniges Vernünfteln der Unerleuchteten, und mit zuvor eingebildetem falschen Wahn eingenommenen Lehrer." (S. 243, XX)

- ***Abkehr von den christlichen Tugenden:***
„Dass die christliche Liebe. nach dem Ausspruche des Herrn Jesu fast gänzlich unter ihnen erkaltet ist." (S. 243, XX)
„Dass [in der katholischen Kirche dagegen] dem Heiligen Evangelium und aller Heiligen wirklichen Dartuung auch gemäß gelehrt wird: Es könne

ein Christenmensch durch die Kraft Christi und Gnade des Heiligen Geistes die Gebote Gottes halten." (S. 245, V)

Angelus Silesius wendet sich vor allem auch gegen Luthers Rechtfertigungslehre (s.o. Kapitel 5.3 a). Er schreibt:
„Die hochschädliche und in die Hölle stürzende Lehre von der Rechtfertigung: nämlich dass der Sünder für Gott gerecht werde durch seinen sonderbaren Glauben, i.e. durch dieses allein, dass er glaubet oder meinet er sei gerecht, und Christus habe für ihn gelitten und getan. Welches ihm auch ein jeder einfältige Mensch einbilden kann." (S. 240, X)

Er befürchtet offenbar, dass durch die Rechtfertigungslehre der Mensch der Motive beraubt wird, die ihn zum tugendhaften Leben und zur tätigen Nächstenliebe anregen.

Der Breslauer Domkapitular Seltmann schreibt über Angelus Silesius:
„[Angelus Silesius] sagte sich: Schließt man die Liebe als Heilsbedingung geradezu aus und erklärt man die »sola fides« [allein durch den Glauben] für die einzige Bedingung, so ist diese Lehre erstens unfruchtbar in sich selbst, denn dann regt sie an sich niemals zur Tätigkeit an und ist, wenn wirklich Früchte hervortreten, niemals die Ursache dazu gewesen, sondern diese sind nur die Folge einer glückliche Inkonsequenz, - und sie ist zweitens auch gefährlich, denn wenn »sola fides« genügt, dann dürfen sich die Menschen eben daran genügen lassen und brauchen keine Tätigkeit zu üben." (C. Seltmann: Angelus Silesius und seine Mystik, Breslau 1896, S. 14 ff., abgedruckt in Angelus Silesius und Held 2002, S. 35 f.)

Allerdings hat er damit der Auffassung von Luther möglicherweise Unrecht getan, denn wie oben (in Kapitel 5.3 a) schon genauer ausgeführt, gelangt nach Luther der Mensch allein durch die Gnade Gottes zum rechten Glauben, und der Glaube ist es, der den Menschen *„ohn Unterlass"* Gutes tun lässt.

Die Verse im Cherubinischen Wandersmann lassen zu dieser Problematik auch keine einheitliche Position von Angelus Silesius erkennen. (Die Verse aus dem Cherubinische Wandersmann werden im Folgenden durchgängig zitiert aus Angelus Silesius und Gnädinger 1986.Die erste Zahl bezeichnet das Buch, die zweite den jeweiligen Vers.)

Einerseits schreibt er zwar:

WACHEN, FASTEN, BETEN.

Drei Werke muss man tun, wenn man vor Gott will treten;
Er fordert sonst auch nichts, als: Wachen, Fasten, Beten.

(II, 220)

Andererseits aber relativiert er diesen Standpunkt, indem er schreibt:

DIE TUGEND SITZT IN RUH.

Mensch, wo du Tugend wirkst mit Arbeit und mit Müh,
So hast du sie noch nicht: du kriegest noch um sie.

(I, 53)

Und ähnlich:

DAS HÖCHSTE IST STILLE SEIN.

Geschäftig sein ist gut, viel besser aber beten;
Noch besser stumm und still vor Gott, den Herren, treten.

(II, 19)

- ***Abwendung vom lebendigen Christentum:***

„Die freventliche Verwerfung der ihnen (den Lehrern insgemein) ganz uner-
kannten geheimen mit Gott Gemeinschaft-Kunst (Theologiae Mysticae),
welche doch der Christen höchste Weisheit ist, und von den Heiligen Ere-
miten, vielen Vätern und Jungfrauen ganz inniglich ist, geübt und herrlich
gelehrt worden. Ihnen aber müssen die Liebhaber derselben Enthusiasten,
Schwärmer und weiß nicht was mehr sein." (S. 240, XI)

„Dass [das Luthertum] keine Tugenden übt, und die Lehre, wie man zu
göttlicher Beschaulichkeit gelangen soll, für schwärmerisch ausschreit und
verketzert." (S. 250, 8)

In den beiden zuletzt zitierten Texten taucht der Begriff „Schwärmer" wieder
auf, mit dem, wie schon oben (in Kapitel 5.4) erwähnt, Luther diejenigen
reformatorischen Gruppen bezeichnete, die sich nicht so sehr auf das Wort
der Bibel als vielmehr auf die Wirkung des Heiligen Geistes im eigenen Inneren beriefen (s. z.B. Leppin 2016, S. 201). Es wurde dort schon angesprochen, dass sich Luther vor allem in diesem letzten Aspekt von der traditionellen Mystik entfernt hat.

Und gerade dies ist der Punkt, den Angelus Silesius – insbesondere
nach der Zurückweisung seiner Schriftsammlung mystischer Texte - der
protestantische Kirche vorwarf: Dass sie in ihrer starren Festlegung auf den

Text der Heiligen Schrift keinen Raum ließ für innere mystische Erfahrungen und Erkenntnisse.

Dies erinnert wieder an das oben (in Kapitel 5.1) angedeutete Urteil vieler einflussreicher Theologen im 19. und 20. Jahrhundert, dass sich die Lehre des Protestantismus mit der Grundeinstellungen der Mystik nicht vereinbaren lasse – dass es demnach eine protestantische Mystik angeblich nicht gibt. So nennt beispielsweise der bedeutende evangelische Theologe Karl Barth (1886 – 1968) in seiner großen „Kirchlichen Dogmatik" Schefflers spekulative Vorstellungen „fromme Unverschämtheiten" (Wehr 2011a).

6.2 Der „Cherubinische Wandersmann"

Johannes Schefflers eindrücklichstes und bis heute bekanntestes Werk ist sein „Cherubinische Wandersmann", das er 1657 unter seinem neuen Namen „Angelus Silesius" herausgab - eine Sammlung von über 1.600 zumeist zweizeiligen Versen (Alexandrinern), die seine mystischen Gedanken in außerordentlicher Eindringlichkeit und Verdichtung ausdrücken.

Der Herausgeber seines Gesamtwerks, Hans Ludwig Held, schreibt dazu:
„Der Cherubinische Wandersmann [...] [gemahnt] in seiner erstaunlichen Kondensierung und bewundernswürdigen Innerlichkeit an die tiefsten Sätze des Evangeliums, an die kühnsten Erkenntnisse der Upanishaden und an das geheimnisvolle Mysterium des buddhistischen Nirwana, das im Nichts seiner Erscheinungen eben das „Ichts" seines „Seins" darstellt." (Angelus Silesius und Held 2002, Band 1, S. 73)
Folgt man diesem Gedanken, so kann der Cherubinische Wandersmann als ein Bindeglied zwischen den mystischen Erkenntnissen der verschiedenen Weltreligionen angesehen werden.

Über die Entstehung des „Cherubinischen Wandersmanns" schreibt Angelus Silesius in seiner Vorrede selbst, dass ihm *„die Reime [...] meistenteils ohne Vorbedacht und mühsames Nachsinnen in kurzer Zeit von dem Ursprung alles Guten einig und allein gegeben worden [sind]"* und *„dass er auch das erste Buch in vier Tagen verfertigt hat"*. (Angelus Silesius und Gnädinger 1986, S. 26 f.)

Das erste Buch, das 302 überwiegend zweizeilige Verse enthält, ist ihm also innerhalb von vier Tagen gewissermaßen ohne eigenes Zutun und Nachdenken eingegeben worden. Und er schreibt direkt im Anschluss daran weiter:

„[Die Reime sollen] dem Leser eine Aufmunterung sein, den in sich verborgenen Gott und dessen heilige Weisheit selbst zu suchen und sein Angesichte mit eignen Augen zu beschauen."

Die Verse des Cherubinischen Wandersmanns sollen nun etwas genauer betrachtet und teilweise zitiert werden. Auffallend ist seine große Nähe zu den Aussagen von Meister Eckhart, wie sie oben (in Kapitel 3) ja schon ausführlicher beschrieben wurden. Held nennt als eigentliche Quellen der Mystik von Angelus Silesius den Dionysius Areopagita (s.o. Kapitel 3.2 c) und Meister Eckhart, und er schreibt:

„Unendlich feingeschliffen durchdringen die kristallischen Spitzen des Eckehartschen Systems das Geistige des Cherubinischen Wandersmanns […] Ich möchte die Geistigkeit Eckeharts den Wind nennen, dem die Segel des Cherubinischen Wandersmanns folgen: getrieben, aber nicht treibend; gezwungen, aber nicht zwingend; erfüllt, aber nicht erfüllend." (Angelus Silesius und Held 2002, Band 1, S. 91)

Auf die Aussagen von Angelus Silesius, soweit er sie im Cherubinischen Wandersmann formuliert hat, soll nun ausführlicher eingegangen werden. Der Übersichtlichkeit halber und um den Vergleich seiner Mystik mit derjenigen von Meister Eckhart zu erleichtern, soll diese Darstellung – ähnlich wie bei Meister Eckhart (s.o. Kapitel 3.2) - in folgende Abschnitte untergliedert werden (die Verse im Cherubinischen Wandersmann selbst unterliegen kaum einer erkennbaren Ordnung):

a. Gott und Gottheit
b. Die Vereinigung mit Gott
c. Der Weg zu Gott
  (1) Gott im Menschen
  (2) Aufgabe des Eigenwillens
  (3) Schweigen
  (4) Anstrengungslosigkeit
  (5) Gelassenheit
d. Leben und ruhen in Gott

a. Gott und Gottheit

Wie Meister Eckhart, so unterscheidet auch Angelus Silesius die Begriffe „Gott" und „(Über-)Gottheit" (s.o. Kapitel 3.2 c). Er schreibt (alle Zitate aus Angelus Silesius und Gnädinger 1986. Die erste Zahl bezeichnet das Buch, die zweite den jeweiligen Vers):

DU SELBST MUSST SONNE SEIN.

Ich selbst muss Sonne sein: ich muss mit meinen Strahlen
Das farbenlose Meer der ganzen Gottheit malen.
(I, 115)

MAN MUSS NOCH ÜBER GOTT.

Wo ist mein Aufenthalt? Wo ich und du nicht stehen.
Wo ist mein letztes End, in welches ich soll gehen?
Da, wo man keines findt. Wo soll ich denn nun hin?
Ich muss noch über Gott in eine Wüste ziehn.
(I, 7)

DIE ÜBER-GOTTHEIT.

Was man von Gott gesagt, das gnüget mir noch nicht:
Die Über-Gottheit ist mein Leben und mein Licht.
(I, 15)

Offenbar setzt er, ähnlich wie Meister Eckhart, über den (mehr oder weniger erkennbaren) Gott noch die (unerkennbare, undenkbare, unbeschreibbare) (Über-)Gottheit.

b. Die Vereinigung mit Gott

Auch für Angelus Silesius ist das höchste Ziel, der höchste Zustand der Mystik die Vereinigung, die Wesenseinheit mit Gott, die unio mystica. Er schreibt dazu:

DIE GEISTLICHE GOLDMACHUNG.

Dann wird das Blei zu Gold, dann fällt der Zufall hin,
Wann ich mit Gott durch Gott in Gott verwandelt bin.
(I, 102)

WIE SIEHT MAN GOTT?

Gott wohnt in einem Licht, zu dem die Bahn gebricht:
Wer es nicht selber wird, der sieht ihn ewig nicht.
(I, 72)

DAS ERKENNENDE MUSS DAS ERKANNTE WERDEN.

In Gott wird nichts erkannt: er ist ein einig Ein,
Was man in ihm erkennt, das muss man selber sein.
(I, 285)

WER GOTT IST, SIEHT GOTT.

Weil ich das wahre Licht, so wie es ist, soll sehn,
So muss ichs selber sein, sonst kann es nicht geschehn.
(II,46)

DU MUSST, WAS GOTT IST, SEIN.

Soll ich mein letztes End und ersten Anfang finden,
So muss ich mich in Gott und Gott in mir ergründen
Und werden das, was er: ich muss ein Schein im Schein,
Ich muss ein Wort im Wort, ein Gott in Gotte sein.
(I, 6)

Gott kann also nur von demjenigen erkannt werden, der selbst zu Gott geworden ist.

Ähnlich heißt es in folgendem vielzitierten Vers:

ZUFALL UND WESEN.

Mensch, werde wesentlich! Denn wenn die Welt vergeht,
So fällt der Zufall weg, das Wesen, das besteht.
(II, 30)

Der Begriff „Wesen" erinnert an die Worte von Meister Eckhart zum „wesenhaften Gott", die schon oben (in Kapitel 3.2) zitiert wurden:

„Der Mensch soll sich nicht genügen lassen an einem gedachten Gott;
denn wenn der Gedanke vergeht, so vergeht auch der Gott. Man soll viel-
mehr einen wesenhaften Gott haben, der weit erhaben ist über die Gedan-
ken des Menschen und aller Kreatur. Der Gott vergeht nicht, der Mensch
wende sich denn mit Willen von ihm ab." (Quint 1957, Reden der Unterweisung 6, S. 60)

Mit dem „Wesen" ist hier also offenbar das gemeint, was in anderen mystischen, auch außerchristlichen Texten als das „Sein", das „Absolute" bezeichnet wird.

Und der allerletzte Vers des umfassenden Cherubinischen Wandersmanns lautet entsprechend:

BESCHLUSS.

Freund, es ist auch genug! Im Fall du mehr willst lesen,
So geh und werde selbst die Schrift und selbst das Wesen.

(VI, 263)

Wenn ich jedoch in Gott eingegangen und in ihm aufgegangen bin, dann bilden Gott und ich eine Einheit, nicht mehr „ich" lebe, sondern Gott lebt in mir. In diesem Sinne sagt Angelus Silesius (wie schon oben in Kapitel 3.2 c zitiert):

GOTT LEBT NICHT OHNE MICH.

Ich weiß, dass ohne mich Gott nicht ein Nu kann leben:
Wird ich zunicht, er muss von Not den Geist aufegeben.

(I, 8)

Und dies entspricht, wie ebenfalls schon oben zitiert, der Aussage von Meister Eckhart:

„In meiner (ewigen) Geburt wurden alle Dinge geboren, und ich war Ur-
sache meiner selbst und aller Dinge; und hätte ich gewollt, so wäre weder
ich noch wären alle Dinge; wäre aber ich nicht, so wäre auch »Gott« nicht:
dass Gott »Gott« ist, dafür bin ich die Ursache; wäre ich nicht, so wäre Gott
nicht »Gott«. Dies zu wissen ist nicht not." (Meister Eckhart und Quint 1979,
Predigt 32, S. 308)

c. Der Weg zu Gott

Wie aber gelangt der Mensch zu dieser Vereinigung mit Gott, mit seinem inneren Wesen?

Der folgende Vers dazu wurde schon oben zitiert (in Kapitel 6.1):

WACHEN, FASTEN, BETEN.

Drei Werke muss man tun, wenn man vor Gott will treten;
Er fordert sonst auch nichts, als: Wachen, Fasten, Beten.

(II, 220)

Und es wurde oben schon angemerkt, dass Angelus Silesius diese Aussage an anderer Stelle relativiert hat, worauf weiter unten noch einmal eingegangen wird.

Angelus Silesius beschreibt fünf Zustände, Stufen auf dem Weg zu Gott:

FÜNF STAFFELN SIND IN GOTT.

Fünf Staffeln sind in Gott: Knecht, Freund, Sohn, Braut, Gemahl.

Wer weiter kommt, verwird und weiß nichts mehr von Zahl.

(II, 255)

Und in einer Fußnote schreibt er dazu: *„Ein solcher wird vernichtigt, sich selbst enthoben, weiß nichts mehr etc., nämlich geistigerweise."*

Es ist interessant, diese fünf (mit der Stufe darüber sechs) Stufen mit den sechs Stufen von Meister Eckhart (s.o. Kapitel 3.2 d) und den sechs Stufen (Seinszuständen) von Marguerite Porete (s.o. Kapitel 4.7) zu vergleichen. Ganz offenbar beschreiben hier alle drei Verfasser dasselbe spirituelle Phänomen, aus verschiedenen Perspektiven betrachtet.

Weitere Verse von Angelus Silesius über den Weg zu Gott sollen nun unter den fünf oben aufgeführten verschiedenen Aspekten betrachtet werden.

(1) Gott im Menschen

Angelus Silesius betont immer wieder, dass Gott nicht außerhalb des Menschen zu finden ist, sondern dass er im Menschen selbst wohnt:

DER HIMMEL IST IN DIR.

Halt an, wo laufst du hin? Der Himmel ist in dir!

Suchst du Gott anderswo, du fehlst ihn für und für.

(I, 82)

DAS HIMMELREICH IST INWENDIG IN UNS.

Christ mein, wo laufst du hin? Der Himmel ist in dir:

Was suchst du ihn dann erst bei eines andern Tür?

(I, 298)

DER BRUNNQUELL IST IN UNS.

Du darfst zu Gott nicht schrein! Der Brunnquell ist in dir:

Stopfst du den Ausgang nicht, er flösse für und für.

(I, 55)

Bekannt sind dazu auch die beiden folgenden Verse zu Christus und Maria:

DIE GEISTLICHE MARIA.

Ich muss Maria sein und Gott aus mir gebären,

Soll er mich ewiglich der Seligkeit gewähren.

(I, 23)

IN DIR MUSS GOTT GEBOREN WERDEN.

Wird Christus tausendmal zu Bethlehem geborn
Und nicht in dir: du bleibst noch ewiglich verlorn.

(I, 61)

Auch Meister Eckhart betont immer wieder, dass Gott nur im Inneren des Menschen zu finden ist. Hierzu nochmals sein schon oben zitierter Satz:

„Gott ist drinnen, wir aber sind draußen; Gott ist (in uns) daheim, wir aber sind in der Fremde". (Meister Eckhart und Quint 1979, Predigt 36, S. 327)

(2) Aufgabe des Eigenwillens

Um nun zu dem Gott in sich zu gelangen, muss der Mensch seinen Eigen-willen, seine „Ichheit" ganz aufgeben und sich allein dem Willen Gottes hin-geben:

JE MEHR DU AUS, JE MEHR GOTT EIN.

Je mehr du dich aus dir kannst austun und entgießen,
Je mehr muss Gott in dich mit seiner Gottheit fließen.

(I, 138)

DIE ICHHEIT SCHAFFT NICHTS.

Mit Ichheit suchest du bald die, bald jene Sachen:
Ach, ließest dus doch Gott nach seinem Willen machen!

(I, 279)

SEINE GEBOTE SIND NICHT SCHWER.

Mensch, lebest du in Gott und stirbest deinem Willen,
So ist dir nichts so leicht, als sein Gebot erfüllen.

(I, 281)

DER TOTE WILLE HERRSCHT.

Dafern mein Will ist tot, so muss Gott, was ich will!
Ich schreib ihm selber vor das Muster und das Ziel.

(I, 98)

Jedoch sogar Gott hat keinen (Eigen-)Willen, sondern er ruht in sich selbst:

DER TOTE WILLE MACHT GOTT GLEICH.

Gott ist die ewge Ruh, weil er nichts sucht noch will:
Willst du ingleichen nichts, so bist du eben viel.

(I, 76)

GOTT IST OHNE WILLEN.

Wir beten: es gescheh, mein Herr und Gott, dein Wille!
Und sieh, er hat nicht Will: er ist ein ewge Stille.

(I, 294)

(In Bezug auf den Willen merkt Angelus Silesius hierzu in einer Fußnote an: „*Versteh einen zufälligen Willen: denn was Gott will, das will er wesentlich*".)

(3) Schweigen

Und damit der Mensch die Stimme Gottes in sich vernehmen kann, muss er selbst sich ganz dem Schweigen hingeben:

DAS HÖCHSTE IST STILLE SEIN.

Geschäftig sein ist gut, viel besser aber beten;
Noch besser stumm und still vor Gott, den Herren, treten.

(II, 19)

(Dieser Vers wurde schon oben in Kapitel 6.1 zitiert.)

MIT SCHWEIGEN WIRDS GESPROCHEN.

Mensch, so du willst das Sein der Ewigkeit aussprechen,
So musst du dich zuvor des Redens ganz entbrechen.

(II, 68)

DAS STILLSCHWEIGENDE GEBET.

Gott ist so über alls, dass man nichts sprechen kann:
Drum betest du ihn auch mit Schweigen besser an.

(I, 240)

MIT SCHWEIGEN HÖRT MAN.

Das Wort schallt mehr in dir als in des andern Munde:
So du ihm schweigen kannst, so hörst du es zur Stunde.

(I, 299)

MIT SCHWEIGEN LERNT MAN.

Schweig, Allerliebster, schweig! Kannst du nur gänzlich schweigen,
So wird dir Gott mehr Guts, als du begehrst, erzeigen.

(II, 8)

Und ebenso soll der Mensch äußerlich weder hören noch sehen, sondern soll sich ganz dem inneren Wort Gottes hingeben:

WIE HÖRT MAN GOTTES WORT?

So du das Ewge Wort in dir willst hören sprechen,
So musst du dich zuvor vom Hören ganz entbrechen.

I, 85)

GOTT AUSSER KREATUR.

Geh hin, wo du nicht kannst! Sieh, wo du siehest nicht!
Hör, wo nichts schallt und klingt: so bist du, wo Gott spricht.

(I, 199)

(4) Anstrengungslosigkeit

Eigene Anstrengungen führen jedoch nicht zu Gott:

DIE TUGEND SITZT IN RUH.

Mensch, wo du Tugend wirkst mit Arbeit und mit Müh,
So hast du sie noch nicht: du kriegest noch um sie.

(I, 53) (Auch dieser Vers wurde schon oben in Kapitel 6.1 zitiert.)

GOTT ERGREIFT MAN NICHT.

Gott ist ein lauter Nichts, ihn rührt kein Nun noch Hier:
Je mehr du nach ihm greifst, je mehr entwird er dir.

(I, 25)

GOTTES EIGENSCHAFT.

Was ist Gotts Eigenschaft? Sich ins Geschöpf ergießen,
Allzeit derselbe sein, nichts haben, wollen, wissen.

(II, 132)

Diese Zeilen erinnern an die schon oben (in Kapitel 3.2 a) zitierte Aussage von Meister Eckhart zum Seelenfünklein:

„Ebenso sage ich von dem Menschen, der sich zunichte gemacht hat in sich selbst, in Gott und in allen Kreaturen: Dieser Mensch hat die unterste Stätte bezogen, und in diesen Menschen muss sich Gott ganz und gar ergießen, oder - er ist nicht Gott." (Meister Eckhart und Quint 1979, Predigt 34, S. 314)

(5) Gelassenheit

Sondern der einzig richtige Weg ist, dass der Mensch sich von allen weltlichen Dinge abwendet; er muss, in Meister Eckharts Worten, gelassen werden:

DAS ETWAS MUSS MAN LASSEN.

Mensch, so du etwas liebst, so liebst du nichts fürwahr:
Gott ist nicht dies und das, drum lass das Etwas gar.

(I, 44)

DIE GLEICHHEIT SCHAUT GOTT.

Wem nichts wie Alles ist und Alles wie ein Nichts,
Der wird gewürdiget des Liebsten Angesichts.

(II, 169)

DIE UNVOLLKOMMNE GELASSENHEIT.

Wer in der Hölle nicht kann ohne Hölle leben,
Der hat sich noch nicht ganz dem Höchsten übergeben.

(I, 39)

Aber die Tugend der Gelassenheit geht sogar so weit, dass der Mensch bereit sein muss, Gott selbst zu lassen – um Gottes Willen:

DIE GEHEIMSTE GELASSENHEIT.

Gelassenheit fängt Gott: Gott aber selbst zu lassen,
Ist ein Gelassenheit, die wenig Menschen fassen.

(II, 92) Dazu noch einmal der schon oben zitierte Vers:

DIE ÜBER-GOTTHEIT.

Was man von Gott gesagt, das gnüget mir noch nicht:
Die Über-Gottheit ist mein Leben und mein Licht.

(I, 15)

Und dies ist die höchste Gelassenheit, die auch Meister Eckhart anspricht, wenn er sagt, dass ich bei meiner Rückkehr zu Gott durch Gott hindurchbrechen muss zur Gottheit, wo Gott selbst „entwird", wo ich und Gott eins werden.

Hierzu nochmals zwei schon oben (in Kapitel 3.2 c) zitierte Texte von Meister Eckhart:

„Wenn ich zurückkomme in »Gott« und (dann) dort (d. h. bei »Gott«) nicht stehen bleibe, so ist mein Durchbrechen viel edler als mein Ausfluss. Ich allein bringe alle Kreaturen aus ihrem geistigen Sein in meine Vernunft, auf dass sie in mir eins sind. Wenn ich in den Grund, in den Boden, in den Strom und in die Quelle der Gottheit komme, so fragt mich niemand, woher ich komme oder wo ich gewesen sei. Dort hat mich niemand vermisst, dort entwird »Gott«." (Meister Eckhart und Quint 1979, Predigt 26, S. 273)

„In diesem Aufschwung empfange ich so großen Reichtum, dass Gott mir nicht genug sein kann mit allem dem, was er als »Gott« ist, und mit allen seinen göttlichen Werken; denn mir wird in diesem Durchbrechen zuteil,

dass ich und Gott eins sind." (Meister Eckhart und Quint 1979, Predigt 32, S. 308 f.)

d. Leben und ruhen in Gott

Wer aber Gott in sich gefunden hat, der lebt in tiefer innerer Ruhe und Seligkeit. Ebenso wie Augustinus (354 – 430) in dem bekannten Zitat am Anfang seiner „Confessiones" (Bekenntnisse) schreibt „Unruhig ist unser Herz, bis es ruht in dir" (Confessiones I, 1), so sagt auch Angelus Silesius:

DAS GESUCHE DES GESCHÖPFES.
Vom ersten Anbeginn und noch bis heute zu
Sucht das Geschöpfe nichts als seines Schöpfers Ruh.
(I, 110)
DIE RUH ISTS HÖCHSTE GUT.
Ruh ist das höchste Gut: und wäre Gott nicht Ruh,
Ich schlösse vor Ihm selbst mein Augen beide zu.
(I, 49)
GÖTTLICHE GLEICHHEIT
Ein Gott ergebner Mensch ist Gotte gleich an Ruh
Und wandelt über Zeit und Ort in jedem Nu.
(II, 119)

Wer aber in Gott ist, der lässt sich von nichts bewegen:

DAS ALLERGÖTTLICHSTE.
Kein Ding ist göttlicher (im Fall du es kannst fassen),
Als jetzt und ewiglich sich nicht bewegen lassen.
(II, 152)
DIE GLEICHHEIT GOTTES.
Wer unbeweglich bleibt in Freud, in Leid, in Pein,
Der kann nunmehr nicht weit von Gottes Gleichheit sein.
(I, 51)
NICHTS VERLANGEN IST SELIGKEIT.
Die Heilgen sind darum mit Gottes Ruh umfangen
Und haben Seligkeit, weil sie nach nichts verlangen.
(I, 169)

WIE RUHET GOTT IN MIR?
Du musst ganz lauter sein und stehn in einem Nun,
Soll Gott in dir sich schaun und sänftiglichen ruhn.
(I, 136)

Und wer ohne eigenen Willen im inneren Frieden in Gott ruht, der lebt „ohne ein Warum", wie Angelus Silesius über die Rose schreibt:

OHNE WARUM.
Die Ros ist ohn Warum: sie blühet, weil sie blühet,
Sie acht nicht ihrer selbst, fragt nicht ob man sie siehet.
(I, 289)

Meister Eckhart sagt es ähnlich (wie schon oben in Kapitel 3.2 d zitiert):
„Aus diesem innersten Grunde sollst du alle deine Werke wirken ohne Warum. [...] Denn wer Gott in einer (bestimmten) Weise sucht, der nimmt die Weise und verfehlt Gott, der in der Weise verborgen ist. Wer aber Gott ohne Weise sucht, der erfasst ihn, wie er in sich selbst ist." (Meister Eckhart und Quint 1979, Predigt 6, S. 180)

Wir selbst jedoch und unser Eigenwille sind es, der uns keine Ruhe finden lassen, wie es im Cherubinischen Wandersmann heißt:

DIE UNRUH KOMMT VON DIR.
Nichts ist, das dich bewegt: du selber bist das Rad,
Das aus sich selbsten läuft und keine Ruhe hat.
(I, 37)

DEIN UNRUH MACHST DU SELBST.
Noch Kreatur, noch Gott kann dich in Unruh bringen:
Du selbst verunruhst dich (o Torheit!) mit den Dingen.
(II, 25)

UNVOLLKOMMNE GESTORBENHEIT.
Wo dich noch dies und das bekümmert und bewegt,
So bist du noch nicht ganz mit Gott ins Grab gelegt.
(I, 134)

DIE EINSAMKEIT
Die Einsamkeit ist not: Doch sei nur nicht gemein,
So kannst du überall in einer Wüste sein.
(II, 117) *(„sei nur nicht gemein"* wohl im Sinne von
„Mache dich nicht gemein mit dem gewöhnlichen Volk")

GLEICHSCHÄTZUNG MACHT RUH.
Wenn du die Dinge nimmst ohn allen Unterscheid,
So bleibst du still und gleich in Lieb und auch in Leid.
(I, 38)

Auch für Meister Eckhart sind Ruhe und Frieden das höchste Ziel des Menschen, wie er es in folgenden Texten ausdrückt:

„Dass Gott in einem abgeschiedenen Herzen lieber sei als in allen (anderen) Herzen, das erkennen wir an folgendem: Fragst du mich: »Was sucht Gott in allen Dingen?«, so antworte ich dir aus dem Buche der Weisheit; dort spricht er (= Gott): »In allen Dingen suche ich Ruhe!« ... Nirgends aber ist vollständige Ruhe als einzig im abgeschiedenen Herzen. Deshalb ist Gott dort lieber als in anderen Tugenden oder in irgendwelchen (sonstigen) Dingen." (Meister Eckhart und Quint 1963, Traktat 3: "Von Abgeschiedenheit", S. 545 f.)

Und an anderer Stelle:

„Denn so viel bist du in Gott, so viel du in Frieden bist, und so viel außer Gott, wie du außer Frieden bist. Ist etwas nur in Gott, so hat es Frieden. So viel in Gott, so viel in Frieden. Wieviel du in Gott bist, wie auch, ob dem nicht so sei, das erkenne daran: ob du Frieden oder Unfrieden hast. Denn wo du Unfrieden hast, darin musst du notwendig Unfrieden haben, denn Unfriede kommt von der Kreatur und nicht von Gott." (Meister Eckhart und Quint 1979, Traktat 2: "Reden der Unterweisung", S.100)

Und schließlich wie in dem schon oben (in Kapitel 3.2.d) zitierten Text:

„... das allerbeste und alleredelste, wozu man in diesem Leben kommen kann, ist, wenn du schweigst und Gott wirken und sprechen lässt. Wo alle Kräfte allen ihren Werken und Bildern entzogen sind, da wird dieses Wort gesprochen. [...]

Soll daher Gott sein Wort in der Seele sprechen, so muss sie in Frieden und in Ruhe sein: dann spricht er sein Wort und sich selbst in der Seele, - kein Bild, sondern sich selbst." (Meister Eckhart und Quint 1979, Predigt 57, S. 419 f.)

6.3 Zusammenfassung

Angelus Silesius hat zwar auch viele andere poetische Werke hinterlassen, jedoch nirgendwo hat er sein mystisches Gedankengut so tiefgehend und umfassend zum Ausdruck gebracht wie im Cherubinischen Wandersmann. Hier seien noch einmal kurz seine Grundgedanken, wie er sie in diesem Werk ausdrückt, zusammengefasst:

Wie in den meisten mystischen Richtungen, so ist auch für Angelus Silesius das höchste Ziel des Menschen seine Vereinigung mit Gott, der in ihm selbst wohnt, die unio mystica.

Damit Gott in ihn einfließen, in ihm geboren werden kann, muss der Mensch seinen Eigenwillen völlig aufgeben und sich ganz Gott und seinem göttlichen Willen überlassen.

Und damit Gott sein Wort in ihm sprechen kann, muss er sich selbst von allen äußeren Aktivitäten, allem weltlichen Treiben, sogar von den Tugenden zurückziehen und äußerlich wie innerlich schweigen.

In der Vereinigung mit Gott aber verliert der Mensch sein Ich, er gelangt in eine Wüste, die ihn noch über Gott hinausführt in die unerkennbare, unaussprechliche Gottheit.

Und dort findet er, nun eins mit Gott geworden und Raum und Zeit entrückt, die selige innere Ruhe, die das letztendliche Ziel aller Geschöpfe ist.

Unverkennbar ist die Nähe des Cherubinischen Wandersmanns zu der Gedankenwelt von Meister Eckhart, von der, wie schon erwähnt, Angelus Silesius sicherlich beeinflusst war (s. Angelus Silesius und Held 2002, Band 1, S. 91).

Und vergleicht man seine Verse mit dem oben in Kapitel 3.2. a zitierten Textauszug von (Pseudo-)Dionysius Areopagita, so fällt auch hier, vor allem in seiner häufig paradoxen Ausdrucksweise, eine deutliche Nähe auf.

Oben (vor allem in Kapitel 3.2 d) wurde das Problem der Reinigung ausführlicher diskutiert, nämlich die Frage, inwieweit der Mensch seine Erleuchtung und die Vereinigung mit Gott selbst beeinflussen kann, etwa durch geistliche Übungen oder tugendhafte Werke.

Wie schon angedeutet, sind die Aussagen von Angelus Silesius hierzu nicht eindeutig, insofern er einerseits das Wachen, Fasten, Beten empfiehlt, andererseits aber den Wert der Ausübung von Tugenden relativiert und empfiehlt, „still und stumm" vor Gott hinzutreten (s. dazu die Zitate in Kapitel 6.1). Betrachtet man jedoch das Gesamtwerk des Cherubinischen Wandersmanns, so kann man, ähnlich wie oben zu Meister Eckhart (in Kapitel 3.2 d) auch hier sagen, dass seine Ratschläge eher zum „Lassen", zur „Gelassenheit" als zum aktiven „Tun" tendieren

7. Schlussüberlegungen zur christlichen Mystik

In den vorangegangenen Kapiteln wurden verschiedene Facetten der christlichen Mystik mehr oder weniger ausführlich vorgestellt, begonnen bei mystischen Elementen in der Bibel im Hohelied Salomos und im Neuen Testament über (Pseudo-)Dionysius Areopagita, Meister Eckhart, verschiedene mittelalterliche Mystikerinnen, der „Theologia Deutsch", der Stellung von Martin Luther zur Mystik bis hin zu Angelus Silesius.

Für nahezu alle Mystiker ist Gott im Inneren des Menschen zu finden und dort selbst zu erfahren („cognitio dei experimentalis"), und zwar schon im diesseitigen Leben.

Im Allgemeinen beschreiben sie (zumindest) drei Stufen auf dem Weg zu Gott: die Reinigung, die Erleuchtung und die Vereinigung mit Gott, die unio mystica.

Die Vereinigung mit Gott wird in der Alltagsvorstellung und in auch der Literatur oft als ein Zustand der meditativen Entrückung (vita contemplativa) vorgestellt und bezeichnet. Zumindest für die Lehre von Meister Eckhart trifft dies nicht zu, wie schon oben (in Kapitel 3.2 e) am Gleichnis von Maria und Martha genauer ausgeführt wurde:

„Nun (aber) wollen gewisse Leute es gar so weit bringen, dass sie der Werke ledig werden. Ich (aber) sage: Das kann nicht sein! Nach dem Zeitpunkt, da die Jünger den Heiligen Geist empfingen, da erst fingen sie an, Tugenden zu wirken." (Meister Eckhart und Quint 1979, Predigt 28, S. 288 f.)

Für Meister Eckhart steht also der Mensch, der die Vereinigung mit Gott, die unio mystica erreicht hat, mitten im Leben und handelt in tätiger Nächstenliebe. Und er bringt am Ende dieser Predigt zu Maria und Martha das Beispiel von Jesus Christus:

„Von Anbeginn, da Gott Mensch und der Mensch Gott ward, fing er an, für unsere Seligkeit zu wirken bis an das Ende, da er starb am Kreuze. Kein Glied war an seinem Leibe, das nicht besondere Tugend geübt hätte." (Meister Eckhart und Quint 1979, Predigt 28, S. 289)

So, wie Jesus Christus und seine Jünger nach dem Empfang des Heiligen Geistes ununterbrochen aktiv für ihre Mitmenschen tätig waren, so soll in der Deutung von Meister Eckhart der Mensch von der kontemplativen Maria, die (nach Lukas 10, 38 ff.) zu des Herrn Füßen saß und seiner Rede zuhörte, zur aktiven Martha werden, die sich *„viel zu schaffen [machte], ihm zu dienen"*.

In der schon oben (in Kapitel 6.1) zitierten Stelle von Angelus Silesius:

DAS HÖCHSTE IST STILLE SEIN.

„Geschäftig sein ist gut, viel besser aber beten;
Noch besser stumm und still vor Gott, den Herren, treten."

(II, 19)

scheint dieser das Gleichnis von Maria und Martha allerdings, wie auch sonst üblicherweise in der Literatur, in der entgegengesetzten Richtung zu deuten.

Die aktive Tätigkeit in der Welt kann den Menschen jedoch nicht an seiner inneren Beschaulichkeit hindern, wie auch Angelus Silesius schreibt (s.o. in Kapitel 6.2 c und d):

SEINE GEBOTE SIND NICHT SCHWER.

Mensch, lebest du in Gott und stirbest deinem Willen,
So ist dir nichts so leicht, als sein Gebot erfüllen.

(I, 281)

GLEICHSCHÄTZUNG MACHT RUH.

Wenn du die Dinge nimmst ohn allen Unterscheid,
So bleibst du still und gleich in Lieb und auch in Leid.

(I, 38)

Es gibt bei den verschiedenen Mystikern auch unterschiedliche Auffassungen darüber, ob und inwieweit der Mensch auf dem Weg zu Gott etwas selbst beitragen kann bzw. inwieweit er allein auf Gottes Gnade angewiesen ist.

Und auch im Erlebnis der mystischen Vereinigung mit Gott gibt es Unterschiede, von der Begegnung mit Gott, der völligen Aufgabe des eigenen Willens und der innigen Gemeinschaft mit Gott bis hin zur vollkommenen Auslöschung der eigenen Individualität, des Ich, in Gott. Gerade diese letzte Deutung ist es, die uns in den nächsten Kapiteln in der fernöstlichen Mystik wieder begegnen wird. Es sollen deshalb nochmals die diesbezüglichen (oben schon zitierten) Aussagen ihrer bis hier besprochenen christlichen Hauptvertreter zusammengestellt werden:

Aus der Theologia Deutsch:
„Und also wird der Mensch so arm und wird auch sich selber zu nichte und in sich und mit ihm alles Ich, das ist alle geschaffenen Dinge. Und nun erst hebt sich an ein wahres inwendiges Leben, und dann weiter wird Gott selber der Mensch, also dass da nichts mehr ist, das nicht Gott oder Gottes sei, und auch dass da nichts ist, das sich Etwas annehme." (Pfeiffer 1886, 53. Kapitel)

Von Marguerite Porete:
Auf der sechsten Stufe schließlich sieht die Seele, *„dass da nichts ist außer Gott selbst, der ist, von dem alles ist. Und das, was ist, ist Gott selbst, und deshalb sieht sie nichts außer sich selbst. Denn wer das sieht, was ist, sieht nichts außer Gott selbst, der sich in dieser Seele selbst sieht. [...]*
Sie sieht *„weder Gott noch sich selbst, vielmehr sieht Gott sich von sich aus in ihr, für sie, ohne sie. Dieser (nämlich Gott) zeigt ihr, dass nichts ist als nur er."* (Marguerite Porete und Kern 2011, S. 184)
„Ich habe gesagt, dass ich ihn lieben werde.
Ich lüge, das bin nicht mehr ich.
Er allein ist es, der mich liebt.
Er ist ich, und ich bin nicht.
(Marguerite Porete und Kern 2011, S. 193)

Und schließlich von Meister Eckhart:

„[Die Schrift sagt:] Die Seele wird mit Gott eins und nicht vereint. Nehmt dazu einen Vergleich: Füllt man ein Fass mit Wasser, so ist das Wasser im Fass [mit dem Fass] vereint und [doch] nicht [mit dem Fass] eins, denn, wo Wasser ist, da ist nicht Holz, und, wo Holz ist, da ist nicht Wasser. Nun nehmt ein Stück Holz, und werft das mitten in das Wasser, so ist doch [auch dann] das Holz nur [mit dem umgebenden Wasser] vereint und doch nicht [mit dem Wasser] eins. So [aber] ist es mit der Seele nicht; die wird mit Gott eins und nicht vereint; denn, wo Gott ist, da ist [auch] die Seele, und, wo die Seele ist, da ist [auch] Gott.“ (Meister Eckhart und Quint 1976, Predigt 64, S. 519)

„Und wie [soll ich Gott erkennen]? Du sollst ihn bildlos erkennen, unmittelbar und ohne Gleichnis. Soll ich aber Gott auf solche Weise unmittelbar erkennen, so muss ich schlechthin er, und er muss ich werden. Genauerhin sage ich: Gott muss schlechthin ich werden und ich schlechthin Gott, so völlig eins, dass dieses »Er« und dieses »Ich« Eins ist, werden und sind und in dieser Seinsheit ewig ein Werk wirken. Denn, solange dieses »Er« und dieses »Ich«, das heißt Gott und die Seele, nicht ein einziges Hier und ein einziges Nun sind, solange könnte dieses »Ich« mit dem »Er« nimmer wirken noch eins werden.“ (Meister Eckhart und Quint 1979. S. 354 f.)

„Du sollst ganz deinem Deinsein entsinken und in sein Seinsein zerfließen, und es soll dein »Dein« in seinem »Sein« ein »Mein« werden so gänzlich, dass du mit ihm ewig erkennest seine ungewordene Seinsheit und seine unnennbare Nichtheit.“ (Meister Eckhart und Quint 1979, Predigt 42, S. 353 f.)

Vor allem Meister Eckhart betont immer wieder aus verschiedenen Perspektiven, dass in der unio mystica die Individualität des Menschen völlig aufgehoben ist, dass er selbst verschwunden ist und nur noch Gott existiert – dass er also selbst zu Gott geworden ist.

Von einer höheren Sichtweise aus jedoch existiert seit jeher immer nur Gott. Alle Kreaturen existieren nur als Gedanken Gottes, wie es Meister Eckhart ausdrückt:

„Alle Kreaturen sind ein reines Nichts. Ich sage nicht, dass sie geringwertig oder überhaupt etwas seien: sie sind ein reines Nichts. Was kein Sein hat, das ist nichts. Alle Kreaturen (nun) haben kein Sein, denn ihr Sein hängt an der Gegenwart Gottes. Kehrte sich Gott nur einen Augenblick von allen

Kreaturen ab, so würden sie zunichte." (Meister Eckhart und Quint 1979, Predigt 4, S.171)
(Die ersten beiden Sätze dieses Zitates sind übrigens in der Bannbulle - Artikel 26 - gegen Meister Eckhart enthalten, da sie „der Häresie verdächtig" seien.) (Meister Eckhart und Quint 1979. DS.449 ff.)

Und in der unio mystica zeigt Gott dem (scheinbaren) Menschen, dass in Wirklichkeit, in den obigen Worten von Marguerite Porete, „nichts ist als nur er".

Offenbar sind mystische Erfahrungen also weder mystisch im Sinne von dunkel und geheimnisvoll noch auf Menschen beschränkt, die sich in mühevollem und entsagungsvollem Lebenswandel darauf vorbereiten. Wie sich in den folgenden Kapiteln herausstellen wird, sind sie auch nicht auf einzelne Religionen beschränkt, sondern sind umgekehrt das Verbindende zwischen allen großen Weltreligionen.

Wenn unser Bewusstsein dafür im Christentum in den Hintergrund getreten ist, obwohl es viele große christliche Mystiker gab und gibt, so mag das daran liegen, dass die Kirchen seit jeher mystischen Erfahrungen gegenüber mit Skepsis, wenn nicht mit Ablehnung, bis hin zur Ketzerverfolgung gegen Mystiker entgegengetreten sind. Dies hat sicherlich damit zu tun, dass vor allem im Protestantismus die Bibel als alleiniges Wort Gottes gesehen wird und damit eigene Erfahrungen in den Hintergrund treten. Hierauf wurde ja in Kapitel 5.1 schon kurz eingegangen.

Ein anderer Grund ist möglicherweise auch der, dass in der christlichen Lehre immer das jenseitige Leben eine große Rolle gespielt hat. Orte wie Himmel und Hölle wurden zumeist in die jenseitige Welt nach dem Tode projiziert. Und die Begegnung mit Jesus und das Jüngste Gericht wurden immer in der mehr oder weniger fernen Zukunft gesehen. Dies verhinderte sicherlich die Sichtweise, dass *„das Reich Gottes inwendig in uns"* ist (Lukas 17, 21), dass die Begegnung mit Gott schon hier und jetzt stattfinden kann, mit einem Gott, der in unserem eigenen Inneren zu finden ist.

In den letzten Jahren scheint sich jedoch allmählich die Einstellung der Kirchen zu ändern – auch aus dem Grunde, weil in immer mehr Menschen das Bedürfnis nach Spiritualität zunimmt.

Stellvertretend dafür sei noch einmal der bekannte und vielzitierte Satz von Karl Rahner angeführt, einem der bedeutendsten katholischen Theologen des 20. Jahrhunderts:

„Der Fromme von morgen wird ein »Mystiker« sein, einer, der etwas »erfahren« hat, oder er wird nicht mehr sein." (Rahner 1966, S. 335)

Die Mystik ist hierbei ein Zugang, um Gott unmittelbar in sich selbst zu erfahren. Und hierfür braucht man also nicht auf andere, z.B. mittel- und fernöstliche Religionen zu sehen, denn der Schatz der Mystik ist seit jeher im Christentum, wenn auch oft verborgen, enthalten.

C. MITTEL- UND FERNÖSTLICHE MYSTIK

8. Daoismus

8.1 Einleitung

Der Daoismus (ältere Schreibweise: Taoismus) entwickelte sich in China etwa um 500 v. Chr. Als ihr Begründer wird vor allem Laozi (ältere Schreibweise: Lao Tse) angesehen, der die Grundgedanken des Daoismus in seinem Buch „Daodejing" (ältere Schreibweise: Tao Te King), einer Sammlung von 81 kurzen Kapiteln, niederschrieb.

Der andere große Klassiker des Daoismus ist Zhuangzi (ältere Schreibweise Dschuang Dsi bzw. Tschuang Tse), der um 300 v.Chr. lebte und in seinem Werk „Das wahre Buch vom südlichen Blütenland" die daoistischen Gedanken ausführlich in vielen phantasievollen Gleichnissen, Gesprächen und Anekdoten beschreibt.

Eine weitere bedeutende philosophische Richtung in China ist die des Kongzi (bekannter unter dem Namen Konfuzius), der möglicherweise ein Zeitgenosse von Laozi war. Seine Lehre befasst sich überwiegend mit dem sozialen Zusammenleben der Menschen, der Menschlichkeit, der Sittlichkeit, den Pflichten, den Eigenschaften des wahren Herrschers – hat also zur Mystik keine unmittelbare Nähe. (Fischer-Schreiber 1994, S. 205 f.)

Der Daoismus in seiner ursprünglichen Form, von dem hier im Folgenden die Rede sein wird, kann als großes religiös-philosophisches System angesehen werden. (Davon zu unterscheiden ist allerdings der spätere Daoismus als polytheistische Volksreligion, der viele magische und alchemistische Elemente und Riten mit aufgenommen hat. Manche Verfasser differenzieren daher zwischen „philosophischem Daoismus" und „religiösem Daoismus", s. z.B. Bock 2003, S.9 f.) In seinem Zentrum steht kein personaler Gott, sondern ein überpersönliches geistiges Prinzip, das Dao (ältere Schreibweise: Tao) -anders als im volksreligiösen Daoismus, dort wurde Laozi später sogar in die Götterwelt aufgenommen.

Um den Vergleich mit anderen mystischen Richtungen zu erleichtern, soll die Darstellung des Daoismus auch hier wieder in folgende Abschnitte untergliedert werden:

a. Das unbenennbare Dao als Ursprung aller Dinge
b. Die Einheit mit dem Dao
c. Der Weg zum Dao
d. Leben im Einklang mit dem Dao

Dazu folgende Anmerkung: Wie oben in Kapitel 3.2 d ausführlicher diskutiert, wird von einigen Mystikern die Ansicht vertreten, dass man die höheren Stufen auf dem spirituellen Weg zu Gott nicht aus eigener Anstrengung erreichen kann, dass dies allein durch Gottes Gnade geschehen kann. Infolgedessen soll im Folgenden bei der Darstellung des Daoismus zwischen dem Weg des Menschen zum Dao (Teil c) und dem Leben des Menschen im Einklang mit dem Dao (Teil d) unterschieden werden, auch wenn diese Beschreibungen sich häufig überschneiden. Damit soll offengelassen werden, wie der Daoismus zu der Problematik steht, inwieweit der Mensch seine spirituelle Entwicklung aus eigener Kraft fördern kann.

8.2 Das unbenennbare Dao als Ursprung aller Dinge

Das Dao wird oft beschrieben als *„das absolute, unnennbare Sein und als letzte Realität, die in allen Äußerungen der Erscheinungswelt als wirkende Kraft vorhanden ist"* (Dinzelbacher 1998, S. 87), als *„die höchste Wirklichkeit und Kraft des Universums, der Grund von Sein und Nichtsein"* (Watts et al. 2003, S. 71), als *„die göttliche Vernunft des Universums, die Quelle aller Dinge, das lebensspendende Prinzip, es gestaltet und verwandelt alle Dinge"* (Lao-Tzu und Yutang 1985, S. 22).

Das Dao selbst ist jedoch im Grunde nicht benennbar, nicht beschreibbar. So beginnt gleich das erste Kapitel des Daodejing des Laozi mit dem Vers:
   „Das Dao, das sich aussprechen lässt,
   ist nicht das ewige Dao.
   Der Name, der sich nennen lässt,
   ist nicht der ewige Name.
   »Nichtsein« nenne ich den Anfang von Himmel und Erde.
   »Sein« nenne ich die Mutter der Einzelwesen."
(Laotse und Wilhelm 2004, Kapitel 1)

(Anmerkung:
Die Texte aus dem „Daodejing" von Laozi und aus dem Werk „Das wahre Buch vom südlichen Blütenland" von Zhuangzi werden im Folgenden jeweils, wenn nicht anders angegeben, zitiert nach den meistbenutzten klassischen Übersetzungen von Richard Wilhelm aus den Jahren 1910 bzw. 1912 (Laotse und Wilhelm 2004; Zhuangzi und Wilhelm 2002). Dieser gibt das Wort Dao im Deutschen mit „SINN" wieder. Andere Übersetzer benutzen hierfür das Wort „Weg". Um das Problem der Konnotationen bei diesen Begriffen zu vermeiden, soll im Folgenden, einer häufigen Praxis folgend, der Begriff „Dao" unübersetzt stehen bleiben – auch wenn hierbei die Gefahr besteht, das Prinzip Dao zu personifizieren.)

An anderer Stelle im Daodejing heißt es entsprechend:
„Das Dao in seiner Verborgenheit ist ohne Namen."
(Laotse und Wilhelm 2004, Kapitel 41)
sowie
„Das Dao als Ewiges ist namenlose Einfalt."
(Laotse und Wilhelm 2004, Kapitel 32)

Zhuangzi sagt über das Dao:
„Dem Dao darf man kein So-Sein zuschreiben, das So-Sein darf man nicht als Nicht-So-Sein (reines Sein) bezeichnen. Dao ist einfach eine Bezeichnung, die in übertragener Weise gebraucht wird. [...] Das Dao ist Grenzbegriff der dinglichen Welt. Reden und Schweigen reicht nicht aus, es zu erfassen. Jenseits vom Reden, jenseits vom Schweigen (liegt sein Erleben), denn alles Denken hat Grenzen." (Zhuangzi und Wilhelm 2002, Buch XXV,10; S. 273 f.)
Und an anderer Stelle:
„Das Dao kann man nicht hören, denn das, was man hören kann, ist nicht das Dao; das Dao kann man nicht sehen, denn das, was man sehen kann, ist nicht das Dao; vom Dao kann man nicht sprechen, denn das, wovon man sprechen kann, ist nicht das Dao. Weißt du um die Formlosigkeit dessen, was der Form Form gibt? Das Dao entspricht keinerlei Namen. [...]
Wer antwortet, wenn man ihn nach dem Dao fragt, der weiß nicht um das Dao. Also kann man nichts über das Dao erfahren, auch wenn man danach fragt. Denn nach dem Dao soll man nicht fragen, und auf Fragen nach dem Dao soll man nicht antworten. Fragt jemand nach dem, wonach

man nicht fragen kann, dann ist die Frage vergeblich. Antwortet jemand auf das, worauf man nicht antworten kann, dann ist die Antwort sinnlos. Wer also auf diese Weise der Vergeblichkeit mit Sinnlosigkeit begegnet, der sieht weder das äußere Universum, noch ist er sich des großen Ursprungs im Inneren bewusst." (Nach der Übersetzung von Mair/Schuhmacher in Zhuangzi 2013, Buch 22,7; S. 259. Der Begriff „WEG" wurde auch hier wieder mit Dao wiedergegeben.)

Das Dao ist ohne Anfang, aber alle Dinge entstehen aus ihm:

> *„Ich weiß nicht, wessen Sohn es ist.*
> *Es scheint früher zu sein als Gott."*

(Laotse und Wilhelm 2004, Kapitel 4)

(Anmerkung: Der Begriff „Gott" in der letzten Zeile wird, je nach Verfasser, auch übersetzt mit „Urahn", „Kaiser des Altertums", „Himmelskaiser", „Ursprung" u.a.)

> *„Es gibt ein Ding, das ist unterschiedslos vollendet.*
> *Bevor der Himmel und die Erde waren, ist es schon da,*
> *so still, so einsam.*
> *Allein steht es und ändert sich nicht.*
> *Im Kreis läuft es und gefährdet sich nicht.*
> *Man kann es nennen die Mutter der Welt.*
> *Ich weiß nicht seinen Namen.*
> *Ich bezeichne es als Dao." […]*
> *Der Mensch richtet sich nach der Erde.*
> *Die Erde richtet sich nach dem Himmel.*
> *Der Himmel richtet sich nach dem Dao.*
> *Das Dao richtet sich nach sich selber."*

(Laotse und Wilhelm 2004, Kapitel 25)

> *„Alle Dinge unter dem Himmel entstehen im Sein.*
> *Das Sein entsteht im Nichtsein."*

(Laotse und Wilhelm 2004, Kapitel 40)

> *„Alle Dinge verdanken ihm ihr Dasein."*

(Laotse und Wilhelm 2004, Kapitel 34)

> *„Das Dao erzeugt die Eins.*
> *Die Eins erzeugt die Zwei.*
> *Die Zwei erzeugt die Drei.*
> *Die Drei erzeugt alle Dinge."*

(Laotse und Wilhelm 2004, Kapitel 42)

In demselben Sinne schreibt Zhuangzi:

„Das ist das Dao: es ist gütig und treu, aber es äußert sich nicht in Handlungen und hat keine äußere Gestalt; man kann es mitteilen, aber man kann es nicht fassen; man kann es erlangen, aber man kann es nicht sehen; es ist unerzeugt sich selber Wurzel. Ehe Himmel und Erde waren, bestand es von Ewigkeit; Geistern und Göttern verleiht es den Geist; Himmel und Erde hat es erzeugt. Es war vor aller Zeit und ist nicht hoch; es ist jenseits alles Raumes und ist nicht tief; es ging der Entstehung von Himmel und Erde voran und ist nicht alt; es ist älter als das älteste Altertum und ist nicht greis. "
(Zhuangzi und Wilhelm 2002, Buch VI,1; S. 87)

Und auf die Frage von „Meister Ostweiler" an Zhuangzi: *„Was man das Dao nennt, wo ist es zu finden?".* antwortet dieser *„Es ist allgegenwärtig".*
Und es schließt sich folgender Dialog an:

„Meister Ostweiler sprach: »Du musst es näher bestimmen.«
Zhuangzi sprach: »Er ist in dieser Ameise.«
Jener sprach: »Und wo noch tiefer?«
Zhuangzi sprach: »Er ist in diesem Unkraut.«
Jener sprach: »Gib mir ein noch geringeres Beispiel!«
Er sprach: »Er ist in diesem tönernen Ziegel.«
Jener sprach: »Und wo noch niedriger?«
Er sprach: »Er ist in diesem Kothaufen.«
Meister Ostweiler schwieg stille.
Da sagte Zhuangzi: »Eure Fragen berühren das Wesen nicht. [....] Ihr müsst nur nicht in einer bestimmten Richtung suchen wollen, und kein Ding wird sich Euch entziehen. Denn so ist das höchste Dao. Es ist wie die Worte, die den Begriff der Größe bezeichnen. Ob ich sage: ›allgemein‹ oder ›überall‹ oder ›gesamt‹: es sind nur verschiedene Ausdrücke für dieselbe Sache, und ihre Bedeutung ist Eine. Versuche es, mit mir zu wandern in das Schloss des Nicht-Seins, wo alles Eins ist."
(Zhuangzi und Wilhelm 2002, Buch XXII,5; S. 230 f.)

Das Dao ist also unbenennbar, namenlos, ursachenlos, es ist immer schon da, allgegenwärtig, es ist „früher als Gott", es ist der Urheber der Welt und aller Dinge.

Diese Eigenschaften des Dao zeigen eine bemerkenswerte Ähnlichkeit zu den Attributen, die Gott von (Pseudo-)Dionysius Areopagita zugelegt werden (die oben in Kapitel 3.2 c schon teilweise zitiert wurden).

Dionysius schreibt über Gott:

Er ist *„die Ursache alles Seienden, die über allem Seienden ist."*

„Er ist über jeder Setzung als die vollkommene und einzige Ursache aller Dinge [...] und jenseits des Alls."

„Er [...] wird weder ausgesprochen noch erkannt."

„Er ist nichts vom Nichtseienden oder vom Seienden: Weder erkennt Ihn das Seiende als seiend noch erkennt Er das Seiende als seiend; es gibt für Ihn weder Begriff noch Namen noch Erkenntnis."

(Dionysius und Stein 2015, S. 16 f.)

Auch für Dionysius ist Gott also einerseits die Ursache aller Dinge, des Seins, andererseits aber unerkennbar und ohne Namen – hat also genau dieselben negativen Attribute, wie sie Laozi dem Dao zulegt.

Und auch bei Meister Eckhart finden sich entsprechende Stellen über die Eigenschaften Gottes bzw. der Gottheit (s.o. in Kapitel 3.2 c), die hier nochmals kurz zitiert werden sollen:

„Gott ist namenlos, denn von ihm kann niemand etwas aussagen oder erkennen. [...]

Auch erkennen (wollen) sollst du nichts von Gott, denn Gott ist über allem Erkennen." (Meister Eckhart und Quint 1979, Predigt 42, S. 353)

„Alles das, was in der Gottheit ist, das ist Eins, und davon kann man nicht reden. Gott wirkt, die Gottheit wirkt nicht, sie hat auch nichts zu wirken, in ihr ist kein Werk." (Meister Eckhart und Quint 1979, Predigt 26, S. 272 f.)

„In meiner (ewigen) Geburt wurden alle Dinge geboren, und ich war Ursache meiner selbst und aller Dinge."

„Da [d.h. in meinem Durchbrechen in Gott] bin ich, was ich war, und da nehme ich weder ab noch zu, denn ich bin da eine unbewegliche Ursache, die alle Dinge bewegt." (Meister Eckhart und Quint 1979, Predigt 32, S. 308 f.)

Auch für Meister Eckhart ist Gott (bzw. die Gottheit) also die Ursache aller Dinge, jedoch unerkennbar und namenlos.

Und ebenfalls Angelus Silesius beschreibt, wie oben schon (in Kapitel 6.2) zitiert, die Unaussprechlichkeit Gottes, der „sich ins Geschöpf" ergießt:

MIT SCHWEIGEN WIRDS GESPROCHEN.
Mensch, so du willst das Sein der Ewigkeit aussprechen,
So musst du dich zuvor des Redens ganz entbrechen.
(II, 68)
ÜBER-GOTTHEIT.
Was man von Gott gesagt, das gnüget mir noch nicht:
Die Über-Gottheit ist mein Leben und mein Licht.
(I, 15)
GOTTES EIGENSCHAFT.
Was ist Gotts Eigenschaft? Sich ins Geschöpf ergießen,
Allzeit derselbe sein, nichts haben, wollen, wissen.
(II, 132)
(alle aus Angelus Silesius und Gnädinger 1986)

Vergleicht man nun diese Beschreibungen des Dao, Gottes, der Gottheit, so liegt der Gedanke nahe, dass hier von den verschiedenen Verfassern dasselbe Phänomen, vielleicht sogar die gleichen Erfahrungen geschildert werden – um tausende von Jahren und viele tausende von Kilometern getrennt, in völlig verschiedenen Kulturkreisen - wodurch offensichtlich die Universalität der Mystik bestätigt wird.

8.3 Die Einheit mit dem Dao

Im Daoismus ist das Ziel des Menschen, sich mit dem Dao zu vereinen und in der Welt in Einheit mit dem Dao zu leben.
Hierzu zunächst einige Zitate von Laozi:
  „Wer festhält das große Urbild,
  zu dem kommt die Welt.
  Sie kommt und wird nicht verletzt,
  in Ruhe, Gleichheit und Seligkeit."
(Laotse und Wilhelm 2004, Kapitel 35)
  „Ohne aus der Tür zu gehen,
  kennt man die Welt.
  Ohne aus dem Fenster zu schauen,
  sieht man das Dao des Himmels."

Je weiter einer hinausgeht,
desto geringer wird sein Wissen.“
(Laotse und Wilhelm 2004, Kapitel 47)
„Was halb ist, wird ganz werden.
Was krumm ist, wird gerade werden.
Was leer ist, wird voll werden.
Was alt ist, wird neu werden.
Wer wenig hat, wird bekommen.
Wer viel hat, wird benommen.
Also auch der Berufene:
Er umfasst das Eine
und ist der Welt Vorbild.
Er will nicht selber scheinen,
darum wird er erleuchtet.
Er will nichts selber sein,
darum wird er herrlich. […]
Was die Alten gesagt: »*Was halb ist, soll voll werden*«*,*
ist fürwahr kein leeres Wort.
Alle wahre Vollkommenheit ist darunter befasst.“
(Laotse und Wilhelm 2004, Kapitel 22)
„Kannst du deine Seele bilden, dass sie das Eine umfängt,
ohne sich zu zerstreuen?
Kannst du deine Kraft einheitlich machen
und die Weichheit erreichen,
dass du wie ein Kindlein wirst? […]
Kannst du mit deiner inneren Klarheit und Reinheit
alles durchdringen, ohne des Handelns zu bedürfen?
Erzeugen und ernähren,
erzeugen und nicht besitzen,
wirken und nicht behalten,
mehren und nicht beherrschen:
das ist geheimes LEBEN.“
(Laotse und Wilhelm 2004, Kapitel 10)

(Anmerkung:
Das Wort Te gibt Richard Wilhelm im Deutschen mit „LEBEN" wieder. Andere Übersetzer benutzen hierfür die Worte „Tugend" oder „Kraft". Hier soll die Übersetzung „LEBEN" beibehalten werden.)

Noch anschaulicher wird die Einheit mit dem Dao von Zhuangzi beschrieben:

„Wenn der Geist alles durchdringt und durchströmt und nichts ihm unerreichbar bleibt; wenn er hinaufdringt zum Himmel und unten die Erde umschlingt; wenn er alle Wesen wandelt und nährt und ohne Gleichnis noch Bildnis ist: das heißt eins sein mit Gott:

Wer des Dao reine Art
Innerlich im Geist bewahrt
Und verliert in keiner Not,
Der wird eines sein mit Gott.
Und die Einheit, klar und echt
Einigt mit des Himmels Recht".
(Zhuangzi und Wilhelm 2002, Buch XV; S. 172)

„Dein Ziel sei Einheit! Du hörst nicht mit den Ohren, sondern hörst mit dem Verstand; du hörst nicht mit dem Verstand, sondern hörst mit der Seele. Das äußere Hören darf nicht weiter eindringen als bis zum Ohr; der Verstand darf kein Sonderdasein führen wollen, so wird die Seele leer und vermag die Welt in sich aufzunehmen. Und das Dao ist's, das diese Leere füllt. Dieses Leersein ist Fasten des Herzens." (Zhuangzi und Wilhelm 2002, Buch IV,1; S. 62)

Diese Worte ähneln den Gedanken zum Seelenfünklein von Meister Eckhart (s.o. in Kapitel 3.2 a), in das sich Gott ergießt, sobald der Mensch sich frei gemacht hat von sich selbst und von allen weltlichen Dingen.

Und weiter:

„Alle Dinge, die jenseits sind vom Bestehen und Vergehen, kehren zurück zur Aufhebung in der Einheit. Aber nur der Schauende kennt diese Aufhebung in der Einheit. Er entfaltet keine Tätigkeit vom Standpunkt seines Ichs aus, sondern beruhigt sich beim allgemein Anerkannten. Das allgemein Anerkannte ermöglicht (ungehinderte Tätigkeit), diese Tätigkeit ermöglicht Fortschritt ohne Haften, dieser Fortschritt führt zur Erlangung des LEBENS;

wer das LEBEN erlangt hat, der ist am Ziel. Zu Ende ist für ihn die subjektive Bedingtheit. Er ist zu Ende und weiß nichts mehr vom So-Sein; das ist das Dao." (Zhuangzi und Wilhelm 2002, Buch II,4; S. 44)

„Wird die Natur gepflegt, so kehrt sie zurück zum LEBEN. Dieses LE-BEN auf seiner höchsten Stufe stimmt überein mit jenem Uranfänglichen. In dieser Übereinstimmung erweist es sich als jenseitig. In seiner Jenseitigkeit erweist es sich als groß. Es schließt sich der Außenwelt gegenüber ab. Ist es der Außenwelt gegenüber abgeschlossen, so wird es eins mit den Kräften Himmels und der Erde. Diese Vereinigung ist verdeckt. Sie erscheint wie Torheit, erscheint wie Bewusstlosigkeit. Das ist das mystische LEBEN, das übereinstimmt mit dem großen Sich-Auswirkenden." (Zhuangzi und Wilhelm 2002, Buch XII,8; S. 134)

Ähnlich wie bei Meister Eckhart, so wird also auch im Daoismus von Laozi und Zhuangzi die Vereinigung mit Gott bzw. mit dem Dao nicht als ein ekstatisches Erlebnis beschrieben, sondern eher als ein dauerhafter Zustand, in dem der Mensch in der Welt, im alltäglichen Leben steht und doch in Gott bzw. im Dao ruht (s. auch oben in Kapitel 3.2 b). Dies wird auch aus den folgenden Kapiteln deutlich.

8.4 Der Weg zum Dao

Laozi beschreibt in seinem Daodejing in vielen Kapiteln den Weg und das Leben des „Berufenen", wie er den Menschen nennt, der im Einklang mit dem Dao lebt (andere Verfasser übersetzen mit „der Weise", „der Heilige", „der Erleuchtete"). Dabei enthalten seine Ausführungen allerdings oft auch allgemeine Lebensweisheiten und Ratschläge für ein zufriedenes Leben, zum anderen aber auch Lehren für Herrscher für eine erfolgreiche Führung des Volkes.

Um zum Leben im Dao zu gelangen, gibt Laozi folgende Ratschläge: Man soll

(1) Selbstsucht, Wünsche und Begierden aufgegeben
(2) Beschäftigungslosigkeit, Nichthandeln üben
(3) seinen Mund schließen
(4) in Leere, Stille, Einfachheit, Lauterkeit gehen.

Zu den einzelnen Tugenden sollen im Folgenden jeweils prägnante Textstellen aus dem Daodejing angeführt werden (Laotse und Wilhelm 2004) und durch Texte von Zhuangzi ergänzt werden (Zhuangzi und Wilhelm 2002). (Sie ähneln zum großen Teil den entsprechenden Tugenden des bereits Berufenen, der im Einklang mit dem Dao lebt. Diese werden im nächsten Abschnitt genauer beschrieben.)

(1) Selbstsucht, Wünsche und Begierden aufgeben

„Mindert Selbstsucht, verringert die Begierden!
Gebt auf die Gelehrsamkeit!"
(Kapitel 19)
„Namenlose Einfalt bewirkt Wunschlosigkeit.
Wunschlosigkeit macht still,
und die Welt wird von selber recht."
(Kapitel 37)
„Also auch der Berufene:
Er wünscht Wunschlosigkeit.
Er hält nicht wert schwer zu erlangende Güter.
Er lernt das Nichtlernen."
(Kapitel 64)
Auf die Problematik der „Wunschlosigkeit" wird am Ende dieses Abschnitts noch einmal zurückgekommen.

(2) Beschäftigungslosigkeit, Nichthandeln üben

„Um aber die Welt zu gewinnen,
muss man frei sein von Geschäftigkeit."
(Kapitel 57)
„Wer das Nichthandeln übt,
sich mit Beschäftigungslosigkeit beschäftigt,
Geschmack findet an dem, was nicht schmeckt:
der sieht das Große im Kleinen und das Viele im Wenigen."
(Kapitel 63)

(3) Seinen Mund schließen

„Der Wissende redet nicht.
Der Redende weiß nicht.
Man muss seinen Mund schließen
und seine Pforten zumachen"   (Kapitel 56)

(4) In Leere, Stille, Einfachheit, Lauterkeit gehen

„Schaffe Leere bis zum Höchsten!
Wahre die Stille bis zum Völligsten!"
(Kapitel 16)
„Zeigt Einfachheit, haltet fest die Lauterkeit!"
(Kapitel 19)
Namenlose Einfalt bewirkt Wunschlosigkeit.
Wunschlosigkeit macht still,
und die Welt wird von selber recht."
(Kapitel 37, s.o.)

Zhuangzi sagt zu diesem ganzen Themenkomplex:

„Nichts sinnen, nichts denken: so erkennst du das Dao; nichts tun und nichts lassen; so ruhst du im Dao, keine Straße wandern: so erlangst du das Dao." (Zhuangzi und Wilhelm 2002, Buch XXII,1; S. 227)

Ausführlicher beschreibt Zhuangzi den Weg zum Erreichen des Dao im folgenden Text.

Ein „Meister" fragt eine andere Person, die „das Dao vernommen" hat, ob das Dao etwas ist, was man durch Lernen erlangen kann, und erhält folgende Antwort:

„Es ist leicht, das Dao des Berufenen einem Manne kundzutun, der die entsprechende Begabung hat. Wenn ich ihn bei mir hätte zur Belehrung, nach drei Tagen sollte er so weit sein, die Welt überwunden zu haben. Nachdem er die Welt überwunden, wollte ich ihn in sieben Tagen so weit bringen, dass er außerhalb des Gegensatzes von Subjekt und Objekt stünde. Nach abermals neun Tagen wollte ich ihn so weit bringen, dass er das Leben überwunden hätte. Nach Überwindung des Lebens könnte er klar sein wie der Morgen, und in dieser Morgenklarheit könnte er den Einzigen sehen. Wenn er den Einzigen erblickte, so gäbe es für ihn keine Vergangenheit und Gegenwart mehr; jenseits der Zeit könnte er eingehen in das Gebiet, wo es keinen Tod und keine Geburt mehr gibt. Das, was den Tod des Lebens herbeiführt, ist selbst dem Tod nicht unterworfen; das, was das Leben erzeugt, wird selbst nicht geboren. Es ist ein Wesen, das alle Dinge begleitet, das alle Dinge empfängt, das alle Dinge zerstört, das alle Dinge vollendet. Sein Name heißt: Ruhe im Streit. Ruhe im Streit bedeutet, dass er durch den Streit zur Vollendung kommt." (Zhuangzi und Wilhelm 2002, Buch VI,2; S. 87 f.)

Zur oben erwähnten Problematik der „Wunschlosigkeit" zitiert der Religionsphilosoph Alan Watts in seinem Buch „Der Lauf des Wassers" über das Wesen des Daoismus eine Stelle aus dem Wumenguan, einer Sammlung von chinesischen Koans aus dem 13. Jahrhundert, einen Dialog zwischen den Ch'an-Meistern Nan-ch'üan und Chao-chou:

> *„Chao-chou fragte:* »*Was ist das Dao?*«
>
> *Der Meister (Nan-ch'üan) erwiderte:* »*Dein gewöhnliches Bewusstsein ist das Dao.*«
>
> »*Wie kann man sich in Einklang damit bringen?*«
>
> » *Wenn du den Einklang beabsichtigst, weichst du schon davon ab.*«
>
> »*Aber wie kann man ohne Absicht wissen, was Dao ist?*«
>
> »*Das Dao*«*, sprach der Meister,* »*gehört weder dem Wissen noch dem Nicht-Wissen an. Wissen ist Missverstehen; nicht wissen ist blinde Unwissenheit. Wenn du das Dao wirklich ohne jeden Zweifel verstehst, dann ist es wie der offene Himmel.*"

(Den hier auftretenden Ausdruck „gewöhnliches Bewusstsein" erklärt Watts folgendermaßen: *„Das* »*gewöhnliche Bewusstsein*« *ist das natürliche Weltgefühl, wie ein Kind es hat, das noch nicht sprechen kann.*")

Und Alan Watts erläutert den obigen Dialog folgendermaßen:

> *„In anderen Worten, man versucht nur dann etwas zu erzwingen, wenn man nicht verstanden hat, dass es nicht geht - dass man vom Wasserlauf der Natur nicht abweichen kann. Man bildet sich vielleicht ein, außerhalb oder getrennt vom Dao zu sein, und meint, dass man ihm deshalb folgen oder nicht folgen kann. Aber diese Einbildung selbst gehört zum Strom, denn es gibt keinen anderen Weg als den Weg. Ob wir wollen oder nicht, wir sind dieser Weg und gehen mit ihm. Vom Standpunkt der strengen Logik ist das bedeutungslos und vermittelt keine Information. Dao ist ein bloßer Name für alles, was geschieht, oder in Laozis Worten:* »*Das Prinzip des Dao ist das, was von selbst geschieht.*«*"* (Watts et al. 2003, S. 68 f. und Anmerkung S. 195)

Dieses Paradoxon der „beabsichtigten Absichtslosigkeit" wurde oben schon einmal in Bezug auf die christliche Mystik erwähnt (in Kapitel 3.2 d).

8.5 Leben im Einklang mit dem Dao

Die Eigenschaften des „Berufenen", des Weisen, der im Einklang mit dem Dao lebt, werden im Daodejing ausführlich beschrieben (diese stimmen, wie erwähnt, teilweise mit den oben aufgezählten Tugenden, die zum Dao führen, überein – s. dazu auch die Anmerkung oben am Ende von Kapitel 8.1).

Der Berufene
  (1) ist selbstlos, wunschlos, genügsam, besitzlos, ohne Streit
  (2)- redet nicht
  (3) weiß nicht
  (4) handelt nicht (wu wei)
  (5) ist ohne Person, lebt in Einsamkeit und Einfalt
  (6) lebt in Ruhe, Frieden, Seligkeit
  (7) lebt wie ein Kind.

Zu den einzelnen Tugenden sollen im Folgenden wieder jeweils prägnante Textstellen angeführt werden (Zitate aus dem Daodejing aus Laotse und Wilhelm 2004) und durch Texte von Zhuangzi ergänzt werden (Zhuangzi und Wilhelm 2002).

(1) Selbstlos, wunschlos, genügsam, besitzlos, ohne Streit
  „Er setzt sein Selbst hintan, […]
  Er entäußert sich seines Selbst ‚[…]
  Weil er nichts Eigenes will,
  darum wird sein Eigenes vollendet?"
  (Kapitel 7)
  „Niemals macht er sich groß;
  darum bringt er sein Großes Werk zustande."
  (Kapitel 34)
  „Er erkennt sich selbst, aber er will nicht scheinen."
  (Kapitel 72)
  „Wer dieses Dao bewahrt,
  begehrt nicht Fülle."
  (Kapitel 15)
  „Es gibt keine größere Sünde als viele Wünsche.

Es gibt kein größeres Übel als kein Genüge kennen.
Es gibt keinen größeren Fehler als haben wollen.
Darum:
Das Genügen der Genügsamkeit ist dauerndes Genügen."
(Kapitel 46)
„Er wirkt und behält nicht.
Ist das Werk vollbracht, so verharrt er nicht dabei."
(Kapitel 77)
„Der Berufene häuft keinen Besitz auf.
Je mehr er für andere tut,
desto mehr besitzt er.
Je mehr er anderen gibt,
desto mehr hat er.
Des Himmels Dao ist fördern, ohne zu schaden.
Des Berufenen Dao ist wirken, ohne zu streiten."
(Kapitel 81)
„Des Himmels Dao streitet nicht
und ist doch gut im Siegen."
(Kapitel 73)

(2) Ohne Reden

„Die Belehrung ohne Worte, den Wert des Nicht-Handelns
erreichen nur wenige auf Erden."
(Kapitel 43)
„Der Wissende redet nicht.
Der Redende weiß nicht."
(Kapitel 56)

(3) Ohne Wissen:

„Der Weise ist nicht gelehrt,
der Gelehrte ist nicht weise."
(Kapitel 81)
„Die Nichtwissenheit wissen
ist das Höchste.
Nicht wissen, was Wissen ist,
ist ein Leiden.
Nur wenn man unter diesem Leiden leidet,
wird man frei von Leiden.

Dass der Berufene nicht leidet,
kommt daher, dass er an diesem Leiden leidet;
darum leidet er nicht."
(Kapitel 71)
„Der Wissende redet nicht.
Der Redende weiß nicht."
(Kapitel 56, s.o.)

(4) Ohne Handeln
Wegen der Bedeutung der Tugend des „Nicht-Handelns" im Daoismus soll diese in einem eigenen Kapitel (s.u. Kapitel 8.6) ausführlicher behandelt werden.

(5) Leben ohne Person, in Einsamkeit und Einfalt
„Der Grund, warum ich große Übel erfahre, ist,
dass ich eine Person habe.
Habe ich keine Person,
was für Übel könnte ich dann erfahren?"
(Kapitel 13)
„Er umfasst das Eine
und ist der Welt Vorbild.
Er will nicht selber scheinen,
darum wird er erleuchtet.
Er will nichts selber sein,
darum wird er herrlich."
(Kapitel 22)
„Mag er auch alle Herrlichkeiten vor Augen haben:
Er weilt zufrieden in seiner Einsamkeit."
(Kapitel 26)
„Er wohnt im Sein und nicht im Schein."
(Kapitel 38)
„[…] und er kehrt zurück zur Einfalt."
(Kapitel 28)

(6) Leben in Ruhe, Frieden, Seligkeit:

„Ruhe und Frieden sind ihm das Höchste."

(Kapitel 31)

„Wer festhält das große Urbild,
zu dem kommt die Welt.
Sie kommt und wird nicht verletzt,
in Ruhe, Gleichheit und Seligkeit."

(Kapitel 35)

Zhuangzi sagt zu diesem ganzen Themenkomplex des Lebens im Einklang mit dem Dao:

„Der Mensch des LEBENS ruht ohne Sorgen und handelt ohne Angst.
Die Gedanken an Recht und Unrecht, Schön und Hässlich beschäftigen ihn
nicht". (Zhuangzi und Wilhelm 2002, Buch XII; S. 138)

„Ruhe, Schmacklosigkeit, Gelassenheit, Versinken, Leere, Nicht-Sein,
Nicht-Handeln: das ist das Gleichgewicht von Himmel und Erde und das
Wesen von Dao ist Einigung mit himmlischem LEBEN." (Zhuangzi und Wil-
helm 2002, Buch XV; S. 171)

„Das LEBEN muss in Übereinstimmung sein mit dem Dao. Das Dao
muss in Übereinstimmung sein mit dem Himmel. So heißt es: Die Alten sorg-
ten für die Welt, indem sie wunschlos waren, und die Welt hatte Genüge.
Sie handelten nicht, und alle Wesen waren ihrem Einfluss zugänglich. Sie
verharrten in abgrundtiefer Stille, und die Untertanen kamen in feste Ge-
leise. Im Merkbuch heißt es:»Dringe durch zum Einen, und alle Einrichtun-
gen werden vollendet; begehre nicht Besitz, und Geister und Götter fügen
sich.«" (Zhuangzi und Wilhelm 2002, Buch XII,1; S. 129)

An anderer Stelle sagt Zhuangzi über den „wahren Menschen der Vorzeit":

„Die wahren Menschen der Vorzeit kannten nicht die Lust am Geboren-
sein und nicht den Abscheu vor dem Sterben. Ihr Eintritt (in die Welt der
Körperlichkeit) war für sie keine Freude, ihr Eingang (ins Jenseits) war ohne
Widerstreben. Gelassen gingen sie, gelassen kamen sie. Sie vergaßen
nicht ihren Ursprung; sie strebten nicht ihrem Ende zu; sie nahmen ihr
Schicksal hin und freuten sich darüber, und (des Todes vergessend) kehr-
ten sie (ins Jenseits) zurück. So beeinträchtigten sie nicht durch eigene Be-
wusstheit das Dao und suchten nicht durch ihr Menschliches der Natur zu

Hilfe zu kommen. Also sind die wahren Menschen." (Zhuangzi und Wilhelm 2002, Buch VI,1; S. 84)

Sehr anschaulich beschreibt er das Leben eines Menschen, der im Einklang mit dem Dao lebt, in seinem Gleichnis vom Koch, der einen Ochsen zerteilt. Auf die bewundernde Anmerkung seines Herrn hin, wie geschickt er dabei vorgeht, antwortet der Koch:

„Das Dao ist's, was dein Diener liebt. Das ist mehr als Geschicklichkeit. Als ich anfing, Rinder zu zerlegen, da sah ich eben nur Rinder vor mir. Nach drei Jahren hatte ich's soweit gebracht, dass ich die Rinder nicht mehr un-geteilt vor mir sah. Heutzutage verlasse ich mich ganz auf den Geist und nicht mehr auf den Augenschein. Der Sinne Wissen hab' ich aufgegeben und handle nur noch nach den Regungen des Geistes. Ich folge den natür-lichen Linien nach, dringe ein in die großen Spalten und fahre den großen Höhlungen entlang. Ich verlasse mich auf die (anatomischen) Gesetze. Ge-schickt folge ich auch den kleinsten Zwischenräumen zwischen Muskeln und Sehnen, von den großen Gelenken ganz zu schweigen.

Ein guter Koch wechselt das Messer einmal im Jahr, weil er schneidet. Ein stümperhafter Koch muss das Messer alle Monate wechseln, weil er hackt. Ich habe mein Messer nun schon neunzehn Jahre lang und habe schon mehrere tausend Rinder zerlegt, und doch ist seine Schneide wie frisch geschliffen. Die Gelenke haben Zwischenräume; des Messers Schneide hat keine Dicke. Was aber keine Dicke hat, dringt in Zwischen-räume ein – ungehindert, wie spielend, so dass die Klinge Platz genug hat." (Zhuangzi und Wilhelm 2002, Buch III,2; S. 54 f.)

Wer im Einklang mit dem Dao lebt, der verlässt sich auf die „Gesetze", er verlässt sich ganz auf den Geist und handelt nur noch nach den Regun-gen des Geistes.

Weiterhin bringt Zhuangzi folgendes Gleichnis (alle Namen darin sind alle-gorisch zu verstehen, mit der „Zauberperle" ist in der Deutung von Richard Wilhelm das Dao gemeint):

„Der Herr der gelben Erde wandelte jenseits der Grenzen der Welt. Da kam er auf einen sehr hohen Berg und schaute den Kreislauf der Wieder-kehr. Da verlor er seine Zauberperle. Er sandte Erkenntnis aus, sie zu su-chen, und bekam sie nicht wieder. Er sandte Scharfblick aus, sie zu suchen, und bekam sie nicht wieder. Er sandte Denken aus, sie zu suchen, und

bekam sie nicht wieder. Da sandte er Selbstvergessen aus. Selbstvergessen fand sie. Der Herr der gelben Erde sprach: »Seltsam fürwahr, dass gerade Selbstvergessen fähig war, sie zu finden!«" (Zhuangzi und Wilhelm 2002, Buch XII,4; S. 131)

Und schließlich seine Anekdote über Liä Dsi, einen weiteren daoistischen Philosophen, gleich im ersten Kapitel seines Werkes „Das wahre Buch vom südlichen Blütenland":

„Da war ferner Liä Dsï, der sich vom Winde treiben lassen konnte mit großartiger Überlegenheit. Nach fünfzehn Tagen erst kehrte er zurück. Er war dem Streben nach dem Glück gegenüber vollständig unabhängig; aber obwohl er nicht auf seine Beine angewiesen war, war er doch noch von Dingen außer ihm abhängig. Wer es aber versteht, das innerste Wesen der Natur sich zu eigen zu machen und sich treiben zu lassen von dem Wandel der Urkräfte, um dort zu wandern, wo es keine Grenzen gibt, der ist von keinem Außending mehr abhängig.

So heißt es: der höchste Mensch ist frei vom Ich; der geistige Mensch ist frei von Werken; der berufene Heilige ist frei vom Namen." (Zhuangzi und Wilhelm 2002, Buch I,1; S. 30 f.)

(7) Werden wie ein Kind

Im Neuen Testament hebt Jesus die Kinder als dem Himmelreich Gottes besonders nahe stehend hervor, z.B. in den Texten:

„Wenn ihr nicht umkehrt und werdet wie die Kinder, so werdet ihr nicht ins Himmelreich kommen. Wer nun sich selbst erniedrigt und wird wie dieses Kind, der ist der Größte im Himmelreich." (Matthäus 18, 3 und 4)

„Aber Jesus sprach: Lasset die Kinder und wehret ihnen nicht, zu mir zu kommen; denn solchen gehört das Himmelreich." (Matthäus 19, 14)

Ebenso spielt auch im Daoismus der Begriff des Kindes in seiner Nähe zum Dao eine besondere Rolle. So sagt Laozi (alle Zitate wieder aus Laotse und Wilhelm 2004):

„Kannst du deine Seele bilden, dass sie das Eine umfängt,
ohne sich zu zerstreuen?

Kannst du deine Kraft einheitlich machen
und die Weichheit erreichen,
dass du wie ein Kindlein wirst?"
(Kapitel 10)
„Wer seine Mannheit kennt
und seine Weibheit wahrt,
der ist die Schlucht der Welt.
Ist er die Schlucht der Welt,
so verlässt ihn nicht das ewige LEBEN,
und er wird wieder wie ein Kind."
(Kapitel 28)
„Wer festhält des LEBENS Völligkeit,
der gleicht einem neugeborenen Kindlein:
Giftige Schlangen stechen es nicht.
Reißende Tiere packen es nicht.
Raubvögel stoßen nicht nach ihm.
Seine Knochen sind schwach, seine Sehnen weich,
und doch kann es fest zugreifen.
Es weiß noch nichts von Mann und Weib,
und doch regt sich sein Blut,
weil es des Samens Fülle hat.
Es kann den ganzen Tag schreien,
und doch wird seine Stimme nicht heiser,
weil es des Friedens Fülle hat."
(Kapitel 55)

Ähnlich betont auch Zhuangzi die Sonderstellung der Kinder:

„Wer innerlich unbeugsam ist, ist ein Diener des Himmels. Wer ein Die-
ner des Himmels ist, der weiß, dass der Himmelssohn und er selbst in glei-
cher Weise vom Himmel als Kinder angesehen werden. So richte ich meine
Worte gleichsam nur an mich selber und brauche nicht ängstlich besorgt zu
sein, ob die Menschen sie gut finden oder nicht gut finden. Auf diese Weise
bin ich vor der Welt gleichsam ein Kind. Das heißt des Himmels Diener sein."
(Zhuangzi und Wilhelm 2002, Buch IV,1; S. 61)

An anderer Stelle lässt Zhuangzi den Laozi zu einem Schüler sagen:

„Also ein Mittel zur Wahrung des Lebens willst du? Kannst du die Einheit festhalten? Kannst du dich freihalten von ihrem Verlust? Kannst du ohne Orakel und Wahrsagung Heil und Unheil erkennen? Kannst du haltmachen, kannst du aufhören? Kannst du die andern in Ruhe lassen und (den Frieden) nur in dir selber suchen? Kannst du dich frei halten? Kannst du einfältig sein? Ein Kind kann den ganzen Tag weinen, es verschluckt sich nicht und wird nicht heiser, weil es des Friedens Fülle hat; es kann den ganzen Tag etwas festhalten, und seine Hand lässt nicht locker, weil es in seinem Wesen einheitlich ist; es kann den ganzen Tag blicken, und sein Auge blinzelt nicht, weil es durch nichts von draußen her angezogen wird. Es geht und weiß nicht wohin, es bleibt stehen und weiß nicht, was es tut, es ist allen Dingen gegenüber frei, obwohl es bei allem mitmacht. Das sind die Mittel, sein Leben zu wahren. [...]

Wahrlich, ich sage dir, kannst du sein wie ein Kind? Ein Kind bewegt sich und weiß nicht, was es tut, es geht und weiß nicht wohin ... Wenn man also ist, so naht uns weder Leid noch Glück. Wenn man frei ist von Leid und Glück, dann ist man dem Menschenelend entnommen.“ (Zhuangzi und Wilhelm 2002, Buch XXIII,1; S. 243 f.)

Und schließlich:

„Darum lasst ab von eurer kleinen Weisheit, und die große Weisheit wird euch erleuchten! Lasst ab von euerem Streben nach Geschicklichkeit, und ihr werdet von selbst geschickt! Ein kleines Kind, das geboren wird, braucht keinen berühmten Lehrer, um sprechen zu lernen. Es lernt das Sprechen von selber, wenn es mit Leuten zusammen ist, die sprechen können.“

(Zhuangzi und Wilhelm 2002, Buch XXVI,6; S. 280 f.)

Also auch im Daoismus wird den Kindern, dem kindlichen Gemüt eine besondere Hochachtung entgegengebracht.

8.6 Das Nicht-Handeln (wu wei)

Eine der Kerntugenden im Daoismus wird mit dem zentralen Begriff des „Nicht-Handelns" (im Chinesischen: wu wei) bezeichnet. Hierzu zunächst einige Stellen aus dem Daodejing (Laotse und Wilhelm 2004):

„[Der Berufene] verweilt im Wirken ohne Handeln.“

(Kapitel 2)

„[Der Berufene] macht das Nichtmachen,
so kommt alles in Ordnung."
(Kapitel 3)
„Wer das LEBEN hochhält,
handelt nicht und hat keine Absichten."
(Kapitel 38)
„Das Nichtseiende dringt auch noch ein in das,
was keinen Zwischenraum hat.
Daran erkennt man den Wert des Nicht-Handelns.
Die Belehrung ohne Worte, den Wert des Nicht-Handelns
erreichen nur wenige auf Erden."
(Kapitel 43, s.o.)
„Wer das Lernen übt, vermehrt täglich.
Wer das Dao übt, vermindert täglich.
Er vermindert und vermindert,
bis er schließlich ankommt beim Nichtsmachen.
Beim Nichtsmachen bleibt nichts ungemacht."
(Kapitel 48)
„[…] nichts machen,
[…] die Stille lieben,
[…] nichts unternehmen,
[…] keine Begierden haben."
(Kapitel 57)
„Wer handelt, verdirbt es.
Wer festhält, verliert es.
Also auch der Berufene:
Er handelt nicht, so verdirbt er nichts.
Er hält nicht fest, so verliert er nichts."
(Kapitel 64)

Auch Zhuangzi geht auf das Nicht-Handeln ein:

„Urnebel sprach: »Ach, wenn dein Herz fest ist, dann magst du untätig
weilen beim Nicht-Handeln, und alle Dinge wandeln sich selber. Lass fahren
deinen Leib; spei aus deine Sinneseindrücke; werde gleichgültig und ver-
giss die Außenwelt; komm in Übereinstimmung mit dem Uranfang; löse dein
Herz; entlass deinen Geist; kehre zurück ins Unbewusste: dann kehren alle
Wesen zurück zu ihrer Wurzel. Sie kehren zurück zu ihrer Wurzel, und du

weißt es nicht, und die ungeschiedene Einheit verlassen sie nicht ihr Leben lang. Wenn du das Eine erkennst, so wird das Andere dich verlassen. Darum frage nicht nach dem Namen, spähe nicht nach den Beziehungen, und die Wesen werden von selber Leben haben!«" (Zhuangzi und Wilhelm 2002,Buch XI,4; S. 123 f.)

Die folgenden beiden Zeilen von Zhuangzi zum Nicht-Handeln wurden oben (in Kapitel 8.5) in anderem Zusammenhang bereits zitiert:

„[Die Alten] handelten nicht, und alle Wesen waren ihrem Einfluss zugänglich." (Zhuangzi und Wilhelm 2002, Buch XII,1; S. 129)

„Der geistige Mensch ist frei von Werken." (Zhuangzi und Wilhelm 2002, Buch I,1; S. 30 f.)

Lin Yutang, der unter anderem das Daodejing ins Englische übersetzte, zitiert dazu in seinem Werk über Laozi folgenden Ausspruch von Zhuangzi:

„Wenn ein Heizer ein Feuer unterhält, indem er mit der Hand ein Scheit aufs andere legt, gibt es eine Grenze. Aber wenn ein Brand sich von selbst ausbreitet, ist der Vorgang ein dauernder." (Zitiert nach Lao-Tzu und Yutang 1985, S. 171)

Dieses Nicht-Handeln des Daoismus ist im Verlaufe der Jahrhunderte sehr unterschiedlich interpretiert worden, und zwar sowohl in der chinesischen als auch in der westlichen Literatur. Andererseits kann gerade diese Tugend vielleicht der Schlüssel zum Verständnis der gesamten daoistischen Lehre sein.

Rudolf Bock zitiert dazu in seinem Buch zum philosophisch-mystischen Daoismus folgenden Text von Kuo Hsiang, einem um 300 n.Chr. lebenden chinesischen Herausgeber und Kommentator des Zhuangzi:

„Derjenige, der »etwas tut« (das heißt bewusst und mit Absicht etwas tut), kann (im eigentlichen Sinne des Wortes »tun«) überhaupt nicht irgendetwas tun. [Echtes] Tun bedeutet, dass das Ding von selbst (aus sich heraus, entsprechend seiner Natur) etwas tut.

Ebenso kann der, der etwas weiß (das heißt der versucht, bewusst und mit Absicht etwas zu wissen), überhaupt nichts wissen. [Echtes] Wissen besteht darin, dass ein Ding von selbst des Wissens bewusst wird. Das Ding weiß von sich heraus, sage ich. So ist (echtes Wissen tatsächlich) Nicht-

Wissen. Ich sage: Es ist Nicht-Wissen. So ist das Nicht-Wissen der Urgrund des Wissens.

Gleicherweise besteht das »Tun« (Handeln) darin, dass im Ding von selbst etwas getan wird. So ist (tatsächlich echtes) Tun in Wirklichkeit Nicht-Tun. Ich sage [nochmals]: Es ist das Nicht-Tun. So ist das Nicht-Tun der Urgrund des Tuns.

Daher muss man das Nicht-Tun als Prinzip des Tuns ansehen. Ebenso entsteht das Wissen aus dem Nicht-Wissen, und man muss das Nicht-Wissen als die Basis des Wissens ansehen.

Der »„Vollkommene Mensch« (das heißt der Mystiker) lässt daher das Wissen außer Acht, und so weiß er. Er handelt nicht, und so handelt er. Alles kommt von Selbst zum Sein, (und das ist die Bedeutung des »Handelns« des »Vollkommenen Menschen«)." (Bock 2003, S. 159)

Richard Wilhelm schreibt in der Einleitung bzw. in den Erklärungen zu seiner Übersetzung des Daodejing zum Nicht-Handeln:

„Dieses Nicht-Handeln ist keine Untätigkeit, sondern nur absolute Empfänglichkeit für das, was sich von jenem metaphysischen Grunde [gemeint: dem LEBEN] aus im Individuum auswirkt." (Laotse und Wilhelm 2004, S. 30)

Der Berufene *„lebt nicht sich selber und sucht nichts für sich selber, sondern lässt das LEBEN in sich zur Auswirkung kommen."* (Laotse und Wilhelm 2004, S. 31)

Das Wirken ohne Handeln *„ist das Wirkenlassen der schöpferischen Kräfte im und durch das eigne Ich, ohne selbst etwas von außen her dazu tun zu wollen."* (Laotse und Wilhelm 2004, S. 203)

Alan Watts erläutert das daoistische Prinzip des Nichthandelns anhand der Parabel von der Pinie und der Weide im tiefen Schnee:

„Der Ast der Pinie ist starr und zerbricht unter der Last, während der Ast der Weide dem Gewicht nachgibt und der Schnee abgeleitet. Man beachte, dass die Weide nicht schlaff ist, sondern federnd. Wu wei ist daher der Lebensstil eines Menschen, der dem Dao folgt und ist in erster Linie als eine Form von Intelligenz zu verstehen. Das heißt, man kennt die Prinzipien, Strukturen und Neigungen menschlicher und natürlicher Dinge so gut, dass man im Umgang mit ihnen ein Minimum an Energie verbraucht. Aber diese Intelligenz ist, wie wir gesehen haben, nicht bloß intellektuell. Es ist die

»unbewusste« Intelligenz des ganzen Organismus und im Besonderen die dem Nervensystem innewohnende Weisheit. Wu wei ist eine Verbindung dieser Weisheit mit dem Weg des geringsten Widerstandes bei allem, was man tut. Es ist nicht das Vermeiden von Anstrengung.“ (Watts et al. 2003, S. 114 f.)

Und an anderer Stelle sagt er dazu: *„Die Kunst [der Daoisten] besteht einzig und allein darin, auf eine intelligente Weise dem Fluss der Dinge zu folgen.“* (Watts et al. 2003, S. 134)

* * * * *

Dieses Nicht-Handeln, das „in sich Ruhen“ und „Gott bzw. das Dao durch sich handeln lassen“ wird auch in der christlichen Mystik als besondere Tugend hervorgehoben. Hierzu zunächst einige Verse von Angelus Silesius, die schon oben (in Kapitel 6.2) zitiert wurden (alle aus Angelus Silesius und Gnädinger 1986):

DIE TUGEND SITZT IN RUH.

Mensch, wo du Tugend wirkst mit Arbeit und mit Müh,
So hast du sie noch nicht: du kriegest noch um sie.
(I, 53)

Und ähnlich:

DAS HÖCHSTE IST STILLE SEIN.

Geschäftig sein ist gut, viel besser aber beten;
Noch besser stumm und still vor Gott, den Herren, treten.
(II, 19)

GOTT ERGREIFT MAN NICHT.

Gott ist ein lauter Nichts, ihn rührt kein Nun noch Hier:
Je mehr du nach ihm greifst, je mehr entwird er dir.
(I, 25)

Wer aber in Gott ist, der lässt sich von nichts bewegen:

DAS ALLERGÖTTLICHSTE.

Kein Ding ist göttlicher (im Fall du es kannst fassen),
Als jetzt und ewiglich sich nicht bewegen lassen.
(II, 152)

Denn Gott selbst ist die höchste Ruhe:

DIE RUH ISTS HÖCHSTE GUT.
Ruh ist das höchste Gut: und wäre Gott nicht Ruh,
Ich schlösse vor Ihm selbst mein Augen beide zu.
(I, 49)

Und daher:

GÖTTLICHE GLEICHHEIT
Ein Gott ergebner Mensch ist Gotte gleich an Ruh
Und wandelt über Zeit und Ort in jedem Nu.
(II, 119)

Und auch bei Meister Eckhart finden sich Stellen, die das innere Ruhen hervorheben, damit Gott durch den Menschen wirken kann (diese Stellen wurden teilweise ebenfalls schon oben in Kapitel 3.2 d zitiert):

„Das allerbeste und alleredelste, wozu man in diesem Leben kommen kann, ist, wenn du schweigst und Gott wirken und sprechen lässt. Wo alle Kräfte allen ihren Werken und Bildern entzogen sind, da wird dieses Wort gesprochen. [...]

Soll daher Gott sein Wort in der Seele sprechen, so muss sie in Frieden und in Ruhe sein: dann spricht er sein Wort und sich selbst in der Seele, - kein Bild, sondern sich selbst." (Meister Eckhart und Quint 1979, Predigt 57, S. 419 f.)

Und an anderer Stelle spricht er über die äußeren Werke:

„Man muss lernen, mitten im Wirken (innerlich) ungebunden zu sein. Es ist aber für einen ungeübten Menschen ein ungewöhnliches Unterfangen, es dahin zu bringen, dass ihn keine Menge und kein Werk behindere — es gehört großer Eifer dazu — und dass Gott ihm beständig gegenwärtig sei und ihm stets ganz unverhüllt zu jeder Zeit und in jeder Umgebung leuchte. [...]

Nun könntest du sagen: Der Mensch muss sich (aber doch) nach außen wenden, soll er Äußeres wirken; denn kein Werk kann gewirkt werden, es sei denn in der ihm eigenen Erscheinungsform.

Das ist wohl wahr. Jedoch die äußeren Erscheinungsformen sind den geübten Menschen nichts Äußerliches, denn alle Dinge haben für die innerlichen Menschen eine inwendige göttliche Seinsweise.

Dies ist vor allen Dingen nötig: dass der Mensch seine Vernunft recht und völlig an Gott gewöhne und übe; so wird es allzeit in seinem Innern göttlich. Der Vernunft ist nichts so eigen und so gegenwärtig und so nahe wie Gott. Nimmer kehrt sie sich anderswohin. […]

In allen Gaben und Werken müssen wir Gott ansehen lernen, und an nichts sollen wir uns genügen lassen und bei nichts stehen bleiben."
(Meister Eckhart und Quint 1979, „Reden der Unterweisung" Nr. 21, S. 87 ff.)

Und hierzu noch einmal das Zitat aus seiner Predigt zu Maria und Martha:
„Nun (aber) wollen gewisse Leute es gar so weit bringen, dass sie der Werke ledig werden. Ich (aber) sage: Das kann nicht sein! Nach dem Zeitpunkt, da die Jünger den Heiligen Geist empfingen, da erst fingen sie an, Tugenden zu wirken. Daher: als Maria zu Füßen unseres Herrn saß, da lernte sie (noch), denn noch erst war sie in die Schule genommen und lernte leben. Aber späterhin, als Christus gen Himmel gefahren war und sie den Heiligen Geist empfangen hatte, da erst fing sie an zu dienen und fuhr übers Meer und predigte und lehrte und ward eine Dienerin der Jünger. Wenn die Heiligen zu Heiligen werden, dann erst fangen sie an, Tugenden zu wirken."
(Meister Eckhart und Quint 1979, Predigt 28, S. 288 f.)

Aus diesen Stellen von Meister Eckhart wird seine Einstellung zu den äußeren Werken deutlich:
Der Mensch soll sich nicht etwa aller äußeren Werke enthalten, sondern er soll schweigen und in Gott ruhen, so dass Gott in ihm ständig gegenwärtig ist und durch ihn alle seine Werke wirken kann. Und diese Ansicht kommt dem daoistischen wu wei offensichtlich sehr nahe, wenn man den Begriff „Gott" durch den des „Dao" ersetzt.

8.7 Die Nähe des Daoismus zur christlichen Mystik

Auch bei den Aussagen von Laozi und Zhuangzi über das Ziel und das Leben des Berufenen finden sich viele Ähnlichkeiten oder sogar Übereinstimmungen mit den entsprechenden Ausführungen christlicher Mystiker. Dies zeigt ein Vergleich der oben (in Kapitel 8.4 und 8.5) zitierten Texte aus dem Daoismus beispielsweise mit den entsprechenden Zitaten von Meister

Eckhart und Angelus Silesius in Kapitel 3.2 bzw. Kapitel 6.2, mit ähnlichen Unterkapiteln.

Die Grundanschauung des Daoismus kann etwa in folgenden Sätzen zusammengefasst werden:

Das Dao ist der geheimnisvolle Urgrund und Ursprung der Welt. Aus ihm sind alle Dinge entstanden, es trägt und erhält sie, es lenkt und leitet den Lauf der Natur.

Der Weise (der „Berufene") spürt das Dao in sich als sein eigentliches innerstes Wesen, als seinen Wesenskern. Er entsagt allem äußeren Treiben und wendet sich schweigend nach innen. Er wirft alle Zweifel und Sorgen ab und vertraut auf die inwendige Führung – er handelt nicht mehr aus eigenem Antrieb, sondern er lässt sich vom Dao treiben. Seine Entscheidungen und Handlungen erfolgen spontan, geleitet aus seiner ihm innewohnenden Quelle, dem Dao.

Vergleicht man nun das Leben des daoistischen Weisen mit dem der christlichen Mystiker, so kann man die obigen Aussagen fast wörtlich übernehmen, wenn man statt des Dao den christlichen Gott einsetzt – oder besser die „Gottheit" des Meister Eckhart, die ebenso apersonal aufgefasst werden kann wie das Dao (s.o. Kapitel 3.2 c).

Eine noch tiefere Ebene der daoistischen Lehre wird von Stephan Schuhmacher im Vorwort zu seiner Übersetzung des Werkes von Zhuangzi ins Deutsche (nach der englischen Übersetzung von Victor Mair) angesprochen (Zhuangzi 2013)

Er geht darin noch einmal genauer auf das „Nichthandeln" (wu wei) als eine der Kerntugenden des Daoismus ein (Zitate dazu wurden schon oben in Kapitel 8.6 angeführt). Schuhmacher zitiert zunächst das Kapitel 48 des Daodejing von Laozi in folgender Version:

„Wer das Lernen [Wissen, Verstehen] betreibt,
gewinnt täglich hinzu.
Wer das Dao hört [des Selbst-so-Seins der Dinge gewahr ist],
wird täglich geringer.
Geringer werden und wieder geringer werden,
um zum Nicht-Handeln zu kommen.

Nicht-Handeln
und nichts bleibt ungetan. "
Daran anschließend kommentiert er den Gedanken des Nicht-Handelns:

„Darum besagt denn auch die gängige westliche »Erklärung« des wuwei, dass es wohl ein Handeln sei, nur eben kein Handeln, das der Bewegung des Dao zuwiderläuft, sondern ein Handeln »im Einklang (oder in Resonanz) mit dem natürlichen Fluss der Dinge«. Ja, was denn nun, ist das Nichthandeln also doch ein Handeln? Nein. Die alten Chinesen hätten durchaus Möglichkeiten gehabt, die Idee eines »Handelns im Einklang mit dem natürlichen Fluss der Dinge« zum Ausdruck zu bringen. Aber sie sprechen ausdrücklich von NICHT-Handeln (WU-wei). Das Nichthandeln - siehe oben bei Laozi - ist ebendas, wozu man kommt (oder besser: wozu es kommt), wenn man selbst »täglich geringer und immer geringer« wird ... wenn eine Schale der Zwiebel des »konventionellen« Ich nach der anderen abfällt, bis schließlich kein Ich mehr vorhanden ist und nur noch die von schöpferischer Kraft überquellende trächtige Leere im Inneren dieses „imaginären Sprosses" übrigbleibt.

Wo es aber keinen Handelnden mehr gibt, da gibt es auch kein Handeln mehr. Was zu geschehen hat, das geschieht »spontan« (ziran), es manifestiert sich von selbst und aus sich selbst heraus, un-mittelbar aus der schöpferischen Leere des Dao - und dabei »bleibt nichts ungetan«. Und selbst wenn das, was »ziran« geschieht, vom Standpunkt der »konventionellen Wahrheit« gesehen, eine angemessene Antwort auf die Erfordernisse des Augenblicks zu sein scheint, geschieht es doch - und das ist das Paradoxon der jegliches Verstehen überschreitenden absoluten Wahrheit - gänzlich »unbedingt«". (Zhuangzi 2013, S. 8 f.)

Diese Überlegungen erinnern an die Aussagen vieler christlicher Mystiker, für die in der unio mystica das Ich des Menschen verschwindet und es nicht mehr die Person ist, die handelt, sondern Gott selbst durch die Person oder besser: statt der Person handelt (s.o. Kapitel 7) – ähnlich, wie es in folgenden beiden Stellen im Neuen Testament ausgedrückt wird:

„Gott ist's, der in euch wirkt beides, das Wollen und das Vollbringen, nach seinem Wohlgefallen" (Philipper 2, 13) und
„Ich lebe, doch nun nicht ich, sondern Christus lebt in mir"
(Galater 2, 20).

Hierzu noch einmal ein kleiner Auszug aus den Zitaten der christlichen Mystik, die schon oben in Kapitel 7 angeführt wurden:

- **Aus der Theologia Deutsch:**

„ ...dann weiter wird Gott selber der Mensch, also dass da nichts mehr ist, das nicht Gott oder Gottes sei." (Pfeiffer 1886, 53. Kapitel)

- **Von Marguerite Porete:**

„ [...] dass da nichts ist außer Gott selbst, der ist, von dem alles ist. Und das, was ist, ist Gott selbst. [...]

Dieser (nämlich Gott) zeigt ihr [der Seele], dass nichts ist als nur er."
(Marguerite Porete und Kern 2011, S. 184)

„Er ist ich, und ich bin nicht."
(Marguerite Porete und Kern 2011, S. 193)

- **Von Meister Eckhart:**

„ [...] denn, wo Gott ist, da ist [auch] die Seele, und, wo die Seele ist, da ist [auch] Gott." (Meister Eckhart und Quint 1976, Predigt 64, S. 519)

„Genauerhin sage ich: Gott muss schlechthin ich werden und ich schlechthin Gott, so völlig eins, dass dieses »Er« und dieses »Ich« Eins ist, werden und sind und in dieser Seinsheit ewig ein Werk wirken." (Meister Eckhart und Quint 1979, Predigt 42, S. 354)

Wie also in diesen Beispielen aus der christlichen Mystik allein Gott es ist, der durch die Person wirkt, ist es im Daoismus allein das Dao, das durch den „Berufenen" wirkt und handelt. Oder in der oben von Schuhmacher angedeuteten tieferen Perspektive ist in der unio mystica die Person selbst verschwunden und Gott bzw. das Dao wirken spontan und unmittelbar. Also nicht mehr der Mystiker als Person handelt (wu wei), und doch „bleibt nichts ungetan", oder, in der Übersetzung des Daodejing von Richard Wilhelm: „Beim Nichtsmachen bleibt nichts ungemacht." (Laotse und Wilhelm 2004, Kapitel 48)

All diese Gedanken können zu der Überzeugung führen, dass die Mystiker des Christentums und des Daoismus im Grunde aus derselben Quelle schöpfen, die sich demjenigen erschließt, der sich in seinem eigenen Inneren vertrauensvoll für sie öffnet.

9. Hinduismus

9.1 Einleitung
(S. dazu z.B. Glasenapp 1974)

Wie in jeder großen Religion, so gibt es auch im Hinduismus eine Vielzahl von Glaubensrichtungen, von Hauptströmungen und Sekten, die sich durch verschiedene Interpretationen ihrer heiligen Schriften unterscheiden. Das einzig Verbindende zwischen diesen weitverzweigten Richtungen ist der Glaube an die Veden, die heiligen Schriften des Hinduismus.

Da der Hinduismus keinen eigentlichen Religionsstifter hat und keine feste Dogmatik besitzt, zudem die Texte der Veden teilweise Jahrtausende lang nicht niedergeschrieben, sondern nur mündlich überliefert wurden und viele neue Strömungen mit integriert wurden, bleibt für die Gläubigen ein großer Interpretationsspielraum. Und so findet man im Hinduismus sowohl Monotheismus als auch Polytheismus, verschiedene Hierarchien im Pantheon, dem Götterhimmel, und sogar henotheistische Richtungen, in denen zwar nur ein höchster Gott verehrt wird, dieser jedoch nicht auf einen bestimmten Gott festgelegt ist (s. z.b. Glasenapp 1974, S. 380).

Die Veden bestehen aus hunderttausenden von Versen und stammen ihrem Selbstverständnis nach aus einer übernatürlichen Quelle. Sie existieren hiernach seit Ewigkeiten und wurden den „Rishis", den Sehern offenbart. Historisch ist die Entstehung ihrer ersten Texte etwa zwischen dem ersten und zweiten vorchristlichen Jahrtausend (evtl. auch schon wesentlich früher) einzuordnen. Im Verlaufe der Jahrhunderte wurden den alten Veden immer weitere Texte und Anhänge hinzugefügt. Der letzte und neueste Teil, die Upanishaden, wird auch als „Vedanta", das Ende der Veden bezeichnet. Diese entstanden etwa zwischen 1000 und 500 v.Chr. und enthalten in Ergänzung zu den alten Veden Texte, in denen religionsphilosophische Probleme, oft in Dialogform, erörtert werden. Nach Paul Deussen sind die Upanishaden „für den Veda, was für die Bibel das Neue Testament ist" (Deussen 1921, S. VII).

Aus dem Vedanta haben sich verschiedene Richtungen (Schulen) gemäß den unterschiedlichen Interpretationen der betreffenden Texte entwickelt. Eine der bedeutendsten davon ist die Richtung des Advaita-Vedanta (Advaita = Nicht-Zweiheit, Nicht-Dualität), die auf den indischen

Philosophen Shankara (788 – 820) zurückgeht, der zahlreiche Kommentare zu dem Vedanta verfasst hat. Die Philosophie des Advaita- Vedanta steht der christlichen und daoistischen (und, wie später dargelegt wird, auch der buddhistischen) Mystik besonders nahe; auf dieses Lehrgebäude soll im Folgenden im Wesentlichen immer Bezug genommen werden.

Im Abendland wurde der Advaita-Vedanta zuerst vor allem durch Vivekananda (1863 – 1902), einem Schüler von Ramakrishna (1836 -1886), bekannt. Auf dem anlässlich der Weltausstellung 1893 in Chicago stattfindenden „Ersten Weltparlament der Religionen" hielt er auf der Eröffnungsfeier einen Vortrag über die hinduistische Religion des Vedanta, der seine Zuhörer begeisterte und der dazu beitrug, dass sich die Lehre des Advaita-Vedanta rasch auch in der westlichen Welt verbreitete (s. z.B. Vivekānanda und Friedrichs 2010, S. 23 f.)

Die vier großen Lehrsätze der Upanishaden („Mahavakyas")
Um die vielen religiösen Perspektiven und Konzepte zu den Upanishaden zusammenzufassen, haben sich im Laufe der Geschichte vier Kernsätze, die sogenannten Mahavakyas herausgebildet, in denen die Grundanschauung des Vedanta enthalten ist und die ihre Essenz ausmachen.
Sie lauten in ihrer Kurzfassung
    1. Bewusstsein ist Brahman (prajnanam brahma)
    2. Ich bin Brahman (aham brahmasmi)
    3. Das bist du (tat tvam asi)
    4. Dieses Selbst ist Brahman (ayam atma brahma)
(Mittwede 1992; s. auch Wolz-Gottwald 2011, S. 140 f. und Deussen und Michel 2007, S. 28)
Diese vier Aussagen können in dem oft zitierten Kernlehrsatz
    „Atman ist Brahman – Ich bin das Absolute"
zusammengefasst werden.

Ausgehend von diesen Lehrsätzen soll im Folgenden die Mystik im Hinduismus, insbesondere im Advaita-Vedanta genauer dargestellt werden, wobei wieder, ähnlich wie bisher bei der Darstellung der anderen mystischen Richtungen, eine Untergliederung in folgende Hauptaspekte erfolgen soll:

a. Brahman als der allumfassende und unbeschreibbare Urgrund aller Dinge
b. Brahman als der innerste Wesenskern des Menschen (tat twam asi)
c. Die Vereinigung mit dem Brahman
d. Der Weg zum Brahman
e. Leben in Einheit mit dem Brahman

9.2 Brahman als der allumfassende und unbeschreibbare Urgrund aller Dinge

In den Upanishaden wird als höchstes Prinzip Brahman verehrt, *„das Allumfassende; das Universelle; das alles durchdringende, göttliche, namenlose, formlose, ewig absolute, allem innewohnende Prinzip"*. Brahman ist *„der unpersönliche Aspekt Gottes, gewissermaßen das Licht, welches von ihm ausstrahlt"*. (Mittwede 1992, S. 59)

Hierzu einige Zitate von Shankara aus seinem „Kleinod der Unterscheidung" (Shankara 1981):
„Brahman ist das Höchste. Brahman ist die Wirklichkeit – das Eine ohne ein Zweites. Es ist reines Bewusstsein, frei von jeder Färbung. Es ist die Ruhe selbst. Es hat weder Anfang noch Ende. Es ist keinem Wandel unterworfen. Es ist immerwährende Freude." (S. 79)
„Brahman ist das Höchste, jenseits von Worten. Doch das Auge reiner Erleuchtung kann Es erschauen. Es ist reines absolutes Bewusstsein, die ewige Wirklichkeit." (S. 83)
„Brahman ist der Grund, auf dem dieses vielfältige Weltall, die Schöpfung der Unwissenheit, zu ruhen scheint. Es ruht auf sich selbst. Es ist weder das grobstoffliche noch das feinstoffliche Weltall. Es ist unteilbar, jenseits von Vergleichen." (S. 83 f.)
„Trotz seiner Einheit ist es die Ursache der Vielfalt. Es ist die eine und einzige Ursache, neben der es keine andere Ursache gibt. Es hat keine andere Ursache als sich selbst und ist unabhängig von dem Gesetz von Ursache und Wirkung. Es steht allein." (S. 84)
„Brahman ist ohne Teile oder Eigenschaften. Es ist unangreifbar, absolut, unbefleckt, das Eine ohne ein Zweites. In Brahman gibt es nicht die geringste Verschiedenheit." (S. 121)

„Brahman ist nicht zu bestimmen, es ist jenseits des Fassungsvermögens von Denken und Rede, das Eine ohne ein Zweites." (S.121)

Brahman ist also die eine, unteilbare, unwandelbare Ursache der Welt, die selbst ohne Ursache ist, die jenseits von Worten, unbeschreibbar, wohl aber „erschaubar", erfahrbar ist.

In Meister Eckharts Mystik entspricht Brahman in etwa dem, was er „Gottheit" nennt (s.o. Kapitel 3.2 c).

Unverkennbar ist auch die Übereinstimmung der Beschreibung des Brahman durch Shankara mit der entsprechenden Beschreibung von Gott durch (Pseudo-)Dionysius Areopagita (s.o. Kapitel 3.2 c), die hier noch einmal zitiert werden soll:

„Er ist weder Seele noch Geist; hat weder Einbildung noch Meinung, Vernunft- oder Verstandeserkenntnis; Er ist weder Wort noch Verstehen, wird weder ausgesprochen noch erkannt; Er ist weder Zahl noch Ordnung, weder Größe noch Kleinheit, weder Gleichheit noch Ungleichheit, weder Ähnlichkeit noch Unähnlichkeit; Er steht weder noch ist Er in Bewegung oder ruht, Er hat weder Vermögen noch ist Er Vermögen oder Licht; Er lebt nicht, noch ist Er Leben; Er ist kein Einzelwesen, nicht Aion oder Zeit, Er ist nicht geistig berührbar, nicht Wissen oder Wahrheit, nicht Königtum oder Weisheit, weder Eines noch Einheit noch Gottheit noch Güte, nicht Geist, wie wir ihn verstehen; nicht Sohnschaft noch Vaterschaft noch sonst etwas von dem, was wir erkennen oder was ein anderes Seiendes erkennt; Er ist nichts vom Nichtseienden oder vom Seienden: Weder erkennt Ihn das Seiende als seiend noch erkennt Er das Seiende als seiend; es gibt für Ihn weder Begriff noch Namen noch Erkenntnis; Er ist weder Dunkelheit noch Licht noch Irrtum noch Wahrheit: Und es gibt für Ihn allgemein weder Behauptung noch Verneinung. Und wenn wir von dem, was nach Ihm kommt, etwas behaupten oder verneinen, setzen wir Ihn weder noch leugnen wir Ihn; denn Er ist über jeder Setzung als die vollkommene und einzige Ursache aller Dinge und über jeder Verneinung als die Überlegenheit des schlechthin Abgelösten von allem und jenseits des Alls." (Dionysius und Stein 2015, S. 16 f.)

Neben dem Brahman, dem unpersönlichen Absoluten, kennt die vedische Philosophie allerdings auch einen personifizierten Gott, den Weltenherrscher, oft „Ishvara" genannt, der die Welt geschaffen hat (Mittwede 1992, S. 102) Da der Brahman selbst unwandelbar, jenseits von Ursache und

Wirkung in sich selbst ruht, muss nämlich ein anderes Prinzip eingeführt werden: Ishvara, der die Welt geschaffen hat. Ishvara ist also „der personifizierte Gott, der Gott mit Eigenschaften" (Shankara 1981 [Einführung], S. 22 f.).

Dies erinnert an die Worte von Meister Eckhart (s.o. Kapitel 3.2 c):
„Gott wird und entwird. […]
Gott wird (»Gott«), wo alle Kreaturen Gott aussprechen: da wird »Gott«. Als ich (noch) im Grunde, im Boden, im Strom und Quell der Gottheit stand, da fragte mich niemand, wohin ich wollte oder was ich täte: da war niemand, der mich gefragt hätte. Als ich (aber) ausfloss, da sprachen alle Kreaturen: »Gott«! Fragte man mich: »Bruder Eckhart, wann gingt Ihr aus dem Hause?«, dann bin ich drin gewesen. So also reden alle Kreaturen von »Gott«. Und warum reden sie nicht von der Gottheit? Alles das, was in der Gottheit ist, das ist Eins, und davon kann man nicht reden. Gott wirkt, die Gottheit wirkt nicht, sie hat auch nichts zu wirken, in ihr ist kein Werk; sie hat niemals nach einem Werke ausgelugt. Gott und Gottheit sind unterschieden durch Wirken und Nichtwirken."(Meister Eckhart und Quint 1979, Predigt 26, S. 272 f.)
Ishvara entspricht also bei Meister Eckhart in etwa dem personifizierten Gott.

Ein weiterer wichtiger Grundgedanke im Hinduismus ist der von „Maya" (Täuschung, Illusion).
„Maya ist die faszinierende, irreführende Täuschung, welche die tatsächlich unwirkliche, bedingte Natur mit ihrer verführerischen Mannigfaltigkeit als letztendliche Wirklichkeit erscheinen lässt; es ist die Urillusion, die zugrundeliegende Unwissenheit, die verlockende Illusion, die Täuschung, das Unwirkliche als das Wirkliche anzusehen, das Vergängliche für ewig zu halten." (Mittwede 1992, S. 147)

Die materielle Welt, die sogenannte Wirklichkeit ist eine Täuschung, eine Illusion, die, wie eine Fata Morgana, durch Unwissenheit verursacht wird. Sobald die Erkenntnis der Wahrheit, die Erfahrung von Brahman einsetzt, verschwindet diese Illusion. Shankara bringt hierzu häufiger das Gleichnis von dem Seil und der Schlange:

"Du siehst ein Seil und hältst es für eine Schlange. Sobald du erkennst, dass das Seil ein Seil ist, endet deine falsche Auffassung, es sei eine Schlange, und du verlierst die Furcht, die diese einflößt. Darum muss der Weise, der seine Fesseln zu durchbrechen sucht, die Wirklichkeit kennen." (Shankara 1981, S. 100)

"Ebenso wie die Erkenntnis des Seils als Seil die Illusion, es sei eine Schlange, zerstört, so wird Maya durch die unmittelbare Erfahrung des reinen freien Brahman, des Einen ohne ein Zweites, zerstört." (Shankara 1981, S. 56)

Und den Zusammenhang zwischen Brahman, Ishvara und Maya drückt Shankara mit den folgenden Worten aus:
"Die Reflexion des Brahman in Maya wird Ishvara genannt. Er ist der Schöpfer des Universums." (Shankara in „Die Erkenntnis der Wahrheit", Shankara 1981, S. 153)

9.3 Brahman als der innerste Wesenskern des Menschen (tat twam asi)

Ein weiterer fundamentaler Begriff im Hinduismus ist der des „Atman".
„Atman" bezeichnet *„das wirkliche Selbst"*. Er ist *„die allerinnerste, dem Menschen ureigene Realität. Er ist die eigentliche Substanz der gesamten »objektiven« Welt, die Wirklichkeit hinter dem Schein und jedem Wesen innewohnend."* Er ist *„die wesenhafte Wirklichkeit des Individuums, der Zeuge, unberührt von allem Wandel in Zeit und Raum, der dem Körperlichen innewohnende Geist".* (Mittwede 1992, S. 41 f.)
Der Atman *„ist der Kern einer Persönlichkeit, das was von ihr übrigbleibt, wenn man alles Akzidentelle [Unwesentliche] von ihr abzieht, ihr »wahres Selbst«".* (Glasenapp 1974, S.36 f.)

Und Shankara beschreibt den Atman in seinem „Kleinod der Unterscheidung" folgendermaßen (Shankara 1981):
"Der Atman ist die Wirklichkeit. Er ist dein wahres ursprüngliches Selbst. Er ist reines Bewusstsein, das Eine ohne ein Zweites, Absolute Seligkeit. Erfahre deine Identität mit ihm. Höre auf, dich mit den Hüllen der Unwissenheit zu identifizieren, sie sind wie die Masken eines Schauspielers." (S. 89)

„Der Atman ist ohne Geburt und Tod. Er wächst nicht und er vergeht nicht. Er ist unwandelbar, ewig. Er vergeht nicht, wenn sich der Körper auflöst." (S. 60)

„Der Atman ist reines Bewusstsein und liegt ganz offensichtlich den Zuständen des Wachens, Träumens und des traumlosen Schlafes zugrunde. Er wird innerlich erfahren als ununterbrochenes Selbst-Bewusstsein, als das Bewusstsein »Ich bin ich«. Er ist der wandellose Zuschauer, der das Ich erfährt, den Intellekt und alles andere in seinen verschiedenen Formen und Verwandlungen. Er wird im eigenen Herzen als Absolutes Sein, Absolute Erkenntnis und Absolute Glückseligkeit erfahren. Erkenne diesen Atman im Schrein deines Herzens." (S. 76)

„Der Atman ist der Zuschauer, das unendliche Bewusstsein. Er offenbart alle Dinge, aber er ist von allen Dingen verschieden, ob sie grob stofflich oder feinstofflich sind. Er ist die ewige Wirklichkeit, allgegenwärtig, alles durchdringend, das feinste von allem Subtilen. Er hat weder Innen noch Außen. Er ist das wirkliche Selbst, im Schrein des Herzens verborgen. Erfahre ganz die Wahrheit des Atman." (S. 76 f.)

Der Atman ist also das individuelle, unwandelbare persönliche Selbst eines jeden Menschen, sein innerer Wesenskern, gegenüber Brahman als Weltengrund gewissermaßen der eigene innere Seelengrund des Menschen.

Die vielleicht bedeutendste Aussage des Advaita-Vedanta ist nun der schon oben kurz zitierte Kerngedanke *„Atman ist Brahman – Ich bin das Absolute"*, der ja eine Zusammenfassung der vier erwähnten Mahavakyas ist. Dieser Gedanke wird z.B. in folgendem Upanishad (Chandogya-Upanishad) ausgedrückt:

1. Gewisslich, dieses Weltall ist Brahman. […]

2. Geist ist sein Stoff, Leben sein Leib, Licht seine Gestalt; sein Ratschluss ist Wahrheit, sein Selbst die Unendlichkeit [wörtlich: der Äther]. Allwirkend ist er, allwünschend, allriechend, allschmeckend, das All umfassend, schweigend, unbekümmert; —

3. dieser ist meine Seele (atman) im inneren Herzen, kleiner als ein Reiskorn oder Gerstenkorn oder Senfkorn oder Hirsekorn oder eines Hirsekornes Kern; -

dieser ist meine Seele im inneren Herzen, grösser als die Erde, grösser als der Luftraum, grösser als der Himmel, grösser als diese Welten. […]

4. Der Allwirkende, Allwünschende, Allriechende, Allschmeckende, das All Umfassende, Schweigende, Unbekümmerte, dieser ist meine Seele im inneren Herzen, dieser ist das Brahman; zu ihm werde ich, von hier abscheidend, eingehen." (Deussen und Michel 2007, S. 159 f.)

Auch hierzu wieder einige Zitate von Shankara (Shankara 1981):
„*Der Atman ist sein eigener Zuschauer, da er seiner selbst bewusst ist. Der Atman ist nichts anderes als Brahman.*" (S. 76)

„*Was kann die Bindungen und das Elend dieser Welt aufheben? Die Erkenntnis, dass der Atman Brahman ist. Durch diese erfährst du Es, das Eine ohne ein Zweites, das die ewige Glückseligkeit ist. Erfahre Brahman und du musst nicht wieder zur Welt zurückkehren, zu dieser Wohnstätte der Sorgen. Erfahre ohne Einschränkung, dass der Atman Brahman ist.*

Dann hast du Brahman für immer gewonnen. Es ist die Wahrheit. Es ist Sein und Erkenntnis. Es ist absolut. Es ist rein und besteht aus sich selbst. Es ist ewig, nie endende Freude. Es ist nichts anderes als der Atman.

Der Atman ist eins mit Brahman: dies ist die höchste Wahrheit. Brahman allein ist wirklich. Es gibt nichts anderes als Brahman. Wenn Es als die höchste Wirklichkeit erkannt worden ist, existiert nichts anderes als Brahman." (S. 77)

„*Durch Unterscheidung kann er [der Mensch] die wahre innere Bedeutung der Begriffe »Brahman« und »Atman« erkennen und ihre absolute Identität erfahren. Erkenne die Wirklichkeit in beiden und du wirst sie als Einheit sehen.*" (S. 81)

Der Atman, der eigene innere Seelengrund des Menschen, ist also identisch mit Brahman, dem allumfassenden ungeteilten Einen, dem Weltengrund – und Brahman kann im eigenen Inneren erkannt und erfahren werden.

Dieser innere Wesenskern, Atman, „*im Schrein des Herzens verborgen*" (s.o.), ähnelt dem göttlichen Seelenfünklein von Meister Eckhart, aus dem sich Gott in den Menschen ergießt (s.o. Kapitel 3.2 a). Und die Identität von Atman und Brahman erinnert an die Bibelstellen im Johannes-Evangelium, wo Jesus von sich selbst sagt: „*Ich und der Vater sind eins*" (Johannes 10, 30) und „*Wer mich sieht, der sieht den Vater*" (Johannes 14, 9).

Im Advaita-Vedanta wird also die Auffassung vertreten, dass mein wahres ursprüngliches Selbst, der Atman, bereits Brahman ist und ich mich nicht erst bereiten muss, damit Brahman in mich eingehen kann – ich brauche nur diese Tatsache zu erkennen, mir ihrer bewusst zu sein.

Und ganz ähnlich sagt Meister Eckhart, dass Gott schon immer im Menschen vorhanden ist und der Mensch diese Quelle nur freizulegen braucht, um Gottes gegenwärtig zu sein. Hierzu noch einmal die schon oben (in Kapitel 3.2 a) angeführten Zitate von Meister Eckhart:

„Gottes Bild, Gottes Sohn, sei in der Seele Grund wie ein lebendiger Brunnen. Wenn aber jemand Erde, das ist irdisches Begehren, darauf wirft, so hindert und verdeckt es (ihn), so dass man nichts von ihm erkennt oder gewahr wird; gleichviel bleibt er in sich selbst lebendig, und wenn man die Erde, die von außen darauf geworfen ist, wegnimmt, so kommt er (wieder) zum Vorschein und wird man ihn gewahr." (Meister Eckhart und Quint 1979, „Vom edlen Menschen", S. 143)

„Gott ist allzeit bereit, wir aber sind sehr unbereit; Gott ist uns »nahe«, wir aber sind ihm fern; Gott ist drinnen, wir aber sind draußen; Gott ist (in uns) daheim, wir aber sind in der Fremde". (Meister Eckhart und Quint 1979, Predigt 36, S. 326 f.)

* * * * *

Das „tat twam asi"

Der im Westen vielleicht bekannteste Kernlehrsatz aus den Upanishaden ist das Mahavakya „tat twam asi" (das bist du) (s.o.), das ebenfalls, mit anderen Worten, die Identität von Atman und Brahman ausdrückt.
Shankara sagt dazu:

„Die Schriften behaupten die absolute Identität von Brahman und dem Atman, indem sie immerfort wiederholen: »Das bist Du«. Hier sind die Namen Brahman und Atman in ihrem eigentlichen Sinn gebraucht, wobei sich Brahman auf »Das« und Atman auf »Du« bezieht." (Shankara 1981, S. 80)

Einige der bekanntesten Stellen in den Upanishaden, in denen das „tat twam asi" genauer beschrieben wird, befinden sich in dem Chândogya-Upanishad. Hier versucht der Weise Uddâlaka Âruni seinem Sohne Shvetaketu anhand von Gleichnissen die Einheit der individuellen Seele mit der

Weltseele zu erklären. In einem Gleichnis (im 12. Khanda) betrachtet er die Frucht eines Nyagrodha-Baums (indischen Feigenbaums):

„Hole mir dort von dem Nyagrodha-Baume eine Frucht." – „Hier ist sie, Ehrwürdiger." –

„Spalte sie." – „Sie ist gespalten, Ehrwürdiger." –

„Was siehst du darin?" – „Ich sehe hier, o Ehrwürdiger, ganz kleine Kerne." –

„Spalte einen von ihnen." – „Er ist gespalten, Ehrwürdiger." –

„Was siehst du darin?" – „Gar nichts, o Ehrwürdiger." –

Da sprach er: „Die Feinheit, die du nicht wahrnimmst, o Teurer,

aus dieser Feinheit fürwahr ist dieser große Nyagrodhabaum entstanden.

Glaube, o Teurer, was jene Feinheit ist, ein Bestehen aus dem ist dieses Weltall, das ist das Reale, das ist die Seele, das bist du [tat tvam asi], o Shvetaketu!" (Deussen und Michel 2007, S. 227)

In einem anderen Gleichnis (im 13. Khanda) betrachtet er ein Stück Salz:

„Hier dieses Stück Salz lege ins Wasser und komme morgen wieder zu mir." – Er tat es.

Da sprach er: „Bringe mir das Salz, welches du gestern Abend ins Wasser gelegt hast." -

Er tastete danach und fand es nicht, denn es war ganz zergangen.

„Koste davon von dieser Seite! – Wie schmeckt es?" – „Salzig" –

„Koste aus der Mitte! – Wie schmeckt es?" - „Salzig." -

„Koste von jener Seite! – Wie schmeckt es?" - „Salzig." -

„Lass es stehen und setze dich zu mir." -

Er tat es [und sprach]: „Es ist immer noch vorhanden." -

Da sprach jener: „Fürwahr, so nimmst du auch das Seiende hier [im Leibe] nicht wahr,

aber es ist dennoch darin.

Was jene Feinheit ist, ein Bestehen aus dem ist dieses Weltall, das ist das Reale, das ist die Seele, das bist du [tat tvam asi], o Shvetaketu!" (Deussen und Michel 2007, S. 228)

Deussen kommentiert diese beiden Gleichnisse folgendermaßen:
Zur Frucht des Nyagrodha-Baums:

"HERVORGEHEN DER UNTERSCHIEDE AUS DEM UNTERSCHIEDSLOSEN.
Wie aus dem scheinbar gleichartigen Inhalte des Samenkornes der große Nyagrodhabaum hervorgeht, so entspringt die ganze Mannigfaltigkeit der Welt aus dem unterschiedslosen Seienden."
Zum Salzstück:
"DAS SEIENDE IST UNWAHRNEHMBAR UND DOCH ÜBERALL GEGENWÄRTIG.
Wie der Salzklumpen, im Wasser aufgelöst, verschwindet, aber in allen Teilen des Wassers durch den Salzgeschmack sich als vorhanden beweist, so ist auch das Seiende selbst unwahrnehmbar und verleiht doch nur durch sein Vorhandensein allem, was ist, die Realität." (Deussen und Michel 2007, S. 217 f.)

Auch in diesen beiden Gleichnissen versucht der Weise seinem Sohn also die Erkenntnis zu vermitteln: Das Seiende, der unerkennbare Urgrund des Universums, durchdringt alle Geschöpfe, ist die Ursache ihrer Entstehung. Du aber, dein inneres Wesen, dein Seelengrund (Atman) ist identisch mit diesem allumfassenden Weltengrund (Brahman).

9.4 Die Vereinigung mit dem Brahman

Auch wenn im Advaita-Vedanta der Atman, des Menschen wahres ursprüngliches Selbst, bereits Brahman ist, so ist einem doch diese Tatsache im Allgemeinen nicht bewusst, und der Suchende sieht seine Aufgabe darin, diese große Wahrheit zu erkennen, zu erfahren. (Die möglichen Wege hierzu werden im kommenden Kapitel 9.5 genauer beschrieben.)

Die Erfahrung dieser Einheit wird von Shankara als „Erleuchtung" bezeichnet. Er sagt dazu:
„Der Zustand der Erleuchtung wird folgendermaßen beschrieben: Es besteht das unaufhörliche Bewusstsein der Einheit von Atman und Brahman, und jede Identifizierung des Atman mit seinen Hüllen [dem Körper] ist vergangen. Ebenso ist jede Empfindung einer Dualität aufgehoben. Es herrscht nur noch das reine, einsgewordene Bewusstsein. Wer fest gegründet in diesem Bewusstsein ist, wird erleuchtet genannt." (Shankara 1981, S. 114)
Und er fordert seinen Schüler auf:

„Auch du musst Unterscheidung üben und die erhabene Wahrheit Brahmans verwirklichen. Erfahre das wahre Wesen des Atman als Summe aller Seligkeit. Wirf die Täuschungen ab, die dein eigenes Denken erschaffen hat. So wirst du frei und erleuchtet. Dein Leben wird gesegnet sein." (S. 122)

Weiterhin beschreibt er in seinem Werk „Das Kleinod der Unterscheidung" ausführlich den Bewusstseinszustand desjenigen, der Erleuchtung erlangt hat. Hier einige Auszüge (alle Zitate aus Shankara 1981):

„Der Weise, dessen Bewusstsein sich vollkommen mit Brahman vereint hat, erkennt Es ungeteilt in seinem Herzen. Brahman ist jenseits von Worten und Gedanken. Es ist reines, ewiges Bewusstsein, Absolute Seligkeit. Es ist mit nichts zu vergleichen und nicht zu bemessen. Es ist immer frei, jenseits aller Handlungen, grenzenlos wie der Himmel, unteilbare und absolut." (S. 110)

„Wenn das Bewusstsein sich vollkommen mit Brahman vereint hat, erfährt der Weise Brahman ungeteilt in seinem Herzen. Brahman ist jenseits von Ursache und Wirkung, die Wirklichkeit jenseits aller Gedanken. Es ist ewig das Gleiche, unvergleichbar, jenseits aller gedanklichen Begriffe." (S. 110 f.)

„Verharre in der Vereinigung mit deinem wahren Sein und schaue den Atman der unendlichen Herrlichkeit." (S. 111)

„Wer Brahman kennt, hat sein wahres Sein, den Atman, die nie endende Freude, verwirklicht." (S. 112)

„Es heißt, dass der Mensch der Selbstbeherrschung erleuchtet ist, wenn er ewige Seligkeit genießt. Vollkommen in Brahman eingeschmolzen, kennt er sich als die unwandelbare Wirklichkeit, jenseits alles Wirkens." (S. 114)

Am Ende seines „Kleinods der Unterscheidung" schildert Shankara, wie ein Schüler von seinem Meister unterwiesen wird und Erleuchtung erlangt:
Der Meister spricht zu seinem Schüler:
„Brahman ist reines Sein, reines Bewusstsein, ewige Seligkeit, jenseits aller Handlungen, das Eine ohne ein Zweites. In Brahman gibt es nicht die geringste Verschiedenheit. [...]

Die geistig Suchenden, jene großherzigen Seelen, die sich von allen Begierden befreit und von allen sinnlichen Freuden gelöst haben, die gleichmütig und selbstbeherrscht sind, erfahren diese erhabene Wahrheit Brahmans, erlangen die Vereinigung mit ihm und höchste Seligkeit. [...]

151

Erwirb unmittelbare Erfahrung. Verwirkliche Gott in dir selbst. Erkenne den Atman als das eine unteilbare Sein und erlange Vollkommenheit. Befreie dein Denken von allen Zerstreuungen und verharre im Bewusstsein des Atman."

Der Schüler befolgt die Anweisungen seines Meisters und spricht nach einiger Zeit:

„Das Ich ist vergangen. Ich habe meine Identität mit Brahman erfahren; so sind alle meine Wünsche ausgelöscht. Ich habe mich über meine Unwissenheit, meine Beschäftigung mit diesem Weltall der Erscheinungen erhoben. Was ist diese Freude in mir? Wer könnte sie ermessen? Ich kenne nichts mehr als grenzenlose, uferlose Freude!

Das Meer Brahmans ist voller Nektar, der Freude des Atman. Der Schatz, den ich dort gefunden habe, ist nicht mit Worten zu beschreiben. Gedanken können ihn nicht erfassen. Mein Bewusstsein fiel wie ein Hagelkorn in die Weite des Meeres, das Brahman ist. Als es einen Tropfen dieses Meeres berührte, löste es sich auf und wurde eins mit Brahman." (Shankara 1981, S. 121 ff.)

Wie das Hagelkorn, das sich im Meer aufgelöst hat, so hat sich das individuelle Bewusstsein im allumfassenden Einheitsbewusstsein aufgelöst, und diese Beschreibung entspricht im Christentum fast wörtlich derjenigen der unio mystica, der Vereinigung der Seele mit Gott, wie sie beispielsweise Meister Eckhart schildert (wie oben schon mehrfach zitiert):

„[die Seele] wird mit Gott eins und nicht vereint; denn, wo Gott ist, da ist [auch] die Seele, und, wo die Seele ist, da ist [auch] Gott" (Meister Eckhart und Quint 1976, Predigt 64, S. 519), oder an anderer Stelle:

„Genauerhin sage ich: Gott muss schlechthin ich werden und ich schlechthin Gott, so völlig eins, dass dieses »Er« und dieses »Ich« Eins ist, werden und sind und in dieser Seinsheit ewig ein Werk wirken" (Meister Eckhart und Quint 1979, Predigt 42, S. 354), oder:

„[in der inneren Welt] ist Gottes Grund mein Grund und mein Grund Gottes Grund" (Meister Eckhart und Quint 1979, Predigt 6, S.180).

* * * * *

In Kapitel 8.7 wurde ausführlich auf die Nähe des Daoismus zur christlichen Mystik eingegangen mit weiteren Zitaten aus der Theologia Deutsch, von Marguerite Porete und Meister Eckhart. Und vergleicht man diese Stellen mit den Aussagen des Advaita-Vedanta des Shankara, so hat man den Eindruck, dass die Mystik des Christentums, des Daoismus und des hinduistischen Advaita-Vedanta im Grunde dieselben Erfahrungen umfassen und beschreiben.

Insbesondere hören sich die folgenden Worte von Meister Eckhart, die er über Gott als Einheit und fern aller Zweiheit und Verschiedenheit sagt (und die schon in Kapitel 3.3 zitiert wurden), wie die Definition des Begriffs Advaita (Nicht-Zweiheit) an:

„Gott ist auf alle Weisen und in jedem Betracht nur Einer, so dass in ihm selber keinerlei Vielheit zu finden ist, weder in der Vernunft noch außerhalb der Vernunft; wer nämlich Zweiheit oder Unterschiedenheit sieht, der sieht Gott nicht, denn Gott ist Einer außerhalb aller Zahl und über aller Zahl und fällt mit nichts in Eins zusammen. Daraus folgt: In Gott selbst kann demnach keinerlei Unterschied sein oder erkannt werden." (Meister Eckhart und Quint 1979, "Bulle Johanns XXII", Artikel 23, S. 453)

Und die Definition des Begriffs „Advaita" lautet nach dem „Spirituellen Wörterbuch Sanskrit-Deutsch":

„advaita: Nicht-Zweiheit, Nicht-Dualität; Name von Shankaras nondualistischer Philosophie, die auf die Natur der höchsten Realität Gottes hinweist, welche ohne relative Zweiheit ist; ... die Erfahrung von advaita ist mit dem Verstand nicht erfassbar; denn das ichgebundene Denken des Wachzustandes vermag nicht, aus der Dualität der Subjekt-Objekt-Beziehung herauszutreten." (Mittwede 1992, S. 19)

Das obige Zitat von Meister Eckhart findet sich übrigens in der Bannbulle von Papst Johannes XXII. aus dem Jahre 1329 gegen Meister Eckhart (s.o. Kapitel 3.1 und 3.3). Es fällt auf, dass fast alle Passagen von Meister Eckhart, die in dieser Bannbulle zitiert werden, sinngemäß der hinduistischen Advaita-Lehre entsprechen – umgekehrt liegt die Vermutung nahe, dass im Mittelalter alle Gedanken, die der Advaita-Lehre entsprechen, von der Amtskirche bekämpft wurden.

Aufgrund dieser erstaunlichen Übereinstimmung des Advaita-Vedanta mit den Elementen christlicher Mystik wird Meister Eckhart von vielen Advaita-Anhängern als echter Vedantin, also als Vertreter der Vedanta-Philosophie bezeichnet (Shankara 1981 [Nachwort], S. 159).

Die Ähnlichkeit zwischen der hinduistischen und der christlichen Mystik drückt sich auch darin aus, dass von Anhängern der Vedanta-Lehre Jesus Christus als eine der göttlichen Inkarnationen (Avatar) betrachtet wird, die aus voller Erleuchtung sprechen, neben Krishna, Buddha und anderen großen Menschheitslehrern (Shankara 1981 [Nachwort], S. 165).

So hatte sich Ramakrishna (1836 – 1886), einer der bedeutendsten hinduistischen Mystiker der Neuzeit, längere Zeit mit der Bibel und der christlichen Lehre beschäftigt, bis er eines Tages eine Vision Christi hatte, der auf ihn zukam und in ihn einging. Er bezeichnete daher Christus als eine göttliche Inkarnation und die christliche Lehre als einen Weg zur Verwirklichung Gottes (Shankara 1981 [Nachwort], S. 166).

Und sein Schüler Vivekananda (1863 – 1902) schreibt in Bezug auf die verschiedenen Religionen:

„Ich glaube, dass die verschiedenen Religionen sich nicht widerlegen, sondern gegenseitig ergänzen. Jede Religion beschäftigt sich mit einem Teil der universellen Wahrheit und verwendet all ihre Kraft darauf, diesen zu verkörpern und zu versinnbildlichen. Eine Kirche, die von verschiedenen Standpunkten aus fotografiert worden ist, sieht auf den Bildern ganz verschieden aus, und doch handelt es sich um ein und dasselbe Gebäude" (zitiert nach Glasenapp o.J., Band I, S. 294).

Und an anderer Stelle:

„Jede Religion ist nur die Entwicklung eines Gottes aus dem körperlichen Menschen, und ein und derselbe Gott inspiriert sie alle. Warum gibt es dann so viele Widersprüche? Sie sind nur scheinbar, sagt der Hindu. Die Widersprüche stammen aus derselben Wahrheit, die sich den verschiedenen Umständen und Naturen anpasst.

Es ist dasselbe Licht, das durch verschieden gefärbtes Glas fällt. Diese Variationen sind notwendig zum Zweck der Anpassung. Aber dieselbe Wahrheit regiert im Herzen aller. Gott hat in Seiner Inkarnation als Krishna den Hindus erklärt: »*Ich durchziehe jede Religion wie der Faden eine Perlenkette.*« »*Wo du ungewöhnliche Heiligkeit und ungewöhnliche Kraft entdeckst, die die Menschheit erhebt und läutert, wisse, dass Ich da vorhanden bin.«"* (Vivekānanda und Friedrichs 2010, S.93 f.)

Und so ist offenbar auch die Mystik das gleiche spirituelle Licht, das alle Religionen wie der Faden eine Perlenkette durchzieht – ein Licht, das zwar durch die verschiedenen Lehrgebäude mehr oder weniger unterschiedlich eingefärbt wird, jedoch seinen gemeinsamen Ursprung immer wieder durchscheinen lässt.

9.5 Der Weg zum Brahman

Auf dem Weg zur Erkenntnis des Brahman und zur Vereinigung mit ihm gibt es auch im Advaita-Vedanta verschiedene Stufen, Samadhi genannt, die mit den Stufen der Erleuchtung und der unio mystica der christlichen Mystik verglichen werden können.

Im unteren Samadhi-Zustand (Savikalpa Samadhi) erlangt der Suchende zwar vorübergehend die Schau Gottes, aber sein Ich, seine Individualität, die Subjekt-Objektbeziehung zu Gott ist noch geblieben. Er ist erwacht und erkennt, dass sein inneres Ich (Atman) mit dem Absoluten (Brahman) identisch ist. Dies könnte in der christlichen Mystik dem Erleuchtungs-Zustand entsprechen.

Im höchsten Samadhi-Zustand (Nirvikalpa Samadhi) jedoch ist das individuelle Selbst dauerhaft aufgehoben, es ist eins geworden mit dem absoluten Selbst, Brahman; die Subjekt-Objekt-Beziehung hat sich aufgelöst – und dies kommt der Erfahrung der unio mystica in der christlichen Mystik offensichtlich sehr nahe (Shankara 1981[Nachwort], S. 160 f.).

Im Einzelnen werden vor allem drei Yoga-Wege unterschieden, die unter anderem in der Bhagavadgita genauer beschrieben werden. Die Bhagavadgita („Gesang des Erhabenen") ist ein großes religiös-philosophisches Lehrgedicht, das vermutlich im 3. Jahrhundert v. Chr. entstanden ist und später nur noch vereinzelt verändert wurde. Viele Hindus betrachten es als eine ihrer heiligsten Schriften; es ist das in Indien wohl am meisten gelesene Buch (Glasenapp und Boxberger 2008, S. 3 f.).

Diese drei Yoga-Wege sind im Einzelnen:

(1) Gute Werke (Karma-Yoga)

Bei dieser Yoga-Praxis zieht sich der Yogi nicht aus der Welt zurück - er handelt nach wie vor und erfüllt seine Pflichten, aber er sieht nicht mehr auf die Früchte seiner Handlungen, achtet nicht auf Erfolg oder Misserfolg, Belohnung oder Strafe.

> *„Gut tut, wer eigner Kaste Pflicht*
> *Erfüllt, selbst wenn ihn dies nicht freut ..."*

(Bhagavadgita 3, 35) (Glasenapp und Boxberger 2008)

Hierdurch können seine Leidenschaften, die sich auf den Erfolg der Taten richten, überwunden werden; der Yogi löst sich von seinen Bindungen an die Außenwelt ab, überwindet damit seinen Egoismus und erkennt seine wahre geistige Natur. (Glasenapp 1948, S. 102 ff.; Wolz-Gottwald 2011, S.146)

Dieser Weg ähnelt der vom Christentum gebotenen Tugend der Nächstenliebe, bei der gefordert wird, seinem Nächsten Gutes zu tun, ohne irgendeinen Lohn zu erwarten, weder von den Menschen noch von Gott.

(2) Die Gottergebenheit (Bhakti-Yoga)

Sie besteht darin, dass sich der Yogi in gläubiger und liebevoller Ergebenheit ganz Gott hingibt, so dass ihm durch dessen Gnade die ewige Einheit zwischen Gott (Brahman) und seiner Einzelseele (Atman) offenbar wird (Glasenapp 1948, S. 106 f.; Wolz-Gottwald 2011, S.147 f.).

> *„Wer stets bei seinem Tun nur meiner denkt im Leben,*
> *Mich über alles liebt, sich ganz mir hingegeben,*
> *Wer niemand hasst und wer an keinem Ding mag hängen,*
> *Der wird, o Pandusohn dereinst zu mir gelangen."*

(Bhagavadgita 11, 55) (Glasenapp 1948, S. 106 f.)

(Dieser Vers wird oft als „Quintessenz" der Bhagavadgita bezeichnet.)

Diese Praxis erinnert vor allem an den Weg der Frauenmystik bzw. Brautmystik (s.o. Kapitel 4), wo die Mystikerin sich ganz Gott bzw. Christus hingibt und sich mit ihm vereint.

(3) Das Wissen (Jnana-Yoga)

Hiernach besteht die Erlösung in dem Wissen (im Gegensatz zum „Nicht-wissen"), der intuitiven Erkenntnis der Einheit zwischen Atman und Brahman (Glasenapp 1948, S. 107 f.; Wolz-Gottwald 2011, S. 146 f.).

„Das erlösende Wissen ist kein abstraktes, sondern ein intuitives Erkennen, bei welchem sich der Erkennende als das All-Eine wahrnimmt und nichts anderes mehr. Diese Innewerdung (…) ist ein unmittelbares Bewusstwerden des einen Brahma, das der ewige „Zuschauer" (…) in allen den vielen Lebewesen ist. Sie ist eine objektive Erkenntnis, da die frühere Trennung von Subjekt und Objekt nicht mehr besteht, sondern der Erkenner (die Seele) und das zu Erkennende (das Brahma), zu einer Einheit verschmolzen sind." (Glasenapp 1948, S. 108)

Dieses Ziel ist also nicht durch reines abstraktes Philosophieren und Ansammeln von Wissen zu erreichen, sondern allein durch die Gnade Gottes, der dem Yogi diese Erkenntnis schenkt, wie es im Kathaka-Upanishad heißt:

„Nicht durch Belehrung wird erlangt der Atman,
Nicht durch Verstand und viele Schriftgelehrtheit;
Nur wen er wählt; von dem wird er begriffen:
Ihm macht der Atman offenbar sein Wesen."
(Kathaka-Upanishad 2, 23; Deussen und Michel 2007, S. 352)

Also weder durch Taten noch durch Denken allein kann der Mensch erlöst werden, sondern Gott (Atman) muss ihn erwählen – dies entspricht bei Luther der von ihm in seiner Rechtfertigungslehre abgelehnten Werkgerechtigkeit und der von ihm dagegen vertretenen Gnadengerechtigkeit (s.o. Kapitel 5.3 a).

Hat der Yogi jedoch dieses Wissen, diese Erkenntnis erlangt, so hat er auch die endgültige Erlösung erreicht:

„Das Wissen ist nicht wie die Werke etwas, das eine Frucht hervorbringt, die erst nach längerer oder kürzerer Zeit reift, vielmehr führt es mit einem Schlage zum Ziel. Sofort, wenn die Brahma-Erkenntnis erreicht ist, tritt die Erlösung ein, weil diese ja nicht ein Werden zu etwas, was man vorher nicht war, ist, sondern vielmehr die Herstellung eines seit jeher bestehenden, aber durch die Wolke des Nichtwissens verhüllten Zustandes. Deshalb lehrt

die Schrift »wer das Brahma weiß, der ist Brahma«". (Glasenapp 1948, S. 107 f.)

Der letzte Satz in diesem Zitat bezieht sich auf eine Stelle im Mundaka-Upanishad, wo es heißt:

„Wahrlich, wer jenes höchste Brahman kennt, der wird zu Brahman."
(Mundaka-Upanishad 3, 2, 9; Deussen und Michel 2007, S. 678)

Und dieser letzte Gedanke findet sich beispielsweise ähnlich bei Meister Eckhart in seiner Aussage (s.o. in Kapitel 3.2.b):

„Die Schrift sagt: 'Moses sah Gott von Antlitz zu Antlitz' (2 Mos. 33, 11). Dem widersprechen die Meister und sagen so: Wo zwei Antlitze in Erscheinung treten, da sieht man Gott nicht; denn Gott ist Eins und nicht Zwei; denn, wer Gott sieht, der sieht nichts als Eins." (Meister Eckhart und Quint 1976, Predigt 64, S. 519)

Ähnlich sagt Angelus Silesius (s.o. in Kapitel 6.2 b):

*„*DAS ERKENNENDE MUSS DAS ERKANNTE WERDEN.*
In Gott wird nichts erkannt: er ist ein einig Ein,
Was man in ihm erkennt, das muss man selber sein."*
(Angelus Silesius und Gnädinger 1986, Vers I, 285)

*„*WER GOTT IST, SIEHT GOTT.*
Weil ich das wahre Licht, so wie es ist, soll sehn,
So muss ichs selber sein, sonst kann es nicht geschehn."*
(Angelus Silesius und Gnädinger 1986. Vers II,46)

Der Jnana-Weg des Wissens, der Erkenntnis, scheint also alles in allem der christlichen Mystik beispielsweise eines Meister Eckhart oder eines Angelus Silesius besonders nahe zu kommen.

* * * * *

Für die Umsetzung dieser Wege werden in der Yoga-Literatur die verschiedensten Übungspraktiken und Techniken empfohlen, die insbesondere die Reinigung des Körpers und des Geistes zum Ziel haben und vielleicht der Stufe der „Reinigung" in der christlichen Mystik entsprechen. Sie reichen von Körperübungen (z.B. Asanas und Atemübungen) über geistige Übungen (z.B. Rezitation von Mantras) bis hin zur meditativen Versenkung.

Hierbei taucht allerdings eine prinzipielle Schwierigkeit auf: Einerseits soll das persönliche Ich überwunden werden, andererseits soll das Ich Anstrengungen unternehmen, um sich selbst gewissermaßen zu vernichten. Einerseits soll sich der Geist entspannen und zur Ruhe kommen, andererseits sollen Anstrengungen unternommen werden, um dieses Ziel zu erreichen.

Wolz-Gottwald schreibt dazu in seinem Buch „Die Mystik in den Weltreligionen", indem er sich auf Patanjali bezieht, einen indischen Weisen, der etwa im 2. Jahrhundert n.Chr. gelebt hat und mit seinem Yoga-Leitfaden, den „Yoga-Sutren", als Vater des Yoga verehrt wird:

„Was passiert nun, wenn sich der Mensch auf den Weg des Yoga begibt? Patanjali nennt hier nur ein Wort: nirodha, das »Zur-Ruhe-Kommen« der Bindung an die Geistesaktivitäten. Dieses Zur-Ruhe-Kommen bedeutet die Lösung der inneren Gebundenheit, die den Geist an der Oberfläche hält. [...] *Was dieses Zur-Ruhe-Kommen im mystischen Sinn bedeutet, ist weniger eine Sache des Denkens, eher der Erfahrung des konkreten Vollzugs. Dieses Zur-Ruhe-Kommen kann deswegen selbst nicht wieder auf eine Aktivität weisen [...]. Jede Aktivität, jedes Machen würde nur zu einer Form der Unterdrückung führen und den Geist verstärkt an der Oberfläche halten. Es geht um den Prozess innerer Transformation, der nicht zu machen ist, der aber, wie Patanjali weiter ausführt, durchaus übend gefördert werden kann.* [...] *Die Aktivitäten des Geistes kommen jedoch erst dann zur Ruhe, wenn die Übung der Loslösung gelingt. [...] Mit Übung und Loslösung sind die beiden Grundprinzipien der Yogapraxis genannt."* (Wolz-Gottwald 2011 , S. 150)

Es tritt damit die paradoxe Frage auf, wie die beiden sich scheinbar widersprechenden Zustände des Übens und der Loslösung, des Machens und des Lassens vereinbart werden können. In Kapitel 13.2 d wird auf diese allgemeine Problematik noch einmal ausführlicher zurückzukommen sein.

Im Advaita-Vedanta wird der Weg zum Brahman von Shankara ausführlich in seinem „Kleinod der Unterscheidung" beschrieben (Shankara 1981). Für ihn muss sich der geistig Suchende von allen weltlichen Wünschen, sinnlichen Freuden und Begierden abwenden und damit Gleichmut und Selbstbeherrschung erlangen. Er muss sein Ich, seine fälschlich empfundene

Trennung vom Atman überwinden durch unerschütterliche Hingabe an ihn, durch unaufhörliche meditative Versenkung in den Gedanken „Ich bin Brahman". Dadurch erkennt er seine Einheit mit dem Brahman und erreicht damit Befreiung und Frieden; er erfährt und verwirklicht die Vereinigung mit dem Brahman und erlangt ewige höchste Seligkeit, und zwar schon in diesem Leben.

Hierzu einige markante Textstellen aus dem „Kleinod der der Unterscheidung" (alle Zitate aus Shankara 1981):

„Höre auf, dein Sinnesverlangen in der Welt der Objekte zu stillen. Dann wirst du nicht mehr an die Gegenstände der Sinneslust denken; dann wird deine Begierde vernichtet. Wenn alle Begierden verschwunden sind, bedeutet dies Befreiung - Befreiung noch in diesem Leben." (S. 94)

„Entsage den selbstsüchtigen Befriedigungen, den Früchten von Handlungen und Pflichterfüllung. Suche nicht nach Freude an den Dingen der Sinne. Verlange nichts anderes als den Besitz nie endender Seligkeit." (S. 98)

„Der geistig Suchende, der Gleichmut, Selbstbeherrschung, geistiges Gleichgewicht und Langmut besitzt, gibt sich der Übung der Versenkung hin und meditiert über den Atman in sich als den Atman in allem Sein. So zerstört er vollkommen die Empfindung des Gesondertseins, die aus dem Dunkel der Unwissenheit aufsteigt, und verharrt in Freude, da er sich, von allen ablenkenden Gedanken und selbstsüchtigen Beschäftigungen befreit, mit Brahman identifiziert." (S. 101)

„Vernichte das Ich bis auf den Grund. Beherrsche die vielen Wellen der Zerstreuung, die es im Denkorgan aufrührt. Unterscheide die Wirklichkeit und erfahre: »Ich bin Das«*".* (S. 91 f.)

„Denke: »Ich bin Brahman, ich bin nicht die individuelle Seele«*, und verwirf alles, was nicht der Atman ist."* (S. 87)

„Beschäftige dich unaufhörlich mit Meditation über den Atman. Weigere dich, deine Gedanken auf Gegenstände der Sinneswahrnehmung zu richten und Frieden wird in deinem Herzen wachsen. Wenn im Herzen Frieden ist, erscheint die Vision des Atman. Wenn der Atman unmittelbar erkannt worden ist, zerreißt unsere Bindung an diese Welt. Darum ist die Abweisung aller Gedanken der Sinnesbefriedigung der Pfad zur Befreiung." (S. 97)

„Erwirb unmittelbare Erfahrung. Verwirkliche Gott in dir selbst. Erkenne den Atman als das eine unteilbare Sein und erlange Vollkommenheit.

Befreie dein Denken von allen Zerstreuungen und verharre im Bewusstsein des Atman.“ (S. 123)

„Die geistig Suchenden, jene großherzigen Seelen, die sich von allen Begierden befreit und von allen sinnlichen Freuden gelöst haben, die gleichmütig und selbstbeherrscht sind, erfahren diese erhabene Wahrheit Brahmans, erlangen die Vereinigung mit ihm und höchste Seligkeit.“ (S. 122)

Durch die ununterbrochene Konzentration des Suchenden auf Brahman, auf die Einheit zwischen seinem inneren Selbst (Atman) und dem höchsten Selbst (Brahman), tritt also gewissermaßen nach und nach eine Verwandlung vom individuellen Ich zum allumfassend Selbst ein.

Dies entspricht dem Grundgedanken der indischen Fabel, dass *„die Metamorphose der Raupe, die zum Schmetterling wird, dadurch zustande kommt, dass die Raupe dauernd an den schönen Falter denkt, den sie einmal gesehen hat und dadurch bewirkt, dass sie schließlich selbst die Gestalt ihres Vorbildes annimmt“* (Glasenapp 1948, S. 157).

* * * * *

Dieser in den obigen Zitaten von Shankara beschriebene Weg zum Brahman zeigt eine erstaunliche Übereinstimmung mit den Lehren bzw. Ratschlägen der christlichen Mystiker für den Weg zu Gott. So geht es auch Meister Eckhart darum, dass der Mensch sich von allen Äußerlichkeiten abwendet, sein Ich zunichte macht, dass er sich in Abgeschiedenheit und Gelassenheit ganz Gott zuwendet und ununterbrochen an ihn denkt, so dass Gott ständig in ihm gegenwärtig ist.

Hierzu noch einmal einige schon oben (in Kapitel 3.2 d) zitierte Stellen:

„Der Mensch soll Gott in allen Dingen ergreifen und soll sein Gemüt daran gewöhnen, Gott allzeit gegenwärtig zu haben.“ (Meister Eckhart und Quint 1979, „Reden der Unterweisung“ Nr. 6, S. 59)

„Man muss lernen, mitten im Wirken (innerlich) ungebunden zu sein. Es ist aber für einen ungeübten Menschen ein ungewöhnliches Unterfangen, es dahin zu bringen, dass ihn keine Menge und kein Werk behindere — es gehört großer Eifer dazu — und dass Gott ihm beständig gegenwärtig sei und ihm stets ganz unverhüllt zu jeder Zeit und in jeder Umgebung leuchte. Dazu gehört ein gar behender Eifer und insbesondere zwei Dinge: das eine,

dass sich der Mensch innerlich wohl verschlossen halte, auf dass sein Gemüt geschützt sei vor den Bildern, die draußen stehen, damit sie außerhalb seiner bleiben und nicht in ungemäßer Weise mit ihm wandeln und umgehen und keine Stätte in ihm finden. Das andere, dass sich der Mensch weder in seine inneren Bilder, seien es nun Vorstellungen oder ein Erhobensein des Gemütes, noch in äußere Bilder oder was es auch sein mag, was dem Menschen (gerade) gegenwärtig ist, zerlasse noch zerstreue noch sich an das Vielerlei veräußere. Daran soll der Mensch alle seine Kräfte gewöhnen und darauf hinwenden und sich sein Inneres gegenwärtig halten. [...]

Der Mensch muss lernen, bei allen Gaben sein Selbst aus sich herauszuschaffen und nichts Eigenes zu behalten und nichts zu suchen, weder Nutzen noch Lust noch Innigkeit noch Süßigkeit noch Lohn noch Himmelreich noch eigenen Willen." (Meister Eckhart und Quint 1979, „Reden der Unterweisung" Nr. 21, S. 87 ff.)

Auch Angelus Silesius weist immer wieder darauf hin, dass der Mensch sich von allen Äußerlichkeiten und von seinem Eigenwillen abwenden und sich ganz Gott zuwenden muss, damit sich Gott ihm in seinem Inneren offenbart. Auch hierzu noch einmal einige schon oben (in Kapitel 6.2 c) zitierte Verse (alle aus Angelus Silesius und Gnädinger 1986):

WACHEN, FASTEN, BETEN.
„Drei Werke muss man tun, wenn man vor Gott will treten;
Er fordert sonst auch nichts, als: Wachen, Fasten, Beten."
(II, 220)
DAS HÖCHSTE IST STILLE SEIN.
„Geschäftig sein ist gut, viel besser aber beten;
Noch besser stumm und still vor Gott, den Herren, treten."
(II, 19)
JE MEHR DU AUS, JE MEHR GOTT EIN.
„Je mehr du dich aus dir kannst austun und entgießen,
Je mehr muss Gott in dich mit seiner Gottheit fließen."
(I, 138)
DER TOTE WILLE HERRSCHT.
Dafern mein Will ist tot, so muss Gott, was ich will!
Ich schreib ihm selber vor das Muster und das Ziel.
(I, 98)

DER HIMMEL IST IN DIR.
„Halt an, wo laufst du hin? Der Himmel ist in dir!
Suchst du Gott anderswo, du fehlst ihn für und für."
(I, 82)

Und auch zu dem im Daoismus beschriebenen Weg zum Dao (s.o. Kapitel 8.4) zeigt der Weg des Shankara zum Brahman eine große Nähe. Hierzu noch einmal das obige Zitat von Zhuangzi:

„Es ist leicht, das Dao des Berufenen einem Manne kundzutun, der die entsprechende Begabung hat. Wenn ich ihn bei mir hätte zur Belehrung, nach drei Tagen sollte er so weit sein, die Welt überwunden zu haben. Nachdem er die Welt überwunden, wollte ich ihn in sieben Tagen so weit bringen, dass er außerhalb des Gegensatzes von Subjekt und Objekt stünde. Nach abermals neun Tagen wollte ich ihn so weit bringen, dass er das Leben überwunden hätte. Nach Überwindung des Lebens könnte er klar sein wie der Morgen, und in dieser Morgenklarheit könnte er den Einzigen sehen. Wenn er den Einzigen erblickte, so gäbe es für ihn keine Vergangenheit und Gegenwart mehr; jenseits der Zeit könnte er eingehen in das Gebiet, wo es keinen Tod und keine Geburt mehr gibt. Das, was den Tod des Lebens herbeiführt, ist selbst dem Tod nicht unterworfen; das, was das Leben erzeugt, wird selbst nicht geboren. Es ist ein Wesen, das alle Dinge begleitet, das alle Dinge empfängt, das alle Dinge zerstört, das alle Dinge vollendet."
(Zhuangzi und Wilhelm 2002, Buch VI,2; S. 88)

Auch hier geht es also um die Überwindung der Welt und des (individuellen) Lebens sowie um die Erkenntnis des „Einzigen", *„das alle Dinge begleitet, das alle Dinge empfängt, das alle Dinge zerstört, das alle Dinge vollendet."* Und die hierin enthaltene Beschreibung des „Einzigen", des Dao, könnte fast wörtlich für die Beschreibung des Brahman übernommen werden.

9.6 Leben in Einheit mit dem Brahman

Das höchste Ziel des Suchenden ist, wie bereits oben in Kapitel 9.4 genauer beschrieben, die Erfahrung der Einheit mit dem Brahman – dieser Zustand wird von Shankara als „Erleuchtung" bezeichnet. Hierzu noch einmal das schon oben angeführte Zitat von Shankara (dieses und alle folgenden Zitate aus Shankara 1981):

„Der Zustand der Erleuchtung wird folgendermaßen beschrieben: Es besteht das unaufhörliche Bewusstsein der Einheit von Atman und Brahman, und jede Identifizierung des Atman mit seinen Hüllen [dem Körper] ist vergangen. Ebenso ist jede Empfindung einer Dualität aufgehoben. Es herrscht nur noch das reine, einsgewordene Bewusstsein. Wer fest gegründet in diesem Bewusstsein ist, wird erleuchtet genannt." (S. 114)

Dieser Zustand ist also „unaufhörlich" – und in ihm genießt der Mensch *„ewige Seligkeit"* (S. 114).

Es handelt sich hierbei für den Erleuchteten also nicht um ein einmaliges kurzzeitiges Erlebnis, sondern um einen dauerhaften Zustand, den er bereits im diesseitigen Leben erreicht hat (vgl. dazu ähnliche Überlegungen zu Meister Eckhart in Kapitel 3.2 b und zum Daoismus in Kapitel 8.3). Er hat sein „Ich", seine Identifizierung mit „seinem" Körper oder „seinem" Geist überwunden - er ist der Atman, das reine unendliche Bewusstsein und hat inneren Frieden.

So ruft der Schüler in Shankaras „Kleinod der Unterscheidung" nach seinem oben in Kapitel 9.4 geschilderten Erleuchtungserlebnis aus:

„Nichts bindet mich mehr an diese Welt. Ich identifiziere mich nicht länger mit dem physischen Körper oder dem Denkorgan. Ich bin eins mit dem Atman – dem Unsterblichen. Ich bin der Atman – unbegrenzt, rein, unverfänglich, für immer in Frieden." (S. 125)

Und dies ist für den Erleuchteten ein Zustand ewiger größter Freude:

„Ich bin die Seele des Weltalls. Ich bin alle Dinge und über allen Dingen. Ich bin das Eine ohne ein Zweites. Ich bin reines Bewusstsein, allein und allumfassend. Ich bin Freude. Ich bin ewiges Leben." (S. 129)

Und Shankara führt dazu weiter aus:

„Es gibt für den Menschen, der den Atman als sein wahres Sein erfahren hat und der die innerste Seligkeit Atmans gekostet hat, keine größere Freude als diesen Zustand der Stille, in dem alles Verlangen verstummt.

„Was er auch tut, ob er geht, sitzt oder liegt, immer lebt der erleuchtete Seher, dessen Ergötzen der Atman ist, in Freude und Freiheit." (S.131)

„Weder richtete er seine Sinne auf äußere Gegenstände noch zieht er sie von diesen zurück. Er steht unbeteiligt daneben wie ein Zuschauer. Er

verlangt auch nicht Belohnung für seine Handlungen, da er berauscht ist von dem Atman, diesem Nektar reiner Freude. " (S. 135)

Doch wenn der Erleuchtete auch wie ein „unbeteiligter Zuschauer" lebt, so bleibt er dennoch nicht untätig – nur ist nicht er es, der „handelt, leidet oder genießt", denn er ist der Atman als reines unendliches Bewusstsein:

> *„Das Leben fließt vorüber: Er beobachtet es wie ein unbeteiligter Zuschauer. Er identifiziert sich nicht mit dem Körper, den Sinnesorganen und anderem."* (S. 116)

Und der erleuchtete Schüler ruft aus:

> *„Nicht ich sehe, höre, spreche, handle, leide oder genieße. Ich bin der Atman, der Ewige, immer Seiende, jenseits von Handlungen ohne Grenzen und Bindung – nichts als reines unendliches Bewusstsein."* (S. 125)

Dieser Zustand entspricht offensichtlich dem daoistischen „wu wei", das oben in den Kapiteln 8.6 und 8.7 eingehend behandelt wurde. Auch im wu wei des Daoismus handelt nicht mehr der Weise selbst, sondern das Dao handelt durch ihn. Hierzu kurz nochmals einige Kernsätze, die früher schon ausführlicher zitiert wurden:

> *„[Der Berufene] verweilt im Wirken ohne Handeln."*
> (Laotse und Wilhelm 2004, Kapitel 2)
> *„[Der Berufene] macht das Nichtmachen,*
> *so kommt alles in Ordnung."*
> (Laotse und Wilhelm 2004, Kapitel 3)
> *Beim Nichtsmachen bleibt nichts ungemacht."*
> (Laotse und Wilhelm 2004, Kapitel 48)

Das Wirken ohne Handeln *„ist das Wirkenlassen der schöpferischen Kräfte im und durch das eigne Ich, ohne selbst etwas von außen her dazu tun zu wollen."* (Kommentar von Richard Wilhelm zum Daodejing in Laotse und Wilhelm 2004, S. 203)

> *„Wo es aber keinen Handelnden mehr gibt, da gibt es auch kein Handeln mehr. Was zu geschehen hat, das geschieht »spontan« (ziran), es manifestiert sich von selbst und aus sich selbst heraus, un-mittelbar aus der schöpferischen Leere des Dao - und dabei »bleibt nichts ungetan«".* (Kommentar von Stephan Schuhmacher zu Zhuangzi in Zhuangzi 2013, S. 9)

Und Meister Eckhart sagt entsprechend:

„Das allerbeste und alleredelste, wozu man in diesem Leben kommen kann, ist, wenn du schweigst und Gott wirken und sprechen lässt." (Meister Eckhart und Quint 1979, Predigt 57, S. 419)

* * * * *

Die Lehren des Shankara richteten sich wohl zwar überwiegend an Mönche (er selbst war Mönch und hat viele Klöster und Mönchsorden gegründet), und er empfahl seinen Schülern das Leben im Mönchtum gegenüber dem Leben als „Hausvater" (Swami Prabhavananda im Vorwort zu Shankaras „Kleinod der Unterscheidung", Shankara 1981, S.10). Dennoch war für ihn das Mönchtum nicht die Bedingung dafür, Erleuchtung zu erlangen.

Helmuth von Glasenapp schreibt dazu in seiner Abhandlung über Shankaras Philosophie:

„Zu dieser Loslösung vom Irdischen bedarf es nicht einer formellen Weltentsagung, wie sie vom Asketen vollzogen wird. Vielmehr kann sie auch von einem im Hause lebenden Familienvater verwirklicht werden, wenn dieser sich so fühlt wie ein Gast, der auf dem Wege nach seiner wahren Heimat begriffen, den Leiden und Freuden des Leibes keine Bedeutung beilegt und den Gedanken »mir ist nichts zu eigen« hegt. Er lebt ohne Sorge, wenn er sich vergegenwärtigt: »was kommen soll, das kommt und was (verloren) gehen soll, das geht (verloren), all das ist wie das Zusammenballen von Wolken«". (Glasenapp 1948, S. 142)

Diese Überlegungen beziehen sich auf die 16. Strophe in Shankaras „Hundert-Strophen-Gedicht" (Shatasloki), die in englischer Übersetzung lautet:

"The family man though dwelling at home, devoid of any feeling of mineness, (remains) like a guest, longing to reach his own destination (moksha, Brahman) feels not with fervour either the misery or the happiness belonging to the body or mind (i.e., belonging to the home).

Whether it be the body or anything else, what is bound to occur (or come)

will surely occur (or come); what is bound to be missed (or to go) will surely go or be missed, like a gathering of clouds.

He who knows the Truth thus remains at ease."
(Shankara o.D., Strophe 16)

Insbesondere bedarf der Erleuchtete auch nicht mehr irgendwelcher religiöser Übungen und Praktiken und steht über allen moralischen Gesetzen. Shankara sagt hierzu:

„Wenn eine große Seele durch Aufhören aller gedanklichen Zerstreuung vollkommenen Gleichmut gefunden und Brahman erfahren hat, dann bedarf sie für ihre Meditation nicht mehr geheiligter Plätze, ethischer Disziplin, bestimmter Stunden, Haltungen, Vorschriften oder besonderer Meditationsobjekte. Seine Erkenntnis des Atman hängt von keinen bestimmten Umständen oder Bedingungen ab." (S.131)

Entsprechend schreibt Helmuth von Glasenapp über die Lehre von Shankara:

„Der Heilige steht jenseits von Gut und Böse und ist an sich an keine moralischen Gesetze mehr gebunden. Trotzdem ist er mit allen Tugenden wie Demut, Wohlwollen usw. geschmückt – da Selbstsucht und Leidenschaft in ihm erstorben sind, kann er ja anderen gegenüber auch nicht anders sein. Schon von seinem bloßen Wesen geht ein guter Einfluss aus, so wie sich der wohlriechende Duft des Sandelbaumes allen Bäumen um ihn mitteilt." (S. 161)

Hier bezieht er sich wieder auf Shankaras „Hundert-Strophen-Gedicht" (Shatasloki), dessen 2. Strophe in englischer Übersetzung lautet:

"Just as by the fragrance diffused (by) a sandal tree other trees also all around (it) are full of fragrance at all times and afford relief from heat to diverse embodied beings, (so) also they that have gained wisdom from the teacher, with hearts full of compassion, emancipate by their talks all those fortunately situated in their presence (from) the three kinds of suffering (adhyAtma, adhidaivata, adhibhautika) and also (from) the three kinds of sin (body, speech and mind)." (Shankara o.D., Strophe 2)

Der Erleuchtete handelt von sich aus tugendhaft und voller Mitgefühl, ganz unabhängig von äußeren Vorschriften – erfüllt von innerer Weisheit wirkt er allein durch seine Anwesenheit wohltuend auf seine Umwelt und bewirkt Erleichterung und Befreiung.

Diese Unabhängigkeit des Menschen, der die Einheit mit dem Höchsten erreicht hat, von allen äußeren Werken, Geboten und Tugenden findet sich auch in der christlichen Mystik. So sagt Meister Eckhart (zitiert in der päpstlichen Bannbulle gegen ihn, s.o. Kapitel 3.3):

Artikel 17:

„Das äußere Werk ist nicht eigentlich gut und göttlich, und Gott wirkt und gebiert es nicht eigentlich."

Artikel 18:

„Lasst uns nicht die Frucht äußerer Werke bringen, die uns nicht gut machen, sondern innerer Werke, die der Vater, in uns bleibend, tut und wirkt."

Artikel 19:

„Gott liebt die Seelen, nicht das äußere Werk."

(Meister Eckhart und Quint 1979, S. 452)

Ähnlich sagt Angelus Silesius in seinem „Cherubinischen Wandersmann" (s.o. Kapitel 6.2 c, alle Zitate aus Angelus Silesius und Gnädinger 1986):

„DAS HÖCHSTE IST STILLE SEIN.

Geschäftig sein ist gut, viel besser aber beten;

Noch besser stumm und still vor Gott, den Herren, treten."

(II, 19, wie schon oben zitiert)

„GOTT IST OHNE WILLEN.

Wir beten: es gescheh, mein Herr und Gott, dein Wille!

Und sieh, er hat nicht Will: er ist ein ewge Stille."

(I, 294)

„DAS STILLSCHWEIGENDE GEBET.

Gott ist so über alls, dass man nichts sprechen kann:

Drum betest du ihn auch mit Schweigen besser an."

(I, 240)

Und schließlich schreibt Marguerite Porete in ihrem „Spiegel der einfachen Seelen" (s.o. Kapitel 4.7):

„Diese [befreite] Seele, die von solcher Art ist, sucht Gott nicht mehr durch Bußübungen und im Empfang der Sakramente der Heiligen Kirche, auch nicht in Gedanken, Worten und Werken oder durch Geschöpfe hier unten oder dort droben, weder durch Gerechtigkeit noch Barmherzigkeit oder Ehre über Ehre, weder durch göttliche Erkenntnis noch durch göttliche Liebe oder göttlichen Lobpreis." (Marguerite Porete und Kern 2011, Kapitel 85, S. 139 f.)

Unter anderem diese Überzeugung war es wohl, wie schon oben in Kapitel 4.7 erwähnt, die die Amtskirche dazu bewog, sie zum Schweigen zu bringen, indem sie sie als Ketzerin verurteilte und damit dem Scheiterhaufen überantwortete.

Wie anders als die Einstellung der Kirche hört sich doch Shankaras Wertschätzung des Erleuchteten an, über die Helmut von Glasenapp, wie oben zitiert, schreibt:

„Schon von seinem bloßen Wesen geht ein guter Einfluss aus, so wie sich der wohlriechende Duft des Sandelbaumes allen Bäumen um ihn mitteilt." (Glasenapp 1948, S. 161)

Abschießend kann also festgehalten werden, dass die Mystik des Hinduismus, insbesondere des Advaita-Vedanta, eine erstaunliche Nähe zur christlichen Mystik zeigt, oder umgekehrt: dass die tiefsten mystisch-spirituellen Gedanken des Hinduismus auch im Christentum, wenn auch zeitweise unterdrückt und unter der Oberfläche verborgen, enthalten sind.

9.7 Hinduistische Mystik in der jüngeren Vergangenheit – Ramana Maharshi

Bisher wurden zur Untersuchung der hinduistischen Mystik, insbesondere des Advaita-Vedanta, überwiegend klassische Texte aus dem ersten Jahrtausend n. Chr. herangezogen. Die Tradition dieser mystischen Richtung reicht jedoch bis in die Gegenwart – insbesondere gegen Ende des 19. Jahrhunderts ragten einige ihrer Vertreter heraus, die bis heute nicht nur in Indien als große spirituelle Lehrer verehrt werden.

Es sind dies vor allem Ramakrishna (1836 – 1886), Vivekananda (1863 – 1902) und Ramana Maharshi (1879 – 1950).
Ramakrishna wurde schon oben in Kapitel 9.4 genannt. Er folgte nach eigener Aussage verschiedenen mystischen Wegen und war der Überzeugung, dass alle Religionen zu demselben Ziel, der Verwirklichung Gottes führen (Wolz-Gottwald 2011, S.163; Fischer-Schreiber 1994, S. 303).
Von seinem Schüler Vivekananda wurde oben (in Kapitel 9.1) bereits erwähnt, dass er gegen Ende des 19. Jahrhunderts dazu beitrug, dass die

Lehre des Advaita-Vedanta auch in der westlichen Welt weithin bekannt wurde (s. z.B. Vivekānanda und Friedrichs 2010, S. 23 f.).

In Kapitel 9.4 wurden einige Zitate von ihm angeführt, die ebenfalls zum Inhalt hatten, dass seiner Meinung nach alle Religionen durch denselben Gott inspiriert sind, der alle ihre Lehren durchzieht, und dass alle vermeintlichen Unterschiede nur dadurch entstehen, dass sie Gott aus verschiedenen Perspektiven betrachten.

Der vielleicht bedeutendste und einflussreichste dieser Advaita-Vedanta-Vertreter der jüngeren Vergangenheit ist jedoch Ramana Maharshi, der von seinen Anhängern bis heute als Heiliger verehrt wird, und der auch im Westen viele geistig Suchende inspiriert hat.

Ramana Maharshi wurde 1879 in Südindien geboren. Im Alter von 16 Jahren hatte er eine eigene Todeserfahrung, die ihn zu der Einsicht brachte, dass sein wahres Wesen unvergänglich ist und nichts mit seinem Körper, seinem Denken und seiner individuellen Persönlichkeit zu tun hat. Er verließ daraufhin seinen Heimatort und wanderte zu dem in Indien als heilig verehrten Berg Arunachala, wo er bis an sein Lebensende im Jahre 1950 blieb, und zwar im permanenten Zustand der Einheit mit seinem inneren Selbst (s.u.). Nachdem er zunächst einige Zeit in schweigender Mediation verbracht hatte, öffnete er sich dem Gespräch mit Schülern und Gästen, die ihn in seinem Ashram aufsuchten. (Zu seiner Biografie s. Mudaliar 2011, Einführung S. 11 ff. und ausführlich Ebert 2003)

Er selbst hat kaum eigene Schriften verfasst. Überliefert sind überwiegend Gespräche von ihm mit seinen Besuchern, die aufgezeichnet und veröffentlicht wurden. Aus diesen stammen die meisten seiner folgenden Zitate.

Zur Darstellung der Lehre von Ramana Maharshi soll im Folgenden entsprechend dem bisherigen Vorgehen wieder eine Unterteilung der verschiedenen Aspekte gemacht werden:

    a. Das Selbst als innerer Wesenskern des Menschen
    b. Die Vereinigung mit dem Selbst – die Selbstverwirklichung
    c. Der Weg zum Selbst
    d. Leben im Selbst

Hierbei ist jedoch zu beachten, dass Ramana Maharshi die Formulierungen seiner Lehre jeweils der Aufnahmefähigkeit sowie dem Erkenntnis- und Entwicklungsstand seiner Zuhörer angepasst hat. Er selbst sagt dazu:

„Ich lehre nicht nur Ajata, sondern erkenne alle Richtungen an. Die eine Wahrheit muss auf verschiedene Weise ausgedrückt werden, um der Aufnahmefähigkeit des Zuhörers zu entsprechen. Die Ajata-Lehre besagt: nichts existiert, außer die eine Wirklichkeit. Es gibt weder Geburt noch Tod, keine Projektion, keinen spirituell Übenden (Sadhaka), keinen, der nach Befreiung strebt, keinen Befreiten, keine Bindung und keine Befreiung. Einzig das Eine existiert für immer. Wer diese Wahrheit nicht verstehen kann und fragt: »Wie können wir diese Welt, die wir eindeutig um uns herum wahrnehmen, ignorieren?«, *der wird auf das Traumerlebnis verwiesen. Man sagt ihm, dass alles, was er sieht, auf dem Sehenden beruht. Unabhängig vom Sehenden gibt es nichts Gesehenes. Dieses Argument heißt Drishti-Srishti. Es geht davon aus, dass der Geist die Objekte zuerst erschafft und sie dann wahrnimmt. Wer auch das nicht versteht und argumentiert:* »Das Traumerlebnis ist kurz, während die Welt immer existiert. Das Traumerlebnis habe nur ich, während die Welt nicht nur von mir, sondern von allen wahrgenommen wird. Deshalb können wir nicht sagen, dass sie nicht existiert«, *für den wird das Srishti-Drishti-Argument angeführt:* »Gott hat nacheinander aus den verschiedenen Elementen die Dinge erschaffen.« *Das allein wird diese Menschen zufriedenstellen. Wenn jemand fragt:* »Wie können Geographie, Karten, Wissenschaften, Sterne und Planeten, Naturgesetze und das ganze Wissen der Menschheit falsch sein?«, *muss man ihm antworten:* »Gott hat das alles erschaffen und deshalb nimmst du es wahr.«"

Ein Besucher wandte daraufhin ein: *„Aber nicht alles kann richtig sein. Nur eine Lehre kann stimmen."*
Ramana Maharshi erwiderte: *„Es dient nur dazu, der Aufnahmefähigkeit des Lernenden zu entsprechen. Das Absolute kann nur eines sein."* (Mudaliar 2011, S. 157 f.)

a. Das Selbst als innerer Wesenskern des Menschen

Auch Ramana Maharshi vertritt die oben ausführlicher beschriebene Lehre des Advaita-Vedanta, wonach der innerste Wesenskern des Menschen, der von ihm meistens als das „Selbst" bezeichnet wird, zugleich der Urgrund und Ursprung der Welt ist. Es ist die einzige unteilbare Wirklichkeit, aber es kann nicht beschrieben, nicht definiert werden; es kann jedoch von jedem unmittelbar erfahren werden.

„*Das, in dem alle diese Welten dauerhaft zu existieren scheinen, das, dessen Besitz alle diese Welten sind, das, woraus alle diese Welten entstehen, das, wofür alle diese Welten existieren, das, wodurch alle diese Welten in Erscheinung treten, und das, was in der Tat dies alles ist – das allein ist die existierende Wirklichkeit. Lasst uns dieses Selbst, das die Wirklichkeit ist, im Herzen hochhalten.*" (Ramana Maharshi 2006, S. 15)

„*Das Selbst ist immer gegenwärtig. […] Es ist ewig und gleichbleibend. […] Es ist weder Licht noch Finsternis. Es ist nur, was es ist, und kann nicht definiert werden. Die beste Definition ist »Ich bin, der ich bin.« […] Es ist nur Sein, aber verschieden vom Wirklichen und Unwirklichen; es ist Erkenntnis, aber verschieden von Wissen und Nichterkenntnis. Wie kann man es überhaupt definieren? Es ist einfach Sein.*" (Ramana Maharshi 2006, S. 20)

(Man vergleiche den Satz „*Ich bin, der ich bin*" mit dem entsprechenden Ausdruck in 2. Moses 3, 14, worauf Ramana Maharshi hier offenbar anspielt, wie er auch in anderen Zusammenhängen häufiger Bibelstellen zitiert– dieser Ausdruck im Alten Testament kann allerdings auch mit „*Ich bin, der ich sein werde*" übersetzt werden.)

An anderer Stelle sagt Ramana Maharshi:

„*dass der ganze Vedanta in den beiden biblischen Worten enthalten sei: »Ich bin, der ich bin« und »Sei still und erkenne, dass Ich Gott bin!«*", worin sich das zweite biblische Zitat auf Psalm 46, 11 bezieht. (Ramana Maharshi 2003, S. 311)

Das Selbst ist, je nach Perspektive, Atman und Brahman; es ist seiner Natur nach Einheit; in ihm fallen Seher und Gesehenes, Subjekt und Objekt zusammen:

„*Es gibt aber ein Etwas, das allen drei Zuständen – Wachen, Träumen und Tiefschlaf – zugrunde liegt: Es wird im Hinblick auf den Menschen atma, das Selbst, im Hinblick auf die Welt als Ganzes Brahman, der Höchste Geist, genannt.*

Solange atma, das Selbst, oder Brahman, der Höchste Geist, nicht offenbar ist, gibt es die Zweiheit im Relativen nicht, weder Subjekt und Objekt, weder Seher noch Gesehenes. Wird bei der Suche bis zur letzten Ursache des Offenbarwerdens vorgedrungen, dann stellt sich heraus, dass der Geist nur eine Kundgebung der wahren Wirklichkeit ist, die atma oder Brahman genannt wird. Der Geist wird auch als »Gedankenkörper« bezeichnet, die individuelle Seele als jiva." (Ramana Maharshi 2003, S. 34)

Das Selbst ist für Ramana Maharshi nicht nur unmittelbar erfahrbar, es ist das Bewusstsein selbst, das immer vorhanden ist:

„Frage: »Kann das Selbst direkt erfahren werden?«

Bhagavan: »Das Selbst ist, wie es ist. Es wird beständig erfahren. Es gibt keine zwei Selbste, von denen das eine das andere erkennt. Es zu kennen heißt, es zu sein. Es ist kein Zustand, in dem man sich einer Sache bewusst ist. Es ist Bewusstsein [selbst]." (Mudaliar 2011, S. 93)

In der englischen Ausgabe heißt diese Textstelle:

"it is consciousness itself" (Mudaliar 2006)

Die äußere materielle Welt hingegen ist für Ramana Maharshi, wie auch schon für Shankara, eine Täuschung, eine Illusion („Maya", s.o. Kapitel 9.2). Er sagt dazu:

„Es ist folgende Frage aufgetaucht: Es heißt, dass Brahman wirklich und die Welt eine Illusion ist. Andererseits heißt es auch, dass das ganze Universum ein Abbild Brahmans ist. Wie gehen diese beiden Behauptungen zusammen?

Dem Sadhaka (spirituell Übenden) muss man sagen, dass die Welt eine Illusion ist. Es gibt keine andere Möglichkeit, denn wenn ein Mensch vergisst, dass er das wirkliche, immerwährende und allgegenwärtige Brahman ist und sich selbst täuscht, indem er denkt, er sei ein Körper im Universum, das voller vergänglicher Körper ist, und sich mit dieser Täuschung plagt, dann muss man ihn daran erinnern, dass die Welt unwirklich und eine Täuschung ist. Warum? Weil er sein eigenes Selbst vergessen hat und in der äußeren, materiellen Welt weilt. Er wird sich erst dann in einer Selbstprüfung nach innen wenden, wenn du ihm einschärfst, dass diese ganze äußere, materielle Welt unwirklich ist. Wenn er einmal sein eigenes Selbst erkennt und versteht, dass es nichts anderes als sein eigenes Selbst gibt, wird er die ganze Welt als Brahman betrachten.

Ohne das eigene Selbst gibt keine Welt. Solange ein Mensch sein eigenes Selbst nicht sieht, das der Ursprung von allem ist, sondern lediglich die äußere Welt als wahr und dauerhaft betrachtet, muss man ihm sagen. dass diese ganze äußere Welt eine Illusion ist. Es geht nicht anders. Nimm als Beispiel ein Stück Papier. Wir sehen nur die Schrift darauf und keiner bemerkt das Papier, worauf die Schrift geschrieben steht. Das Stück Papier ist da, ob etwas darauf steht oder nicht. Jenen, die die Schrift als wirklich betrachten, muss man sagen, dass sie unwirklich und eine Illusion ist, da sie auf dem Papier basiert. Der Weise sieht beides als eines, das Papier und die Schrift. Ebenso ist es für ihn mit Brahman und der Welt." (Nagamma 2011, S.111 f.)

* * * * *

Ramana Maharshi spricht des Öfteren von dem „spirituellen Herzen" als dem Sitz des Selbst. Dieses spirituelle Herz befindet sich im Inneren des Menschen, ist aber nicht identisch mit dem physischen Herz. Auf die Frage eines Besuchers: *„Shri Bhagavan spricht vom Herzen als dem Sitz des Bewusstseins und als identisch mit dem Selbst. Was bedeutet hier das Herz?"*, antwortet er:

„Benennen Sie es mit jedem beliebigen Namen, Gott, Selbst, Herz oder Sitz des Bewusstseins, es ist alles das gleiche. Was man erfassen muss, ist, dass das Herz der Kern unseres Seins ist, das Zentrum, ohne das es nichts gibt."(Ramana Maharshi 2006, S. 27)

An anderer Stelle sagt er auf die Frage eines Besuchers hin, wo das „Herz" sei:

„Mit »Herz« ist nicht das physische Herz gemeint; es ist spiritueller Natur. Hridayam bedeutet hrit plus ayam: »Dies ist das Zentrum«. »Herz« ist das, aus dem die Gedanken aufsteigen, von dem sie sich nähren und in dem sie sich auflösen. Aus den Gedanken besteht der Geist, und sie sind es, die das Universum gestalten. Das » Herz« ist das Zentrum von allem." (Ramana Maharshi 2003, S. 96)

In weiteren Gesprächen sagt er über das „spirituelle Herz" beispielsweise:

[Das »Herz« ist] *„der Sitz des Selbst"* (S. 62);

„Das »Herz« ist der Sitz der spirituellen Erfahrung" (S. 178);

„Das »Herz« ist das Zentrum des Seins" (S. 520)

(alle Zitate aus Ramana Maharshi 2003).

Nimmt man an, dass das Selbst bei Ramana Maharshi in etwa dem christlichen Gott bzw. der Gottheit entspricht, so bietet sich der Vergleich des

„spirituellen Herzens" mit dem „Seelenfünklein" von Meister Eckhart an, von dem dieser sagt (s.o. Kapitel 3.2 a):

„Ich habe zuweilen von einem Lichte gesprochen, das in der Seele ist, das ist ungeschaffen und unerschaffbar. Dieses nämliche Licht pflege ich immerzu in meinen Predigten zu berühren. Und dieses selbe Licht nimmt Gott unmittelbar, unbedeckt entblößt auf, so wie er in sich selbst ist; und zwar ist das ein Aufnehmen im Vollzuge der Eingebärung. [...]

Darum sage ich: Wenn sich der Mensch abkehrt von sich selbst und von allen geschaffenen Dingen - so weit du das tust, so weit wirst du geeint und beseligt in dem Fünklein in der Seele, das weder Zeit noch Raum je berührte. Dieser Funke widersagt allen Kreaturen und will nichts als Gott, unverhüllt, wie er in sich selbst ist." (Quint 1957, Predigt 34, S. 315 f.)

Es scheint also so, dass beide Mystiker hier von verschiedenen religiösen Kulturen her von demselben spirituellen Phänomen, ja von derselben mystischen Erfahrung sprechen.

b. Die Vereinigung mit dem Selbst – die Selbstverwirklichung

Die Selbstverwirklichung besteht für Ramana Maharshi darin, dass sich der Mensch unmittelbar bewusst ist, dass das Selbst sein eigener innerer Wesenskern ist, sein allein wirkliches, unvergängliches, unveränderliches „Ich".

Dabei wird bei der Selbstverwirklichung vom Menschen im Grunde nichts Neues erworben - er ist und war schon immer das Selbst, aber diese Erkenntnis wird überdeckt durch sein „Nichtwissen", durch die irrige Vorstellung, dass er ein vom allumfassenden Selbst getrenntes Individuum ist, dass er diesen Zustand der Einheit mit dem Selbst erst durch mühevolle Anstrengung (wieder) erwerben muss.

Er sagt dazu:

„Dieses [unendliche] Bewusstsein ist das Selbst; jeder wird Seiner gewahr. Niemand ist jemals vom Selbst entfernt; also ist jeder Selbst-verwirklicht. Welch ein Mysterium, dass man diese Grundtatsache nicht kennt und daher das Selbst zu verwirklichen wünscht! Dieses Nichtwissen stellt die Folge der Verwechslung des Körpers mit dem Selbst dar. Daher besteht die Verwirklichung darin, den Irrtum loszuwerden, dass man nicht verwirklicht

sei. Die Verwirklichung ist nichts, was neu erlangt wird. Um dauerhaft zu sein, muss sie bereits vorhanden sein, sonst wäre sie nicht wert, dass man sich um sie bemüht. Nachdem die falsche Ansicht »Ich bin der Körper« oder »Ich habe nicht verwirklicht« beseitigt ist, bleibt das Höchste Bewusstsein — das Selbst — allein übrig; das wird »Verwirklichung« genannt. Die Wahrheit ist jedoch, dass »Verwirklichung« ewig und schon hier und jetzt da ist. Tatsächlich läuft die Verwirklichung auf nichts mehr und nichts weniger als auf die Beseitigung des Nichtwissens hinaus." (Ramana Maharshi 2003, S. 432)

Auf die Frage eines Schülers hin, was ein Mensch sieht, der das Selbst verwirklich hat, antwortet Ramana Maharshi:

„Es gibt kein Sehen. Sehen ist lediglich Sein. Der Zustand der sogenannten Selbstverwirklichung bedeutet nicht, etwas Neues zu erlangen oder ein Ziel zu erreichen, das weit weg ist, sondern einfach zu sein, was man immer ist und immer schon war. Du musst lediglich damit aufhören, das Unwirkliche als wirklich zu betrachten. Wir alle verwirklichen das, was nicht wirklich ist, indem wir es für wirklich halten. Dies müssen wir aufgeben. Dann werden wir das Selbst als das Selbst erkennen oder in anderen Worten, es sein. Man wird einmal über sich selber lachen, dass man versucht hat, das Selbst zu entdecken, das doch so offensichtlich ist. Wie also können wir deine Frage beantworten? Dieser Zustand überschreitet den Seher und das Gesehene. Es gibt keinen Seher, der etwas sehen könnte. Der Seher, der jetzt alles sieht, hört zu existieren auf und nur das Selbst bleibt übrig." (Mudaliar 2011, S. 268)

Ramana Maharshi bringt hierzu das Gleichnis von zehn Männern, die einen Fluss überquert haben und sich vergewissern wollen, dass alle zehn am anderen Ufer angekommen sind. Sie zählen alle durch und kommen jeweils nur auf neun, da sie jedes Mal sich selbst nicht mitzählen. Und sie beginnen zu weinen, weil sie offenbar einen ihrer Kameraden verloren haben (auch wenn sie nicht feststellen können, wer von ihnen fehlt, weil offensichtlich alle noch vorhanden sind). Endlich erlöst sie ein vorübergehender Wanderer von ihrem Irrtum, indem er der Reihe nach jedem Mann einen Schlag gibt und dabei von eins bis zehn zählt, wodurch den Männern klar wird, dass alle zehn noch vorhanden sind.
Ramana Maharshi sagt dazu:

„Woher kam denn der zehnte Mann? War er je verlorengegangen? Hatten sie, indem sie einsahen, dass immer alle dagewesen waren, etwas Neues gelernt? Die Ursache ihres Kummers war nicht der wirkliche Verlust von jemandem, sondern ihre eigene Erkenntnislosigkeit, ihre Vorstellung, jemanden verloren zu haben.

Das ist auch bei Ihnen [einem Besucher] der Fall. Es gibt keinen Grund für Sie, elend und unglücklich zu sein. Sie selbst überdecken Ihr wahres Wesen mit Begrenzungen und weinen darüber, dass sie ein begrenztes Geschöpf sind. [...]

Deshalb sage ich: Erkennen Sie, dass Sie wirklich das unendliche reine Sein sind, das Selbst. Sie sind immer das Selbst und nichts als das Selbst. Ihre Nichterkenntnis ist nur eine Einbildung, wie sich die zehn Narren den Verlust des zehnten Mannes einbildeten; diese Erkenntnislosigkeit verursachte ihren Kummer.

Erkennen Sie also, dass wahre Erkenntnis kein neues Sein für Sie schafft, sie beseitigt nur Ihre Nicht-Erkenntnis. Seligkeit wird nicht Ihrer Natur hinzugefügt, sie wird nur als Ihr wahrer natürlicher Zustand enthüllt, ewig und unvergänglich. Die einzige Möglichkeit, Ihren Kummer loszuwerden, besteht darin, Ihr Selbst zu erkennen und zu sein." (Ramana Maharshi 2006, S. 34 ff.)

So wie also die zehn Narren jedes Mal vergaßen, sich selbst mitzuzählen, so übersehen wir unser Selbst. Und bei der Selbsterkenntnis, der Selbstverwirklichung erreichen wir nicht einen neuen Zustand, sondern wir erkennen lediglich, dass unser Selbst immer vorhanden war, dass wir im Grunde dieses Selbst sind und dass alle anderen Vorstellungen nur Einbildungen, Täuschungen sind.

Diesen Grundgedanken erläutert Ramana Maharshi ähnlich anhand eines anderen Gleichnisses von einer Halskette. Auf die Frage einer Besucherin hin, was der beste Weg zur Selbstverwirklichung ist, antwortet er:

„Wäre die Verwirklichung etwas außerhalb von Ihnen, dann könnte man einen Weg zeigen, der zum Individuum und seinen Fähigkeiten passt. Dann aber würde sich auch die Frage erheben. ob das durchführbar sei, und wenn ja, in welcher Zeit. Hier aber bezieht sich die Verwirklichung auf das Selbst. Sie können gar nicht ohne das Selbst sein; Es ist also immer verwirklicht. Die Erkenntnis ist jetzt verdunkelt durch die gegenwärtige Vorstellung, die Sie von der Welt haben. Sie sehen die Welt jetzt außerhalb von sich, und

diese Idee verdunkelt Ihr wahres Wesen. Alles, was nottut, ist, dieses Nichtwissen zu beseitigen, dann offenbart sich das Selbst. Alle Bemühungen sind nur darauf gerichtet, die gegenwärtige Verdunkelung der Wahrheit zu beenden.

Eine Frau trägt eine kleine, kostbare Halskette um den Hals. Sie denkt nicht mehr daran und meint, sie verloren zu haben. Sie sucht überall und findet sie nicht. Sie fragt ihre Freundinnen, ob diese sie vielleicht irgendwo gesehen hätten, bis eine von ihnen schließlich auf den Hals der Frau zeigt und ihr sagt, sie solle doch einmal dort fühlen. Die Suchende tut es und ist glücklich, ihre verloren geglaubte Halskette gefunden zu haben. Wiederum, wenn sie den anderen Freundinnen begegnet und diese sie fragen, ob sie die verlorene Kette wiedergefunden habe, bejaht sie es, so als wäre sie wirklich verloren gewesen und später wiedergefunden worden. Ihre Freude, die Kette wieder entdeckt zu haben, ist die gleiche, wie wenn etwas wirklich Verlorenes wiedergefunden worden wäre. Tatsächlich hat sie den Schmuck weder verloren noch wiedergefunden. Und doch war sie unglücklich und ist jetzt glücklich. So ist es mit der Verwirklichung des Selbst. Es ist immer verwirklicht. Jetzt ist diese Verwirklichung verborgen. Wird der Schleier entfernt, dann ist der Betreffende glücklich über die Wiederentdeckung des ewig-verwirklichten Selbst.

Was soll man nun tun, um das gegenwärtige Nichtwissen zu überwinden? Bemühen Sie sich eifrig um wahre Erkenntnis. In dem Maße, in dem Ihr Eifer zunimmt, wird das falsche Wissen abnehmen, bis es schließlich ganz verschwindet.“ (Ramana Maharshi 2003, S. 440 f.)

Auf die Frage eines Besuchers, wie er selbst die Selbstverwirklichung erlebt, antwortet Ramana Maharshi:

„Wenn wir davon sprechen, das Selbst zu erkennen, müsste es zwei Selbste geben, ein erkennendes und ein erkanntes Selbst sowie den Prozess des Erkennens. Der Zustand, den wir »Verwirklichung« nennen, ist einfach, sich selbst zu sein und nicht etwas zu wissen oder zu werden. Wenn man verwirklicht hat, ist man das, was einzig ist und was immer schon war. Man kann es nicht beschreiben, sondern nur sein. Wir reden leichthin von »Selbstverwirklichung«, da es keinen besseren Begriff dafür gibt. Aber wie soll man das verwirklichen oder wirklich machen, was allein wirklich ist? Wir alle verwirklichen das Unwirkliche, indem wir es für wirklich halten. Diese Angewohnheit müssen wir aufgeben. Jede spirituelle Übung,

gleichgültig welcher Lehre sie folgt, ist nur dazu gedacht. Wenn wir damit aufhören, das Unwirkliche für wirklich zu halten, bleibt allein die Wirklichkeit übrig, und die sind wir." (Mudaliar 2011, S. 161)

(Zu der Aussage: *„Man kann es nicht beschreiben, sondern nur sein"* vergleiche den oben in Kapitel 6.2 b schon zitierten Vers von Angelus Silesius::

WIE SIEHT MAN GOTT?

Gott wohnt in einem Licht, zu dem die Bahn gebricht:
Wer es nicht selber wird, der sieht ihn ewig nicht.

(Angelus Silesius und Gnädinger 1986; I, 72))

Und über den Zustand des Selbstverwirklichten sagt er:

„Die Leute befürchten, dass das Ergebnis der Zerstörung des Egos eine Leere und nicht Glück bringt. Was wirklich geschieht ist, dass der Denker, das Objekt seiner Gedanken und der Vorgang des Denkens in der einen Quelle aufgehen, die Bewusstheit und Seligkeit ist. Deshalb ist dieser Zustand weder unbewusst noch leer. Ich verstehe nicht, warum die Leute sich vor diesem Zustand fürchten, in dem alle Gedanken aufhören und der Geist zerstört ist. Sie erleben ihn jeden Tag im Tiefschlaf, in dem es keinen Geist und keinen Gedanken gibt. Doch wenn man aufwacht, sagt man: »Ich habe selig geschlafen.«" (Mudaliar 2011, S. 90)

c. Der Weg zum Selbst

Ramana Maharshi wurde immer wieder von seinen Schülern und Besuchern gefragt, welcher Weg zur Selbstverwirklichung der beste sei. Obwohl er viele verschiedene Wege als Übung und Vorbereitung für geeignet hielt, empfahl er jedoch zwei von ihnen als letztlich zum Ziele führend, den Weg der Hingabe (Bhakti) und den der Selbsterkenntnis, der Selbstergründung (Jnana). Beide Wege kommen am Ende zu demselben Ziel, der Aufgabe des persönlichen Ich (des „Ego") und damit zum Aufgehen im allumfassenden Selbst.

Auf die Frage hin, was der beste Weg ist, um das Ego zu töten, antwortet Ramana Maharshi:

„Der beste Weg ist der, der einem am leichtesten fällt und am meisten ent-spricht. Alle Wege sind gleich gut, da sie zum selben Ziel führen, nämlich das Ego im Selbst aufzuheben. Was der Bhakta [einer, der Bhakti übt] Hin-gabe nennt, nennt der, der Vichara [Selbsterforschung] übt, Jnana". (Muda-liar 2011, S. 55)

Und als Antwort auf die Frage, was Brahman sei, sagt er:

„Warum wollen Sie wissen, was Brahman ist? Existiert Es getrennt von Ihnen? Die Schrift sagt: »*Du bist Das*«. *Das Selbst ist Ihnen ganz nah; Sie können nicht ohne Es sein. Erkennen Sie das Selbst! So verwirklichen Sie auch Brahman.*

Frage: »*Aber ich bin nicht imstande dazu. Ich bin zu schwach, um mein Selbst zu erkennen.*«

Maharshi: »*In diesem Fall müssen Sie sich ohne Vorbehalt ausliefern. Dann wird sich die Höhere Macht von selbst offenbaren.*«

Frage: »*Was habe ich unter bedingungsloser Auslieferung zu verste-hen?*«

Maharshi: »*Wenn man sich der Höheren Macht überlassen hat, bleibt niemand mehr, der Fragen stellen könnte. Entweder werden die Gedanken beseitigt, indem man am Wurzelgedanken* »*ich*« *festhält, oder man liefert sich bedingungslos der Höheren Macht aus. Dies sind die einzigen Wege zur Verwirklichung.*«*"* (Ramana Maharshi 2003, S. 291 f.)

(1) Der Weg der Hingabe

Zum Wesen der Hingabe sagt Ramana Maharshi zu einem Besucher (Dr. Syed):

„Dr. Syed fragte Bhagavan: »*Verlangt völlige Hingabe nicht, dass man nicht einmal mehr die Befreiung oder Gott will?*«

Bhagavan: »*Völlige Hingabe verlangt, dass du keinen eigenen Wunsch mehr hast und dass nur noch Gottes Wunsch der deine ist.*«

Dr. Syed: »*Wie kann man diese Hingabe erreichen?*«

Bhagavan: »*Es gibt zwei Wege: Entweder man erforscht die Quelle des Ich und geht in diese Quelle ein oder man spürt, dass man selbst völlig hilflos ist. Gott allein ist allmächtig und es gibt keine andere Sicherheit für mich, als mich völlig auf ihn zu werfen. Dadurch gelangt man allmählich zu der Überzeugung, dass allein Gott existiert und das Ego nicht zählt. Beide Methoden führen zum selben Ziel.«"* (Mudaliar 2011, S. 147)

Ähnlich sagt er an anderer Stelle:
„Die Hingabe ist nicht vollständig, solange der Verehrer etwas vom Herrn will. Wahre Hingabe ist die Liebe zu Gott einzig um der Liebe willen, nicht einmal um der Befreiung willen." (Mudaliar 2011, S. 218)
Und einem anderen Besucher antwortet er auf seine Frage:
„Frage 3: »Ich finde die Hingabe einfacher und möchte diesen Weg gehen.«
Antwort: »Welchen Weg du auch immer gehst, du musst dich im Einen verlieren. Die Hingabe ist erst dann vollständig, wenn du sagen kannst: ›Du bist alles und Dein Wille geschehe.‹«". (Mudaliar 2011, S. 97)
Dieses letzte Zitat spielt offensichtlich auf die beiden entsprechenden Aussagen von Jesus in der Bibel an:
„Dein Wille geschehe wie im Himmel so auf Erden" (Matthäus 6, 10) im Vaterunser und *„Vater, willst du, so nimm diesen Kelch von mir; doch nicht mein, sondern dein Wille geschehe!"* (Lukas 22, 42) im Garten Gethsemane.

* * * * *

Ramana Maharshis Weg der Hingabe, der völligen Aufgabe des eigenen Willens und der alleinigen Hingabe an Gottes Willen, zeigt eine große Nähe zu ähnlichen Aussagen christlicher Mystiker, von denen hier einige noch einmal kurz zusammengestellt werden sollen. So sagt Meister Eckhart (wie schon in Kapitel 3.2 d zitiert):
„Der Mensch muss lernen, bei allen Gaben sein Selbst aus sich herauszuschaffen und nichts Eigenes zu behalten und nichts zu suchen, weder Nutzen noch Lust noch Innigkeit noch Süßigkeit noch Lohn noch Himmelreich noch eigenen Willen." (Meister Eckhart und Quint 1979, „Reden der Unterweisung" Nr. 21, S. 90)

An anderer Stelle sagt er entsprechend (aus der päpstlichen Bannbulle, s. Kapitel 3.3):
„8. Die nach nichts trachten, weder nach Ehren noch nach Nutzen noch nach innerer Hingabe noch nach Heiligkeit noch nach Belohnung noch nach dem Himmelreich, sondern auf dieses alles verzichtet haben, auch auf das,

was das Ihrige ist, – in solchen Menschen wird Gott geehrt." (Meister Eckhart und Quint 1979, S. 451)

In der „Theologia Deutsch" finden sich ähnliche Gedanken, z.B. im 27. Kapitel (s.o. Kapitel 5.2):
„Das 27. Kapitel
WIE MAN DAS VERSTEHEN SOLL, DASS CHRISTUS SPRICHT, MAN SOLLE ALLE DINGE VERLIEREN, UND WORAN DIE WAHRE VEREINIGUNG MIT DEM GÖTTLICHEN WILLEN GELEGEN SEI.

Worin besteht nun die Vereinigung? Darin, dass man lauterlich und einfältiglich und gänzlich in der Wahrheit einfältig sei mit dem einfältigen ewigen Willen Gottes oder zumal ohne Willen sei und dass der geschaffene Wille geflossen sei in den ewigen Willen und darin verschmolzen sei und zu nichte geworden sei also, dass der ewige Wille allein daselbst wolle, tue und lasse." (Pfeiffer 1886, 27. Kapitel)

In demselben Sinne schreibt auch Angelus Silesius (s.o. Kapitel 6.2 d) (Zitate aus Angelus Silesius und Gnädinger 1986):
„DIE ICHHEIT SCHAFFT NICHTS.
Mit Ichheit suchest du bald die, bald jene Sachen:
Ach, ließest dus doch Gott nach seinem Willen machen!"
(I, 279)
„SEINE GEBOTE SIND NICHT SCHWER.
Mensch, lebest du in Gott und stirbest deinem Willen,
So ist dir nichts so leicht, als sein Gebot erfüllen."
(I, 281)
„DIE GEHEIMSTE GELASSENHEIT.
Gelassenheit fängt Gott: Gott aber selbst zu lassen,
Ist ein Gelassenheit, die wenig Menschen fassen."
(II, 92)

Und die schon in Kapitel 4.7 ausführlicher besprochenen Marguerite Porete, die in ihrem Werk „Der Spiegel der einfachen Seelen" sieben Stufen bzw. Seinszustände auf dem Weg zu Gott beschreibt, schreibt ganz ähnlich über die fünfte Stufe:
„Nun sieht das Wollen [der Seele] durch das Licht der Ausbreitung des göttlichen Lichtes (welches Licht sich einem solchen Wollen gibt, um dieses

Wollen in Gott zurückzuversetzen, was ohne die Gabe eines solchen Lichts nicht sein kann), dass es von sich keinen Nützen haben kann, wenn es sich nicht von seinem eigenen Wollen trennt. Denn seine Natur ist bösartig durch die Hinneigung zum Nichts, von dem die Natur niedergedrückt ist, und das Wollen hat sie noch in weniger als Nichts hineinversetzt. Nun erkennt die Seele diese Hinneigung und diese Verderbtheit des Nichts ihrer Natur und ihres eigenen Willens, und durch das Licht sieht sie, dass das Wollen allein das göttlichen Wollen wollen muss, ohne etwas anders zu wollen, und deshalb wurde ihr dieses Wollen gegeben. Und deshalb trennt sich die Seele von diesem Wollen, und das Wollen trennt sich von einer solchen Seele. Von nun an versetzt es sich zurück, gibt es sich hin und gibt sich Gott zurück, von wo es ursprünglich genommen war, ohne etwas Eigenes von sich zurückzubehalten, um den vollkommenen Willen Gottes zu erfüllen.“ (Marguerite Porete und Kern 2011, S. 181 f.)

Auch hier also muss die Seele auf dem Weg zu Gott ihren Eigenwillen aufgeben und sich ganz dem Willen Gottes hingeben.

(2) Der Weg der Selbsterkenntnis

Wie schon oben (in Kapitel 9.7 b) erwähnt, ist jeder Mensch bereits verwirklicht, er ist sich dessen im Allgemeinen nur nicht bewusst. Selbstverwirklichung bedeutet also im Grunde nur, diese Unwissenheit zu beseitigen:

„Die Wahrheit ist jedoch, dass »Verwirklichung« ewig und schon hier und jetzt da ist. Tatsächlich läuft die Verwirklichung auf nichts mehr und nichts weniger als auf die Beseitigung des Nichtwissens hinaus.“ (Ramana Maharshi 2003, S. 432)

Der Königsweg zur Selbstverwirklichung ist für Ramana Maharshi daher der Weg der Selbsterkenntnis, der Selbsterforschung, der Selbstergründung. Dieser Weg besteht darin, dass der Suchende sich immer wieder fragt: *„Wer bin ich?“*.

Nach Ramana Maharshi ist der innere Kern des Menschen, sein eigentliches „ICH“ das Selbst (Atman). Aus diesem Selbst steigen Gedanken auf, die den Menschen nach außen blicken lassen. Er identifiziert sich fälschlicherweise mit dem Körper, so entsteht sein persönliches „ich“, das jedoch nicht sein eigentliches wahres ICH ist. Indem nun der Mensch sein individuelles „ich" mit dem Gedanken „*Wer bin ich?*" hinterfragt, richtet er sich wieder nach innen. Alle anderen Gedanken vergehen, bis auch diese Frage verschwindet und allein das Selbst zurückbleibt und der Mensch damit wieder in seinen Ursprung zurückgekehrt ist.

Über den Unterschied zwischen dem „ICH" und dem „ich", nämlich dem Ich Gedanken, sagt Ramana Maharshi:

„Sie müssen unterscheiden zwischen dem reinen «ICH» und dem Ich-gedanken. Letzterer, der nur ein Gedanke ist, sieht Subjekt und Objekt, schläft, erwacht, isst und denkt, stirbt und wird wiedergeboren. Das reine «ICH» jedoch ist reines Sein, ewige Existenz, frei von Nichterkenntnis und Gedankentäuschung. Wenn Sie als «ICH», als Ihr wirkliches Sein verbleiben, verschwindet der Ichgedanke, und die Täuschung wird für immer verschwinden. Im Kino können Sie die Bilder nur bei gedämpftem Licht oder bei Dunkelheit erkennen. Werden alle Lichter angemacht, verschwinden die Bilder. So verschwinden auch im Flutlicht des Atman alle Objekte." (Ramana Maharshi 2006, S. 66)

Über die Entstehung des „ich" und damit die Entstehung des Körpers und der übrigen Welt sagt Ramana Maharshi, indem er den Begriff „Ullam" erklärt:

„Ullam ist demnach der reine Geist oder der Geist in seinem reinen Sein, aller Gedanken entleert. Es ist sozusagen der Äther des Geistes, der dessen Ausdehnung entspricht, ohne von Gedanken angefüllt zu sein. Wenn jemand vom Schlaf erwacht, erhebt er den Kopf, und das Licht des Gewahrseins ist da. Es war schon vorher da, im Herzen, wurde später im Hirn reflektiert und erscheint als Bewusstsein. Dieses ist aber nicht spezifiziert, solange das »ich« sich noch nicht eingefunden hat. In diesem undifferenzierten Zustand ist es Kosmisches Bewusstsein. Dieser Zustand dauert gewöhnlich nur eine Minute und geht unbemerkt vorüber. Nach dem Erscheinen des »ich« beginnt der Betreffende diverse Wahrnehmungen zu machen. Er identifiziert sich mit dem Körper, spricht das bedeutsame Wort »ich«, und damit ist alles andere auch wieder da." (Ramana Maharshi 2003, S. 456)

Auf den Weg der Selbstergründung geht Ramana Maharshi insbesondere in einer der wenigen von ihm selbstverfassten Schriften, dem Büchlein „Wer

184

bin ich", genauer ein. Auf die Fragen, auf welche Weise man beständig an dem Gedanken „*Wer bin ich*" festhalten kann, antwortet er:

„Wenn andere Gedanken auftauchen, sollte man ihnen nicht folgen, sondern sich vielmehr fragen: „Wem ist dieser Gedanke gekommen?". Es spielt keine Rolle, wie viele Gedanken auftauchen. Bei jedem Gedanken, der auftaucht, sollte man sich sorgfältig fragen: „Wem ist dieser Gedanke gekommen?". Die Antwort, die dann erscheint, ist: „Mir". Wenn man daraufhin fragt: „Wer bin ich?", kehrt der Geist zu seiner Quelle zurück, und der Gedanke, der aufgetaucht ist, verstummt. Wenn die Übung auf diese Weise wiederholt wird, entwickelt der Geist die Fähigkeit, in seiner Quelle zu bleiben. Wenn der Geist, der feinstofflich ist, durch das Gehirn und durch die Sinnesorgane nach außen geht, erscheinen die grobstofflichen Namen und Formen; wenn er im Herzen bleibt, verschwinden die Namen und Formen. […] Wenn der Geist also im Herzen verweilt, wird das „Ich", das der Ursprung aller Gedanken ist, verschwinden, und das immerwährende Selbst erstrahlt. Was immer man tut, sollte man ohne „Ich"-Bezogenheit tun. Wenn man auf diese Weise handelt, wird einem alles als göttlich (als käme es von Shiva) erscheinen." (Ramaṇa und Porep 2005, S. 40 ff.)

An anderer Stelle erklärt er einer Besucherin (einer Frau Chenoy), die sein Büchlein „Wer bin ich" gelesen hat, diesen Weg und die Stufen, die zur Selbstverwirklichung führen:

„Am Anfang, wenn du dich noch mit dem Körper identifizierst, glaubst du, dass du von Gott bzw. der Wirklichkeit getrennt bist. Du hältst dich für eine Verehrerin, Dienerin oder Liebende Gottes. Das ist die erste Stufe. Auf der nächsten Stufe hältst du dich für einen Funken des göttlichen Feuers oder einen Strahl der göttlichen Sonne. Auch dann ist noch das Gefühl von Verschiedenheit und das Empfinden, der Körper zu sein, vorhanden. Der dritte Zustand stellt sich ein, wenn all diese Unterschiede nicht mehr bestehen und du verstehst, dass nur das Selbst existiert.

Es gibt ein Ich, das kommt und geht, und ein anderes Ich, das immer existiert und da ist. Solange das erste Ich existiert, besteht das Empfinden, der Körper zu sein und das Gefühl der Getrenntheit. Erst wenn dieses Ich stirbt, offenbart sich das Selbst. Dieses erste Ich existiert zum Beispiel nicht im Tiefschlaf. Du bist dir im Tiefschlaf des Körpers und der Welt nicht gewahr. Erst wenn du erwachst und dieses Ich sich wieder erhebt, wirst du dir des Körpers und der Welt gewahr, während du im Tiefschlaf einfach nur

*existierst. Wenn du aufgewacht bist, kannst du sagen: >Ich habe gut ge-
schlafen.< Du bist jetzt derselbe als im Tiefschlaf. Du sagst nicht, dass das
Ich im Tiefschlaf ein anderes Ich als jetzt im Wachzustand gewesen sei.
Dieses Ich, das immer gegenwärtig ist und nicht kommt und geht, ist die
Wirklichkeit. Das andere Ich, das im Schlaf verschwindet, ist dagegen unwirklich. Man sollte im Wachzustand diesen Zustand verwirklichen, den jeder unbewusst im Tiefschlaf erfährt, wenn das kleine Ich verschwindet und
nur das wahre Ich bestehen bleibt.*

Frau Chenoy: »Aber wie soll man das machen?«

*Bhagavan: »Durch die Erforschung, von wo und wie sich dieses kleine
Ich erhebt. Es ist die Wurzel aller Gedanken. Wenn du erforscht, woher es
kommt, verschwindet es.«*

*Frau Chenoy: »Soll ich die Frage >Wer bin ich?< dann nicht damit be-
antworten, indem ich mir sage: >Ich bin nicht dieser Körper, sondern der
Geist<?«*

*Bhagavan: »Nein. Die Erforschung >Wer bin ich?< bedeutet die Erfor-
schung, wo im Körper dieser Ich-Gedanke entsteht. Wenn du dich auf die
Erforschung dieses Ich-Gedankens, der der Ursprung aller anderen Gedanken ist, konzentrierst, werden alle Gedanken vernichtet und das Selbst bzw.
das große Ich bleibt übrig. Du erlangst dadurch nichts Neues und kommst
auch nicht irgendwo an, wo du nie zuvor gewesen bist. Wenn alle anderen
Gedanken, die das Selbst verbergen, beseitigt werden, erstrahlt das Selbst
von sich aus.«"* (Mudaliar 2011, S. 268 f.)

Es ist übrigens interessant, die in diesem Zitat erwähnten drei Stufen zur
Selbstverwirklichung mit den entsprechenden Stufen bei den christlichen
Mystikern zu vergleichen (z.B. Meister Eckhart in Kapitel 3.2 d; Marguerite
Porete in Kapitel 4.7; Angelus Silesius in Kapitel 6.2.c). Insbesondere finden
sich hierin auch die drei klassischen Stufen der christlichen Mystik auf dem
Weg zu Gott wieder (s.o. Kapitel 2.2):

Die erste Stufe: *„Du hältst dich für eine Verehrerin, Dienerin oder Liebende Gottes"* entspricht der Stufe der Reinigung.

Auf der zweiten Stufe: *„hältst du dich für einen Funken des göttlichen
Feuers oder einen Strahl der göttlichen Sonne",* auf der du jedoch noch vom
Selbst verschieden bist; dies entspricht der Stufe der Erleuchtung.

Die dritte Stufe: *„wenn all diese Unterschiede nicht mehr bestehen und
du verstehst, dass nur das Selbst existiert",* auf der die Verschiedenheit

zwischen dir und dem Selbst verschwunden ist, entspricht der Vereinigung mit Gott (der unio mystica).

* * * * *

Der Weg der Selbsterkenntnis, der Selbstergründung findet sich auch bei den christlichen Mystikern. So sagt Meister Eckhart über die Hinwendung des Menschen nach innen (s. Kapitel 3.2 d):
„Man muss lernen, mitten im Wirken (innerlich) ungebunden zu sein. […]
Dazu gehört ein gar behender Eifer und insbesondere zwei Dinge: das eine, dass sich der Mensch innerlich wohl verschlossen halte, auf dass sein Gemüt geschützt sei vor den Bildern, die draußen stehen, damit sie außerhalb seiner bleiben und nicht in ungemäßer Weise mit ihm wandeln und umgehen und keine Stätte in ihm finden. Das andere, dass sich der Mensch weder in seine inneren Bilder, seien es nun Vorstellungen oder ein Erhobensein des Gemütes, noch in äußere Bilder oder was es auch sein mag, was dem Menschen (gerade) gegenwärtig ist, zerlasse noch zerstreue noch sich an das Vielerlei veräußere. Daran soll der Mensch alle seine Kräfte gewöhnen und darauf hinwenden und sich sein Inneres gegenwärtig halten.“ (Meister Eckhart und Quint 1979, „Reden der Unterweisung“ Nr. 21, S. 87 f.)

Und Angelus Silesius schreibt über den Himmel in uns (s.o. Kapitel 6.2 c (1), Zitate aus Angelus Silesius und Gnädinger 1986):
„Der Himmel ist in dir.
Halt an, wo laufst du hin? Der Himmel ist in dir!
Suchst du Gott anderswo, du fehlst ihn für und für.“
(I, 82)
„Das Himmelreich ist inwendig in uns.
Christ mein, wo laufst du hin? Der Himmel ist in dir:
Was suchst du ihn dann erst bei eines andern Tür?“
(I, 298)

Noch deutlicher wird der Weg der Suche nach dem innersten Grund des Menschen, nach Gott, von Johannes Tauler, dem schon in Kapitel 3.2 erwähnten Schüler von Meister Eckhart, in folgendem Text dargestellt:

„Das Suchen, mit dem der Mensch sucht, ist zweierlei Art. Das eine Suchen, mit dem der Mensch sucht, ist auswendig, das andere ist inwendig, und das eine ist so hoch über dem anderen wie der Himmel über der Erde und ihm ganz ungleich. Das auswendige Suchen, mit dem der Mensch Gott sucht, besteht in äußeren Übungen guter Werke in mancherlei Weise, so wie er von Gott gemahnt und angetrieben und von seinen Freunden angewiesen wird, am allermeisten mit Übungen der Tugend, wie Demut, Sanftmut, Stille, Gelassenheit und mit allen anderen Tugenden, die man übt oder üben kann.

Das andere Suchen steht hoch über diesem. Es besteht darin, dass der Mensch in seinen eigenen Grund eingehe, in das Innerste, und da den Herrn suche, wie er uns auch selbst gewiesen hat, da er sagt: »Das Reich Gottes ist in euch.« Wer das Reich finden will - das ist Gott mit all seinem Reichtum und in seinem selbsteigenen Wesen und seiner selbsteigenen Natur - der muss es da suchen, wo es ist, nämlich im innersten Grunde, wo Gott der Seele näher und inwendiger ist, weit mehr, als sie sich selbst ist." (Seuse et al. 1993, S. 229)

Auch Tauler beschreibt hier also zwei Wege zu Gott, den „auswendigen", der dem Weg der Hingabe von Ramana Maharshi ähnelt, und den „inwendigen" Weg, den Weg nach innen, auf dem der Mensch Gott in seinem innersten Grunde sucht. Und dieser zweite Weg steht dem Weg der Selbstergründung von Raman Maharshi, der Erforschung des Selbst im eigenen Inneren, offenbar sehr nahe.

d. Leben im Selbst

In der klassischen hinduistischen Tradition gibt es vier Stufen auf dem Weg zur Selbstverwirklichung:
1. Stufe (Studium): vor der Ehe Studium der heiligen Schriften;
2. Stufe (Familienleben): Leben in Ehe und Familie als „Haushälter" und im Beruf;
3. Stufe (Waldeinsamkeit): Rückzug aus dem Familienleben in die Waldeinsamkeit und Meditation;
4. Stufe (Weltentsagung): Aufgabe aller Bindungen als wandernder Mönch.
(S. z.B. Ramana Maharshi 2006, S. 163)

Daher wurde Ramana Maharshi oft danach gefragt, ob denn traditionelles Familien- und Berufsleben nicht für eine spirituelle Entwicklung letzthin hinderlich sei und ob ein verwirklichter Mensch überhaupt noch äußerlich tätig sein könne. Ähnlich wie die meisten anderen Mystiker, so sagt jedoch auch Ramana Maharshi, dass äußere Tätigkeiten den Menschen keineswegs daran hindern, selbstverwirklicht, im Bewusstsein der Einheit mit dem Selbst zu leben.

So sagt er zu einem Schüler, der sich aus der Welt zurückziehen möchte:

„Frage: »*Wie kann mein Geist still sein, wenn ich ihn mehr gebrauchen muss als andere Menschen? Ich möchte in die Einsamkeit gehen und meine Lehrertätigkeit aufgeben.*«

Antwort: »*Nein. Bleiben Sie, wo Sie sind, und fahren Sie mit der Arbeit fort. Welcher Unterstrom belebt den Geist und lässt Sie all diese Arbeit tun? Es ist das Selbst. Das ist die wirkliche Quelle Ihrer Aktivität. Seien Sie während Ihrer Arbeit stets dessen gewahr, und vergessen Sie es nicht. Kontemplieren Sie das in einer tieferen Schicht Ihres Bewusstseins, auch während der Arbeit. Haben Sie keine Eile damit, lassen Sie sich Zeit! Halten Sie die Erinnerung an Ihr wahres Wesen lebendig, auch während der Arbeit, und vermeiden Sie Hast, die Sie das wahre Wesen vergessen lässt. Gehen Sie sorgfältig vor. Üben Sie Meditation, um den Geist zu beruhigen und ihn seiner wahren Beziehung zum Selbst gewahr werden zu lassen, von dem er getragen wird. Bilden Sie sich nicht ein, dass Sie die Arbeit tun. Denken Sie daran, dass es der Unterstrom ist, der sie versieht. Identifizieren Sie sich mit ihm. Wenn Sie ohne Hast und mit Sammlung arbeiten, braucht Ihre Arbeit oder Ihr Dienst kein Hindernis zu sein.*«*"* (Ramana Maharshi 2006, S. 167)

Der selbstverwirklichte Mensch identifiziert sich nicht mit seinem Handeln, sondern er bleibt gegründet im Selbst und ist sich bewusst, dass es das Selbst ist, das (durch ihn) handelt. Dies wird noch deutlicher in folgendem Zitat von Ramana Maharshi ausgedrückt:

„Frage: »*Wie kann man inmitten von Haushälterpflichten, die ständige Aktivität erfordern, diese Aktivität loswerden und Frieden gewinnen?*«

Antwort: »*Da die Aktivität des Weisen nur in den Augen der anderen und nicht in seinen eigenen existiert, mag er gewaltige Leistungen vollbringen und tut doch in Wirklichkeit nichts. Deshalb steht seine Aktivität dem*

Nichttun und Frieden nicht im Wege. Er hat die Wahrheit erkannt, dass jede Tätigkeit in seiner bloßen Gegenwart stattfindet, er aber nichts tut. Er verharrt als der schweigende Zuschauer aller Aktivitäten.«" (Ramana Maharshi 2006, S. 169)

Die Auffassung, dass es nicht der Mensch selbst ist, der handelt, findet sich ganz analog in dem „wu wei", dem „Nicht-Handeln" der daoistischen Mystik (s.o. Kapitel 8.6) wieder. Hierzu noch einmal das schon oben (in Kapitel 8.6) angeführte Zitat von Kuo Hsiang, einem um 300 n.Chr. lebenden chinesischen Herausgeber und Kommentator des Zhuangzi, über das daoistischen Nicht-Tun:

„Derjenige, der »etwas tut« (das heißt bewusst und mit Absicht etwas tut), kann (im eigentlichen Sinne des Wortes »tun«) überhaupt nicht irgendetwas tun. [Echtes] Tun bedeutet, dass das Ding von selbst (aus sich heraus, entsprechend seiner Natur) etwas tut. [...]

Gleicherweise besteht das »Tun« (Handeln) darin, dass im Ding von selbst etwas getan wird. So ist (tatsächlich echtes) Tun in Wirklichkeit Nicht-Tun. Ich sage [nochmals]: Es ist das Nicht-Tun. So ist das Nicht-Tun der Urgrund des Tuns.

Daher muss man das Nicht-Tun als Prinzip des Tuns ansehen. Ebenso entsteht das Wissen aus dem Nicht-Wissen, und man muss das Nicht-Wissen als die Basis des Wissens ansehen.

Der »„Vollkommene Mensch« (das heißt der Mystiker) lässt daher das Wissen außer Acht, und so weiß er. Er handelt nicht, und so handelt er. Alles kommt von Selbst zum Sein, (und das ist die Bedeutung des »Handelns« des »Vollkommenen Menschen«)." (Bock 2003, S. 159)

Auf die Frage eines Besuchers *„Ist Einsamkeit für einen Verwirklichten (jnani) notwendig?"* antwortet Ramana Maharshi:

„»Einsamkeit ist im Geist des Menschen. Man kann mitten in der Welt sein und den Frieden des Geistes wahren; solch ein Mensch ist einsam. Ein anderer mag im Walde leben, aber unfähig zur Kontrolle seines Geistes sein; ihn kann man nicht einsam nennen. Einsamkeit ist eine Geisteshaltung. Ein Mensch, der an Wünschen hängt, findet keine Einsamkeit, wo er auch sein mag; der Losgelöste ist immer einsam.«

Frage: »So könnte man also arbeiten, frei von Wünschen sein und somit Einsamkeit bewahren?«

Antwort: »Ja. Ichverhaftetes Wirken ist eine Fessel, während ein Wirken in Losgelöstheit den Handelnden nicht berührt; er ist, selbst während er arbeitet, in Einsamkeit.«" (Ramana Maharshi 2003, S. 24 f.)

An anderer Stelle antwortet Ramana Maharshi auf die Frage *„ob zur Suche Einsamkeit nötig sei"*, entsprechend:
„Einsamkeit ist überall, das Individuum ist immer allein. Seine Aufgabe ist, die Einsamkeit in sich zu entdecken, nicht sie außen zu suchen." (Ramana Maharshi 2003, S. 55)
Und auf die Frage eines Besuchers *„Ist es für den westlichen Menschen schwerer, sich nach innen zu wenden?"* erwidert Raman Maharshi:
„Ja, er ist geistig überaktiv, und seine Energie ist nach außen gerichtet. Wir müssen innerlich ruhig werden und dürfen das Selbst nicht vergessen; dann können wir äußerlich mit unseren Aktivitäten fortfahren. Vergisst ein Mann, der auf der Bühne eine Frauenrolle spielt, dass er ein Mann ist? So müssen auch wir unsere Rolle auf der Lebensbühne spielen, ohne uns damit zu identifizieren." (Ramana Maharshi 2006, S. 169)

Für Ramana Maharshi besteht also kein Widerspruch darin, dass ein Mensch innerlich im Zustand der Selbstverwirklichung lebt und dennoch in äußeren Leben aktiv tätig ist, wenn er nur im Bewusstsein verbleibt, dass sein Inneres vom Selbst nicht getrennt ist.

Dieselben Gedanken finden sich auch in der christlichen Mystik wieder. So schreibt Angelus Silesius über die innere Einsamkeit (s. oben Kapitel 6.2 d):
„DIE EINSAMKEIT
Die Einsamkeit ist not: Doch sei nur nicht gemein,
So kannst du überall in einer Wüste sein."
(II, 117)
(Angelus Silesius und Gnädinger 1986)

Und Meister Eckhart spricht diesbezüglich von der „Abgeschiedenheit". Er schreibt dazu (s.o. Kapitel 3.2 d):
„Ich wurde gefragt: manche Leute zögen sich streng von den Menschen zurück und wären immerzu gern allein, und daran läge ihr Friede und daran, dass sie in der Kirche wären — ob dies das Beste wäre? Da sagte ich »Nein!« Und gib acht, warum.

Mit wem es recht steht, wahrlich, dem ist's an allen Stätten und unter allen Leuten recht. Mit wem es aber unrecht steht, für den ist's an allen Stätten und unter allen Leuten unrecht. Wer aber recht daran ist, der hat Gott in Wahrheit bei sich; wer aber Gott recht in Wahrheit hat, der hat ihn an allen Stätten und auf der Straße und bei allen Leuten ebensogut wie in der Kirche oder in der Einöde oder in der Zelle; wenn anders er ihn recht und nur ihn hat, so kann einen solchen Menschen niemand behindern.[…]

Der Mensch soll Gott in allen Dingen ergreifen und soll sein Gemüt daran gewöhnen, Gott allzeit gegenwärtig zu haben im Gemüt und im Streben und in der Liebe. Achte darauf, wie du deinem Gott zugekehrt bist, wenn du in der Kirche bist oder in der Zelle: diese selbe Gestimmtheit behalte und trage sie unter die Menge und in die Unruhe und in die Ungleichheit." (Meister Eckhart und Quint 1979, „Reden der Unterweisung" Nr. 6, S. 58 f.)

* * * * *

Wie schon kurz erwähnt, lebte Ramana Maharshi seit seinem Erleuchtungserlebnis in seiner frühen Jugend bis an sein Lebensende ständig im Zustand der Selbstverwirklichung, der Einheit mit dem Selbst. Er selbst sagt dazu über seine Gedanken während der Todeserfahrung und die Folgen:

„Ich sagte zu mir im Geist: […] »Also bin ›ich‹ Geist, etwas, das den Körper transzendiert. Der materielle Körper stirbt, aber der ihn transzendierende Geist kann vom Tod nicht berührt werden. Deshalb bin ich unsterblicher Geist.«

All dies war kein rein intellektueller Prozess, sondern traf mich wie ein Blitz als lebendige Wahrheit und war etwas, das ich sofort und fast ohne eine Begründung erkannte. ›Ich‹ war etwas Wirkliches, in dem Zustand das einzig Wirkliche überhaupt, und die gesamte bewusste Aktivität, die mit meinem Körper verbunden war, war jetzt daraufhin konzentriert. Von diesem Zeitpunkt an hielt eine machtvolle Faszination meine gesammelte Aufmerksamkeit am ›Ich‹ oder meinem ›Selbst‹ fest. Die Todesangst war ein für alle Mal verschwunden. Das Verschmolzensein im Selbst hat von diesem Moment an bis heute fortbestanden. Andere Gedanken mögen kommen und gehen wie die verschiedenen Noten bei einem Musiker, aber das >Ich< besteht fort wie die Grundnote, die alle anderen Noten begleitet und sich mit ihnen vermischt. Mochte der Körper mit Sprechen, Lesen oder etwas *anderem beschäftigt sein, ich war immer auf das ›Ich‹ konzentriert.*" (Zitiert nach Ebert 2003, S. 19 f.)

Und Gabriele Ebert merkt dazu in ihrer Biografie von Ramana Maharshi an:
„Bemerkenswert ist auch die Tatsache, dass Ramana nach seinem Erlebnis niemals Zweifel über seine Selbstverwirklichung überkamen. Die Erfahrung blieb ihm von da an ununterbrochen erhalten und ging nicht mehr verloren, noch wurde sie mit der Zeit schwächer. Er war sich ihrer absolut sicher und suchte auch nie die Bestätigung eines spirituellen Lehrers. Immer wieder betonte er in späteren Jahren, dass sich trotz äußerlich scheinbar verschiedener Lebensphasen nichts an dieser Erfahrung verändert habe und er immer derselbe geblieben sei." (Ebert 2003, S. 21)

Im Zustand der Selbstverwirklichung lebt der Mensch also äußerlich offenbar wie jeder andere Mensch. Auf die Frage eines Besuchers hin:
„Lebt der verwirklichte Mensch nicht genauso weiter wie ein Mensch, der nicht verwirklicht ist?"
antwortet Ramana Maharshi:
„Ja, mit dem Unterschied, dass der Verwirklichte die Welt nicht als getrennt vom Selbst ansieht. Er besitzt wahre Erkenntnis und vollkommenes Glück, während der andere die Welt getrennt von sich erlebt und sich deshalb unvollkommen und elend fühlt. Ansonsten sind ihre äußeren Verhaltensweisen ähnlich." (Ramana Maharshi 2003, S. 438)

Dem selbstverwirklichten Menschen kommen ebenfalls Gedanken, er beschäftigt sich mit Sprechen oder Lesen, aber wie bei den verschiedenen Noten eines Musikstücks die „Grundnote" allen anderen Noten zugrunde liegt und sie begleitet, so ist er sich bei allen äußeren Tätigkeiten stets seines „Grundtons", seines eigentliche inneren Wesenskerns, des Selbst bewusst. Oder gemäß dem oben angeführten Gleichnis von der Halskette lebt er jederzeit in dem Bewusstsein, dass er die kostbare Kette um den Hals trägt, dass sein wahres inneres „Ich" das allumfassende unbegrenzte Selbst ist.

Abschließend sei nochmals als Besonderheit hervorgehoben, dass Ramana Maharshi offenbar nicht etwa lediglich ein oder mehrere einzelne mystische Einheitserlebnisse hatte, sondern dass er seit seinem sechzehnten

Lebensjahr bis zu seinem Lebensende durchgängig in dieser mystischen Einheit, der unio mystica lebte. Auf diesen in der Mystik des Öfteren beschrieben Zustand wird später noch einmal zurückzukommen sein.

e. Die verschiedenen Gottesbilder

(1) Personaler und apersonaler Gott

In Kapitel 2.2 wurde bereits auf die Unterscheidung zwischen personalem und apersonalem bzw. transpersonalem Gottesbild bei den verschiedenen Mystikern hingewiesen. Hierauf soll an dieser Stelle noch einmal ausführlicher eingegangen werden, da bei Ramana Maharshi sich beide Gottesbilder finden.

Dem von ihm am häufigsten für das höchste Wesen, die eigentliche Wirklichkeit, das reine, wirkliche „ICH" verwendeten Begriff des „Selbst" liegt ein eher apersonales Gottesbild zugrunde.
So sagt er beispielsweise (s.o. Kapitel 9.7 a):
„Das Selbst ist immer gegenwärtig. […] Es ist ewig und gleichbleibend. […] Es ist weder Licht noch Finsternis. Es ist nur, was es ist, und kann nicht definiert werden. Die beste Definition ist »Ich bin, der ich bin.« […] Es ist nur Sein, aber verschieden vom Wirklichen und Unwirklichen; es ist Erkenntnis, aber verschieden von Wissen und Nichterkenntnis. Wie kann man es überhaupt definieren? Es ist einfach Sein." (Ramana Maharshi 2006, S. 20)

An anderer Stelle antwortet er auf die Frage eines Besuchers, was „wahre Wirklichkeit" sei:
„Die wahre Wirklichkeit muss immer wirklich sein; Sie kann daher weder Name noch Gestalt haben; Sie ist Das, was jenen zugrundeliegt. Selbst grenzenlos, ist es doch die Grundlage alles Begrenzten. Selbst wirklich, ist es doch die Grundlage alles Unwirklichen. Die wahre Wirklichkeit ist das, was ist; Sie ist, so wie Sie ist. Sie ist jenseits der Sprache, jenseits aller Begriffe wie »Sein«, »Nichtsein« und dergleichen." (Ramana Maharshi 2003, S. 125)
Das „Selbst" hat für Ramana Maharshi also eher apersonale Eigenschaften, sofern man überhaupt von „Eigenschaften" des Selbst sprechen kann.

Auf der anderen Seite legt Ramana Maharshi, wenn er von „Gott" spricht, diesem durchaus personale Eigenschaften zu, insbesondere dort, wenn er den Weg der „Hingabe" beschreibt. Hierzu nochmals einige Zitate (s.o. Kapitel 9.7 c):

„Völlige Hingabe verlangt, dass du keinen eigenen Wunsch mehr hast und dass nur noch Gottes Wunsch der deine ist. [...]
Gott allein ist allmächtig und es gibt keine andere Sicherheit für mich, als mich völlig auf ihn zu werfen. Dadurch gelangt man allmählich zu der Überzeugung, dass allein Gott existiert und das Ego nicht zählt." (Mudaliar 2011, S. 147)

„Die Hingabe ist erst dann vollständig, wenn du sagen kannst: »Du bist alles und Dein Wille geschehe.«" (Mudaliar 2011, S. 97)

Oder wie er an anderer Stelle sagt:

„Liefern Sie sich Ihm und Seinem Willen aus, ob Er Ihnen erscheint oder entschwindet. Wenn Sie ihn bitten, Er möge nach Ihren Wünschen handeln, dann ist das keine Hingabe, sondern Eigenwille. Sie können nicht verlangen, dass Er Ihnen gehorcht, und trotzdem glauben, Sie hätten sich ausgeliefert. Er weiß, was das Beste ist und wann und wie es zu geschehen hat. Überlassen Sie alles ganz Ihm. Die Last trägt Er allein. Sie haben keine Sorgen mehr - Er hat sie übernommen. Das ist echte Hingabe." (Ramana Maharshi 2003, S. 400)

Und ganz ähnlich sagt er an einer weiteren Stelle:

„Es ist wahr, der Göttliche Wille setzt sich zu jeder Zeit und unter allen Umständen durch, der Mensch kann gar nicht aus eigenem handeln. Erkennen Sie daher die Macht des Göttlichen Willens an und bleiben Sie still. Gott kümmert sich um jeden; Er hat uns alle erschaffen. Sie sind einer unter mehr als 3000 Millionen. Wenn er sich um so viele kümmert, kann er Sie dann auslassen? [...] Andererseits ist es nicht nötig, Ihn an Ihre Bedürfnisse zu erinnern. Er kennt sie und wird sie berücksichtigen." (Ramana Maharshi 2003, S. 491)

Diese beiden letzten Zitate ähneln in ihrer Aussage sehr den entsprechenden Stellen in der Bergpredigt (Matthäus 6), wo Jesus sagt:

„Sorgt euch nicht um euer Leben, was ihr essen und trinken werdet; auch nicht um euren Leib, was ihr anziehen werdet. Ist nicht das Leben

mehr als die Nahrung und der Leib mehr als die Kleidung? Seht die Vögel unter dem Himmel an: Sie säen nicht, sie ernten nicht, sie sammeln nicht in die Scheunen; und euer himmlischer Vater ernährt sie doch. Seid ihr denn nicht viel kostbarer als sie? [...]

Wenn nun Gott das Gras auf dem Feld so kleidet, das doch heute steht und morgen in den Ofen geworfen wird: Sollte er das nicht viel mehr für euch tun, ihr Kleingläubigen? Darum sollt ihr nicht sorgen und sagen: Was werden wir essen? Was werden wir trinken? Womit werden wir uns kleiden? Nach dem allen trachten die Heiden. Denn euer himmlischer Vater weiß, dass ihr all dessen bedürft. Trachtet zuerst nach dem Reich Gottes und nach seiner Gerechtigkeit, so wird euch das alles zufallen. Darum sorgt nicht für morgen, denn der morgige Tag wird für das Seine sorgen.“ (Die Bibel 2017, Matthäus 6, 25 ff.)

In diesen obigen Zitaten von Ramana Maharshi erscheint Gott wie eine Person mit eigenem Willen und Schöpferkraft.

Hierbei ist jedoch zu beachten, dass es sich nicht um einen Widerspruch handelt, sondern dass, wie schon in den Kapiteln 9.7 c und 9.7 erwähnt, Ramana Maharshi von verschiedenen Stufen auf dem Weg zur Selbstverwirklichung ausgeht, und dass er seine Lehre stets der jeweiligen Aufnahmefähigkeit seiner Zuhörer angepasst hat.

So sagt er über „Ishvara“, den persönlichen Gott im Hinduismus:

„Frage: »*Gibt es einen persönlichen Gott (Ishvara) als getrenntes Wesen, das Tugend belohnt und Sünden bestraft? Gibt es überhaupt einen Gott?*«

Antwort: »*Ja.*«

Frage: »*Wie ist er beschaffen?*«

Antwort: »*Der persönliche Gott (Ishvara) besitzt Individualität in Körper und Geist, die vergänglich sind, und zugleich auch innerlich transzendentes Bewusstsein und Befreiung.*

Ishvara, der persönliche Gott, der Schöpfer des Universums, existiert wirklich. Aber das stimmt nur vom relativen Standpunkt derer aus, die die Wahrheit noch nicht erfasst haben und an die Wirklichkeit individueller Seelen glauben. Der Weise kann vom absoluten Standpunkt aus keine andere Existenz als die des einen, formlosen Selbst akzeptieren.

Ishvara besitzt einen Körper, eine Form und einen Namen, aber er ist nicht so grob wie dieser materielle Körper. Der Gottesverehrer kann ihn in Visionen in einer von ihm selbst geschaffenen Form sehen. Die Formen und Namen Gottes sind vielfältig und je nach Religion verschieden. Sein Wesen aber ist das gleiche wie unseres, da das wahre Selbst nur eines ist und ohne Form. Deshalb sind die Formen, die er annimmt, nur Gedankenschöpfungen oder Erscheinungen.« […]

Frage: »So ist Ishvara letztlich nicht wirklich?«

Antwort: »Das Vorhandensein von Ishvara folgt aus unseren Vorstellungen von Ishvara. Lassen Sie uns zuerst feststellen, wessen Vorstellung er ist. Die Vorstellung entspricht immer dem, der sie sich macht. Finden Sie heraus, wer Sie sind, und alle anderen Fragen lösen sich von selbst. […]

Ishvara, Gott der Schöpfer, der persönliche Gott ist die letzte der unwirklichen Formen, die verschwindet. Nur das absolute Sein ist wirklich. Darum sind nicht nur die Welt und das Ego, sondern auch der persönliche Gott unwirklich. Wir müssen das Absolute finden, nichts weniger als das.«" (Ramana Maharshi 2006, S. 249 f.)

An anderer Stelle sagt er:

„Wenn das Individuum eine Form ist, wird auch das Selbst, die Quelle, die Gott ist, als Form erscheinen. Ist man ohne Form, kann es keine Erkenntnis »anderer« Dinge geben. Stimmt dann noch die Feststellung, dass Gott eine Form hat? Gott nimmt jede Form an, die ein Verehrer sich in der Meditation immer wieder vorstellt. Obgleich er auf diese Weise endlose Namen annimmt, ist nur das wirkliche, formlose Bewusstsein Gott." (Ramana Maharshi 2006, S. 250)

Auf die Frage eines Besuchers:

„Warum sprechen alle Religionen von Göttern, Himmeln, Höllen und dergleichen?" antwortet Ramana Maharshi:

„Nur, um den Leuten klarzumachen, dass jene gleicher Art sind wie diese Welt und dass nur das Selbst allein wirklich ist. Die Religionen nehmen immer den Standpunkt des jeweiligen Suchers ein." (Ramana Maharshi 2003, S. 129)

Und auf die Frage *„Sollte ich eine Vorstellung von Gott haben?"* antwortet er:

„Nur solange es noch andere Gedanken im Herzen gibt, gibt es auch einen Gedanken an Gott, den unser Geist sich vorstellt. Die Auflösung selbst dieses Gedankens an Gott, die zusammen mit der Auflösung aller anderen Gedanken geschieht, ist allein der ungedachte Gedanke, der der wahre Gottesgedanke ist." (Ramana Maharshi 2006, S. 253)

Das Gottesbild von Ramana Maharshi kann also folgendermaßen zusammengefasst werden: Für ihn ist die Welt mit all ihren Objekten, einschließlich des eigenen Körpers und des individuellen Ich, das sich mit diesem identifiziert, nur scheinbar wirklich, sie ist eine Täuschung, eine Illusion („Maya", s. dazu auch Kapitel 9.2). Und so ist auch Gott, der unserer Vorstellung entspringt, ebenso wirklich bzw. unwirklich wie diese Illusion.

Solange wir in dieser illusionären Welt, in dieser Täuschung gefangen sind, existiert für uns ein personaler Gott. Sobald aber für den Selbstverwirklichten sich die Illusion einer getrennten Welt und eines persönlichen Ich auflöst, verschwindet auch die Illusion eines personalen Gottes und zurück bleibt das Selbst, die alles umfassende Einheit, die das eigene ungeteilte ICH ist.

Es ist interessant zu überlegen, inwieweit diese Gedanken auch für die christliche Mystik und ihre Vertreter gelten, insbesondere für Meister Eckhart und seine Unterscheidung zwischen dem personalen „Gott" und seiner eher apersonalen „Gottheit" (s.o. Kapitel 3.2 c). Hierzu noch einmal das schon oben angeführte Zitat von ihm:
„Gott wird (»Gott«), wo alle Kreaturen Gott aussprechen: da wird »Gott«.
Als ich (noch) im Grunde, im Boden, im Strom und Quell der Gottheit stand, da fragte mich niemand, wohin ich wollte oder was ich täte: da war niemand, der mich gefragt hätte. Als ich (aber) ausfloss, da sprachen alle Kreaturen: »Gott«! […]
So also reden alle Kreaturen von »Gott«. Und warum reden sie nicht von der Gottheit? Alles das, was in der Gottheit ist, das ist Eins, und davon kann man nicht reden. Gott wirkt, die Gottheit wirkt nicht, sie hat auch nichts zu wirken, in ihr ist kein Werk; sie hat niemals nach einem Werke ausgelugt. Gott und Gottheit sind unterschieden durch Wirken und Nichtwirken. Wenn ich zurückkomme in »Gott« und (dann) dort (d. h. bei »Gott«) nicht stehen bleibe, so ist mein Durchbrechen viel edler als mein Ausfluss. Ich allein bringe alle Kreaturen aus ihrem geistigen Sein in meine Vernunft, auf dass

sie in mir eins sind. Wenn ich in den Grund, in den Boden, in den Strom und in die Quelle der Gottheit komme, so fragt mich niemand, woher ich komme oder wo ich gewesen sei. Dort hat mich niemand vermisst, dort entwird »Gott«.“ (Meister Eckhart und Quint 1979, Predigt 26, S. 273)

Auch Meister Eckhart spricht also davon, dass „Gott wird“, sobald alle Kreaturen ihn aussprechen, und dass „Gott entwird“, wenn ich über Gott hinaus in die Quelle der Gottheit zurückkehre – was wohl dem Zustand der Selbstverwirklichung bei Ramana Maharshi nahekommt.

(2) Gott als Subjekt oder als Objekt

Bei Ramana Maharshi ist aber noch eine andere Sichtweise auf das Selbst zu finden. Auf die Frage eines Besuchers, was das Selbst sei und was man unter Selbst-Verwirklichung verstehe, antwortet er:
„Ihre Frage zeigt, dass Sie annehmen, das Nicht-Selbst zu sein. Oder glauben Sie, dass es zwei Selbste gäbe, das eine, um das andere zu verwirklichen? Das wäre absurd.

Sie stellen diese Frage, weil Sie sich mit dem grobmateriellen Körper identifizieren. […]

Jetzt glauben Sie, im Körper zu sein. Sie sehen die Dinge um sich herum, und Sie möchten das Selbst auf die gleiche Weise sehen. Es ist die Macht der Gewohnheit. Aber die Sinne sind bloße Wahrnehmungs-Instrumente; der Seher sind Sie. Bleiben sie ausschließlich der Seher.“ (Ramana Maharshi 2003, S. 477)
Und weiter sagt er in dem schon oben (in Kapitel 9.7 b) angeführten Zitat:
„Dieser Zustand [der Selbstverwirklichung] überschreitet den Seher und das Gesehene. Es gibt keinen Seher, der etwas sehen könnte. Der Seher, der jetzt alles sieht, hört zu existieren auf und nur das Selbst bleibt übrig.“ (Mudaliar 2011, S. 268)

Das Selbst zerfällt für Ramana Maharshi in den „Seher“, das Subjekt, das alle Objekte erkennt, und das „Gesehene“, die Objekte. Der „Seher“ ist für mich also nicht wie alle anderen Objekte erkennbar, weil er gar kein Objekt ist, sondern er ist das Subjekt. Das Selbst jedoch ist mein eigenes Ich, das in seinem (Teil-)Aspekt als „Seher“ alle Objekte erkennt.

Überträgt man nun den von Ramana Maharshi hier verwendeten Begriff des „Sehers" auf den von anderen Mystikern verwendeten Begriff „Gott", so würde die entsprechende Aussage bedeuten, dass Gott für mich nicht erkennbar ist, da er im Grunde mein eigenes inneres Ich ist, das die übrige Welt als mein Gegenüber erkennt. Der beispielsweise von Meister Eckhart verwendete Begriff der „Gottheit" entspricht dann dem „Selbst" bei Ramana Maharshi.

Diese Ansicht von der Unerkennbarkeit Gottes findet sich bei fast allen anderen Mystikern – wenn auch jeweils unterschiedlich begründet, wie oben vor allem in den Kapiteln über die christliche Mystik schon ausführlich besprochen.

Aber im Zustand der Selbstverwirklichung verschwindet für Ramana Maharshi auch der „Seher", und zurück bleibt allein das Selbst, das Absolute, das Subjekt und Objekt umfasst. Und für ihn ist der wesentliche Punkt, der ja schon in den Sätzen *Atman ist Brahman"* bzw. *„Ich bin Brahman"* (s.o. Kapitel 9.1) der Upanishaden enthalten ist, dass das Selbst bzw. die Gottheit für mich kein Gegenüber ist, sondern dass ich selbst im Grunde das Selbst bin – und zwar nicht nur in punktuellen und vorübergehenden Zuständen der unio mystica, sondern immerwährend im inneren Kern meines Wesens.

Diese Vorstellung des Aufgehens der Persönlichkeit in der Einheit ist auch bei vielen anderen Mystikern zu finden, wie oben an verschiedenen Stellen dargelegt, insbesondere z.B. bei Meister Eckhart (s.o. Kapitel 3.2 b).

Die Einstellung von Ramana Maharshi in Bezug auf die Unterscheidung zwischen personalem und apersonalem Gott könnte also folgendermaßen zusammengefasst werden:

„Vor" der mystischen Vereinigung, der unio mystica, wird Gott von mir, dem Subjekt, als ein von mir getrenntes Objekt, als ein mir gegenüberstehender personaler Gott erlebt.

In der mystischen Vereinigung aber fallen Subjekt und Objekt zusammen, ich erkenne nicht mehr Gott, sondern ich bin Gott. Ich bin mit Gott eins geworden, und Gott existiert nicht mehr außerhalb und unabhängig von mir - und er wird insofern als apersonal empfunden, als Gott als alles und in allem und alles als in ihm existierend erlebt wird.

10. Buddhismus (Zen)

(Zu diesem ganzen Kapitel s. insbesondere Suzuki et al. 1999)

10.1 Einleitung

Wie die meisten Religionen, so ist auch der Buddhismus vor rund 2.500 Jahren im Grunde selbst aus einer mystischen Erfahrung hervorgegangen, nämlich der Erleuchtung ihres Begründers Siddhartha Gautama, der den Titel „Buddha" erhielt, was „der Erwachte" bedeutet. Dieser lebte in Indien um 500 v. Chr. und verkündete nach seinem „Erwachens-Erlebnis", angeblich unter einem Feigenbaum, seine Lehre, die sich im Laufe der Jahrhunderte als „Buddhismus" zu einer der großen Weltreligionen entwickelte.

Wie in allen großen Religionen, so bildeten sich auch im Buddhismus verschiedene Strömungen aus, die auf die unterschiedlichsten Interpretationen von Buddhas Lehre zurückgehen. Dies wurde vor allem dadurch begünstigt, dass der Buddha selbst, soweit bekannt, keine eigenen Schriften verfasst hat, sondern dass seine Lehre allein auf mündliche Überlieferungen seiner Anhänger gegründet ist.

Der christlichen Mystik, aber auch dem Daoismus und der hinduistischen Advaita-Vedanta-Lehre am nächsten steht im Buddhismus wohl der „Zen"-Weg (im Chinesischen „Chan" genannt), und auf diesen sollen sich die nachstehenden Ausführungen zum Buddhismus beziehen. Diese folgen im Wesentlichen der Darstellung von Daisetz Suzuki (1870 – 1966), Professor für Buddhistische Philosophie in Kyoto, dessen Werken über Zen und seinen Übersetzungen buddhistischer Texte es im Wesentlichen zu verdanken ist, dass Zen seit den dreißiger Jahren des 20. Jahrhunderts in der westlichen Welt bekannt und verbreitet wurde (Watts 1985, S. 9).

Das folgende Kapitel soll dabei wieder in folgende Abschnitte unterteilt werden:

a. Das Wesen des Zen
b. Erleuchtung (Satori)
c. Der Weg des Zen (das Koan)
d. Leben im Selbst

10.2 Das Wesen des Zen

Der Legende nach wurde der Buddhismus von Bodidharma um 500 n.Chr. von Indien nach China gebracht, wo er sich mit dem dort vorherrschenden Daoismus verband und sich zur „Chan-Lehre" entfaltete. Die heutige Form des Zen-Buddhismus entwickelte sich in Japan, nachdem sich ab dem 12. Jahrhundert n.Chr. der Buddhismus dort verbreitete.

Für die Darstellung des Wesens des Zen besteht, wie überhaupt für den Buddhismus, die Schwierigkeit, dass es auch im Zen weder heilige Bücher noch dogmatische Lehrsätze gibt, sondern allenfalls Dialoge zwischen Zen-Meistern und ihren Schülern, die als Orientierung dienen können, so dass die Lehre aus dem eigenen Inneren eines jeden Einzelnen kommen muss (Watts 1985, S. 11; Suzuki et al. 1999, S. 50). So können also nur allgemeine Aussagen über diejenigen Aspekte des Zen gemacht werden, in denen die meisten Zen–Meister offenbar übereinstimmen.

Das generelle Ziel des Zen ist es, über die Selbst-Wesensschau zum vollen Erwachen (bzw. zur Erleuchtung, zur Befreiung) zu gelangen, und seine Lehre will den Weg dahin weisen (Fischer-Schreiber 1994, S. 470). Es soll den Menschen zu seinem eigenen inneren Wesen, zur Mitte des Seins führen, zur Entfaltung des innerlichen Lebens – und zwar durch unmittelbare Erfahrung, nicht durch intellektuelle philosophische Betrachtungen.

Hierzu ein Zitat von Suzuki:

„Nach der Grundidee des Zen sollen wir mit den innersten Kräften unseres Wesens in Fühlung kommen, und zwar auf dem kürzestmöglichen Wege, ohne Rückgriff auf irgend etwas Äußeres oder Zusätzliches. Daher verwirft Zen alles, was auch nur eine entfernte Ähnlichkeit mit einer äußeren Autorität aufweist. Zen hegt ein unbedingtes Zutrauen zum innersten Wesen des Menschen. Alle Autorität im Zen kommt von innen. Das gilt im strengsten Sinne des Wortes. Auch der Verstand wird nicht als letztgültig oder vollkommen angesehen. Im Gegenteil, er hindert den Geist an seinem unmittelbarsten Umgang mit sich selbst. Der Intellekt erfüllt seine Sendung, wenn er als Mittler auftritt, und Zen hat nichts mit einem Mittler zu tun, es sei denn in dem Augenblick, wo es sucht, sich andern Menschen mitzuteilen. Aus diesem Grunde sind alle Bücher nur vorläufige Versuche, nichts Endgültiges. Die Lebensfülle, so wie sie wirklich lebt, ist das, was Zen zu erfassen

sucht, und zwar auf dem kürzesten und lebendigsten Wege. Zen verkündet von sich selbst, dass es der Geist des Buddhismus ist, in Wirklichkeit ist es der Geist aller Religion und Philosophie. Wird Zen im Tiefsten verstanden, so erreicht der Geist den vollkommenen Frieden, und ein Mensch lebt, wie er leben sollte." (Suzuki et al. 1999, S. 58 f.)

Abstrakt-logische Gedanken haben im Zen keinen Wert; zentral ist das eigene Erleben, denn *„Eine Überzeugung kann nur durch das Erlebnis und nicht durch Abstraktion gewonnen werden.*" (Suzuki et al. 1999, S. 166)

Und weiter: *„Zen strebt danach, das Leben in seiner Lebendigkeit selbst zu erfassen, nicht den Lebensstrom abzustellen und zu betrachten.*" (Suzuki et al. 1999, S. 153 f.)

Gedanken und Worte über das Zen sind, einer häufig benutzen Analogie nach, wie der Finger, der auf den Mond zeigt – aber er darf nicht mit dem Mond selbst, dem unmittelbaren Erlebnis der Gegenwart verwechselt werden:

„Wenn Zen einen Menschen die Süßigkeit des Zuckers kosten lassen will, so wird es ihm den Zucker direkt in den Mund stecken und keine weiteren Worte dazu machen. Die Anhänger des Zen würden sagen: es ist wohl ein Finger nötig, um auf den Mond zu deuten, aber was für ein Unfug, wollte einer den Finger für den Mond zu halten!" (Suzuki et al. 1999, S. 102)

Demgemäß ist Zen im üblichen Sinne auch keine Religion, es kennt keinen Gott, der angebetet wird, keine Zukunft im Jenseits, ja keine unsterbliche Seele (Suzuki et al. 1999, S. 50).
Dies bedeutet jedoch nicht, dass Zen atheistisch ist:

„Wenn ich sage, es gäbe im Zen keinen Gott, so mag sich der fromme Leser dadurch verletzt fühlen, es bedeutet aber keineswegs, dass Zen die Existenz Gottes leugnet. Weder Leugnung noch Bejahung geht das Zen etwas an. Wenn etwas geleugnet wird, so schließt die Leugnung selbst etwas ein, was nicht geleugnet wird. Dasselbe lässt sich auch von der Bejahung sagen. Das ist logisch unvermeidlich. Zen aber strebt an, sich über die Logik zu erheben, Zen strebt darnach, eine höhere Art von Gültigkeit zu finden, der gegenüber es Gegenbehauptungen nicht gibt. So wird Gott im Zen weder geleugnet noch behauptet, es gibt eben im Zen keinen Gott im jüdischen

oder christlichen Sinn. Aus den gleichen Gründen, aus denen Zen keine Philosophie ist, ist es auch keine Religion." (Suzuki et al. 1999, S. 51)

Man könnte Zen also eher als agnostizistische Weltanschauung bezeichnen. Zum Vergleich mit den anderen Erscheinungen der Mystik sagt Suzuki: *„Zen kann als eine Form der Mystik betrachtet werden, aber es weicht ab von allen andern Formen der Mystik, in seiner Übung und in seinen letzten Zielen".* (Suzuki et al. 1999, S. 137)
Und:
„Unter dem Gott der Mystiker aber wird etwas Bestimmtes ergriffen; wer Gott hat, schließt das Nicht-Göttliche aus. Das bedeutet Selbstbegrenzung. Zen braucht absolute Freiheit, auch von Gott." (Suzuki et al. 1999, S. 135)

Im Zentrum steht für Zen also, wie schon angedeutet, die unmittelbare Erfahrung der Gegenwart: Es hält *„uns gerade das vor, was in Wirklichkeit unmittelbar vor unseren Augen liegt".* (Suzuki et al. 1999, S. 70)
„Die Wahrheit des Zen [liegt] in den anschaulichen Dingen unseres täglichen Lebens" (Suzuki et al. 1999, S. 114 f.)
„[Zen] bezieht sich unmittelbar auf das Leben, bedarf nicht einmal des Begriffs einer Seele oder Gottes, oder irgendeines anderen vermittelnden Begriffs, der den natürlichen Fluss des Lebendigen stört. Zen sucht das Leben zu ergreifen, so wie es fließt." (Suzuki et al. 1999, S. 103)

Als Antwort auf die Frage „Was ist Zen" zitiert Paul Reps in seinem Werk „Ohne Worte - ohne Schweigen" (engl. „Zen Flesh. Zen Bones") mit verschiedenen Zen-Texten eine Hindu-Geschichte, die von dem Sufi-Gelehrten Inyat Khan erzählt wird:
Ein Fisch ging zur Königin der Fische und fragte:
„»Ich habe immer vom Meer gehört, aber was ist das, dieses Meer? Wo ist es?"«
Die Königin der Fische erklärte:»Du lebst, bewegst dich und hast dein Sein im Meer. Das Meer ist in dir und außerhalb deiner, du bist aus Meer gemacht, und du wirst im Meere enden. Das Meer umgibt dich als dein eigenes Wesen«". (Reps und Olvedi 1998, S. 207)

10.3 Die Erleuchtung (Satori)

Die angestrebte Erleuchtung (das Erwachen, die Befreiung) wird im Zen „Satori" genannt. Gemäß der Tatsache, dass sich Zen einem intellektuellen Zugang verschließt, ist es schwierig, Satori genauer zu definieren bzw. zu beschreiben. Suzuki schreibt dazu:

„Weder im Satori noch im Zen gibt es einen Inhalt, der beschrieben oder dargestellt oder intellektuell erläutert werden könnte. Denn Zen hat nichts zu tun mit Gedanken, und Satori ist eine Art von innerer Wahrnehmung – nicht etwa die Wahrnehmung eines besonderen Gegenstandes, sondern sozusagen das Empfindungsvermögen der wahren Wirklichkeit selbst. Die letzte Bestimmung des Satori bezieht sich auf das Selbst. Es hat keine andere Aufgabe, als in das eigene Selbst zurückzuführen." (Suzuki et al. 1999, S. 129 f.)

„Ist Satori etwas, das sich aller intellektuellen Zergliederung entzieht? Ja, es ist ein Erlebnis, das auch ein Berg von Erläuterungen und Beweisen anderen niemals begreiflich machen kann, es sei denn, diese hätten das Erlebnis zuvor selber gehabt. Satori, das einer Zergliederung zugänglich wäre, so dass aus diesem Grunde ein anderer, der es noch nie hatte, volles Verständnis dafür gewinnt, wäre kein Satori. Denn Satori, das in einen Begriff verwandelt ist, hört auf, Satori zu sein, es wäre kein Zen-Erlebnis darin. Daher ist das einzige, was im Zen gelehrt werden kann, anregen und einen Weg zeigen, auf dem eines Menschen Geist selber zum Ziel gelangen kann." (Suzuki et al. 1999, S. 127 f.)

Entsprechend kann das Erleben und der Zustand von Satori also nicht umfassend beschrieben werden – allenfalls kann hingewiesen und erinnert werden an Zustände, die der Zuhörer wenigstens ansatzweise selbst erlebt hat. In den Kapiteln 12.3 und 12.4 wird noch einmal darauf zurückzukommen sein, wenn davon die Rede sein wird, dass mutmaßlich jeder Mensch schon einmal mystisch-spirituelle Erlebnisse hatte, so dass ihm der Zen-Zustand des Satori zumindest nicht vollkommen fremd ist.

Um aber doch zumindest Hinweise auf den Zustand des Satori zu geben, schreibt Suzuki:

„Satori mag definiert werden als intuitive Innenschau, im Gegensatz zu intellektuellem und logischem Verstehen. Wie auch die Definition lauten mag, Satori bedeutet die Enthüllung einer neuen Welt, die im Wirrwarr des

dualistisch gebundenen Geistes unerkannt bleibt." (Suzuki et al. 1999, S. 122 f.)

„Im Zen muss Satori erlebt sein; es muss eine völlige geistige Umwälzung stattfinden, die die frühere Anhäufung intellektuellen Wissens zerstört und die Grundlage für ein neues Leben freilegt; ein neuer Sinn muss erwachen, der die alte Welt in einem bisher nie erträumten Gesichtswinkel neu erschaut." (Suzuki et al. 1999, S. 134)

„Satori ist das überraschende Aufflammen einer bislang nicht einmal erträumten neuen Wahrheit im Bewusstsein. Es ist eine Art geistiger Katastrophe, die plötzlich eintritt, wenn viel Stoff an Begriffen und Beweisen aufgehäuft worden ist. Dieses Aufstapeln hat die Grenze an Tragfähigkeit erreicht, das ganze Gebäude stürzt in sich zusammen, und siehe, ein neuer Himmel öffnet sich weit dem Blick. [...]

Satori kommt unvermutet über einen Menschen, wenn er fühlt, dass er sein ganzes Sein erschöpft hat. Religiös gesehen, ist es eine Wiedergeburt; intellektuell bedeutet es die Erreichung eines neuen Blickpunktes. Die Welt erscheint jetzt wie in einem neuen Gewand, das die ganze Hässlichkeit des Dualismus zudeckt, der nach buddhistischer Auffassung reine Täuschung ist." (Suzuki et al. 1999, S. 132)

Es ist für denjenigen, der Satori erlebt, also von einer völlig neuen Perspektive, von einem neuen Leben, einem neuen Himmel, einer Wiedergeburt in eine neue Welt die Rede, die eine völlige Umwälzung der alten Sichtweise auf unsere gewöhnliche Welt zur Folge hat.

10.4 Der Weg des Zen (das Koan)

Reps zitiert in seinem Buch „Ohne Worte - ohne Schweigen" eine Geschichte von dem japanischen Zen-Meister Nan-in, den ein Universitätsprofessor besuchte, um etwas über Zen zu erfahren:

„Nan-in servierte Tee. Er goss die Tasse seines Besuchers voll und hörte nicht auf weiterzugießen.

Der Professor beobachtete das Überlaufen, bis er nicht mehr an sich halten konnte.»Es ist übervoll. Mehr geht nicht hinein!«

»So wie diese Tasse«, sagte Nan-in, »sind auch Sie voll mit Ihren eigenen Meinungen und Spekulationen. Wie kann ich Ihnen Zen zeigen, bevor Sie Ihre Tasse geleert haben?«" (Reps und Olvedi 1998, S. 21)

Um Zen zu verstehen und Satori zu erreichen, müssen also zunächst einmal alle unsere herkömmlichen Meinungen und Vorurteile beseitigt werden.

Darüber hinaus aber muss unser gewöhnliches logisch-dualistisches Denken überwunden werden, und dies kann nach Ansicht des Zen eben nicht durch philosophische Überlegungen und Bekehrungen erreicht werden, da diese immer im dualistischen Zirkel gefangen bleiben. Die Methode des Zen ist demgemäß eine völlig andere: Um den Schüler aus seinem gedanklichen Gefängnis zu befreien, muss ihm anhand von praktischer Erfahrung die Nutzlosigkeit des Denkens bewusst gemacht werden.

Dazu erhält der Schüler im Allgemeinen von seinem Meister ein Problem in Form einer Frage, über die er nachzudenken hat. Diese Frage wird im Zen als „Koan" bezeichnet, und für unser gewöhnliches dualistisches Denken, innerhalb unserer logischen Denkstruktur, scheint dieses Problem unlösbar, ja oftmals absurd zu sein.

„Die Koans dienen […] vornehmlich dazu, alle nur möglichen Zugänge zum Rationalismus zu versperren." (Suzuki et al. 1999, S. 149)

Eines der bekanntesten Beispiele ist der „Ton einer Hand". Hier die Schilderung von Suzuki über den Zen-Meister Hakuin:

„Hakuin pflegte eine Hand emporzuhalten und seine Schüler aufzufordern, ihren Ton zu hören. Gewöhnlich gibt es nur dann einen Ton, wenn beide Hände zusammengeschlagen werden, und in diesem Sinn kann von einer Hand allein kein Ton herkommen. Aber Hakuin wollte gerade die alltägliche Erfahrung, die auf einer sogenannten physikalischen und logischen Basis steht, an der Wurzel treffen. Gerade die Zerstörung dieser Grundlage ist notwendig, wenn eine neue Ordnung der Dinge im Sinne der Zen-Erfahrung entstehen soll. Deshalb diese offensichtlich unnatürliche und unlogische Aufforderung Hakuins an seine Schüler." (Suzuki et al. 1999, S. 146)

Eine andere Version dieses Koans findet sich bei Paul Reps in seinem Werk „Ohne Worte, ohne Schweigen" in folgender Geschichte:

Toyo, ein zwölfjähriger Junge, erhielt auf seine Bitte um Belehrung von seinem Meister folgendes Problem:

„Du kannst den Ton zweier Hände hören, wenn sie zusammenklatschen. Nun zeig mir den Ton einer Hand."

Der Junge grübelt über dieses Problem nach und besucht täglich seinen Meister mit immer wieder neuen Lösungen, indem er den Ton der Musik der Geishas nachahmte, den Ton von tropfendem Wasser, das Seufzen des Windes, den Schrei einer Eule, das Zirpen von Heuschrecken, aber jedes Mal wies der Meister seine Lösung zurück.

„Mehr als zehnmal suchte Toyo mit verschiedenen Tönen den Meister auf. Alle waren falsch. Fast ein Jahr lang grübelte er nach, was der Ton einer Hand sein könnte.

Schließlich fand der kleine Toyo in die wahre Meditation, und er transzendierte alle Töne. »Ich konnte nicht mehr zusammenbringen«, erklärte er später, »und so erreichte ich den tonlosen Ton.«

Toyo hatte den Ton einer Hand verwirklicht." (Reps und Olvedi 1998, S. 43 f.)

Und hier noch ein weiteres bekanntes Beispiel für ein Koan:

„Vor langer Zeit hielt ein Mann eine Gans in einer Flasche. Sie wuchs und wuchs, und zuletzt kam sie aus der Flasche nicht mehr heraus. Der Mann wollte weder die Flasche zertrümmern noch die Gans verletzen. Wie würdest du sie herauskriegen?" (Watts 1985, S. 72)

Hat der Schüler sich lange genug, oft jahrelang mit diesem Problem befasst, kann es blitzartig zu einer Einsicht, zu Satori kommen.

Hierzu noch einmal das schon oben angeführte Zitat:

„Satori ist das überraschende Aufflammen einer bislang nicht einmal erträumten neuen Wahrheit im Bewusstsein. Es ist eine Art geistiger Katastrophe, die plötzlich eintritt, wenn viel Stoff an Begriffen und Beweisen aufgehäuft worden ist. Dieses Aufstapeln hat die Grenze an Tragfähigkeit erreicht, das ganze Gebäude stürzt in sich zusammen, und siehe, ein neuer Himmel öffnet sich weit dem Blick." (Suzuki et al. 1999, S. 132)

Es kommt gewissermaßen zu einem Kollaps des Verstandes und eine neue Dimension wird betreten. Hierzu ist allerdings anzumerken, dass die

Technik des Zen im Allgemeinen eine strenge Selbstzucht erfordert, insbesondere für die Mönche in den Zen-Klöstern.

Die Koan-Frage soll also *„des Schülers Geist der Tatsache öffnen, dass das, was er zuvor als Gemeinplatz oder logische Unmöglichkeit angesehen hat, nicht notwendig dergleichen zu sein braucht, und dass seine bisherige Art, die Dinge anzuschauen nicht immer richtig noch für sein geistiges Wohl zuträglich war. Hat er dies eingesehen, so mag der Schüler bei der Aussage selbst verweilen und trachten, deren Wahrheit, wenn sie eine solche enthält, zu erfassen. Den Schüler zu zwingen, diese fragende Haltung einzunehmen, ist der Zweck des Koan. Er muss dann darin weitergehen, bis er gleichsam an den Rand eines geistigen Abgrunds kommt, wo es keine andere Wahl gibt als hinüberzuspringen. Dieses Aufgeben seines letzten Haltes wird den Schüler zu einer ungehinderten Schau seines »Urantlitzes« bringen.“* (Suzuki et al. 1999, S. 145)

„Das Koan ist [...] nur ein Stein, um ans Tor zu klopfen, ein Fingerzeig auf den Mond. Das Koan soll nur den Dualismus der Sinne überbrücken oder – man kann auch sagen – in einer Synthese vereinigen.“ (Suzuki et al. 1999, S. 146)

Der Dualismus, die Aufspaltung der Welt in Subjekt und Objekt, soll überwunden werden, und zurück bleibt ihre Vereinigung, die Einheit im eigenen inneren Selbst.

10.5 Leben im Selbst

Wie nun lebt der Erleuchtete, der Satori erfahren und die Einheit verwirklicht hat? Dies soll wieder anhand einiger Zen-Geschichten veranschaulicht werden. Die folgende Parabel geht auf ein Sutra (Lehrrede) des Buddha zurück:

„Ein Mann, der über eine Ebene reiste, stieß auf einen Tiger. Er floh, den Tiger hinter sich. Als er an einen Abgrund kam, suchte er Halt an der Wurzel eines wilden Weinstocks und schwang sich über die Kante. Der Tiger beschnupperte ihn von oben. Zitternd schaute der Mann hinab, wo weit unten ein anderer Tiger darauf wartete, ihn zu fressen. Nur der Wein hielt ihn.

Zwei Mäuse, eine weiße und eine schwarze, machten sich daran, nach und nach die Weinwurzel durchzubeißen. Der Mann sah eine saftige

Erdbeere neben sich. Während er sich mit der einen Hand am Wein fest-
hielt. pflückte er mit der anderen die Erdbeere. Wie süß sie schmeckte!"
(Reps und Olvedi 1998, S. 40 f.)

Ein anderes Beispiel ist folgender Dialog mit einem Zen-Lehrer, der von
Suzuki beschrieben wird:
> *„Ein großer Lehrer wurde einmal gefragt:* »*Machst du ununterbrochen*
> *Anstrengungen, dich in der Wahrheit zu üben?*«
> »*Ja, das tue ich.*«
> »*Wie übst du dich selber?*«
> »*Wenn ich hungrig bin, esse ich, wenn ich müde bin, schlafe ich.*«
> »*Das tut jeder. Kann man da von jedem sagen, dass er sich übt wie*
> *du?*«
> »*Nein.*«
> »*Warum nicht?*«
> »*Weil die andern, wenn sie essen, nicht essen, sondern über die ver-*
> *schiedensten andern Dinge nachdenken und sich dadurch stören las-*
> *sen; wenn sie schlafen, so schlafen sie nicht, sondern sie träumen von*
> *tausend und einem Ding. Darum sind sie nicht so wie ich.*«"
(Suzuki et al. 1999, S. 119)

Eine weitere Zen-Geschichte lautet:
> *„Ein Mönch fragte [den Zen-Meister] Fuketsu:* »*Ohne zu sprechen, ohne*
> *zu schweigen, wie kann man da die Wahrheit ausdrücken?*«
>
> *Fuketsu bemerkte:* »*Ich erinnere mich immer an den Frühling in Süd-*
> *China. Die Vögel singen inmitten unzähliger Arten duftender Blumen.*«
(Reps und Olvedi 1998, S. 140)

Häufig zitiert wird auch der folgende Dialog zwischen dem Zen-Meister Joshu und einem Schüler:
> *„Ein Mönch sagte zu Joshu:* »*Ich bin soeben im Kloster angekommen.*
> *Bitte, unterrichte mich.*«
> *Joshu fragte:* »*Hast du deinen Reisbrei gegessen?*«
> *Der Mönch antwortete:* »*Ich habe gegessen.*«
> *Joshu sagte:* »*Dann wasche deine Schale aus.*«
> *In diesem Augenblick wurde der Mönch erleuchtet."*
(Reps und Olvedi 1998, S. 124 f.)

Und hierzu noch die Geschichte von der Erleuchtung von Joshu durch seinen Lehrer, den Zen-Meister Nansen:

„Joshu fragte Nansen: »Was ist der Pfad?«

Nansen sagte: »Das tägliche Leben ist der Pfad.«

Joshu fragte: »Kann man das studieren?«

Nansen sagte: »Wenn du versuchst, es zu studieren, so bist du fern davon.«

Joshu fragte: »Wenn ich es nicht studiere, wie kann ich dann wissen, ob es der Pfad ist?«

Nansen sagte: »Der Pfad gehört nicht der Welt der Wahrnehmung an, noch gehört er der Welt der Nicht-Wahrnehmung an. Erkenntnis ist eine Täuschung, und Nicht-Erkenntnis ist sinnlos. Wenn du den wahren Pfad jenseits aller Zweifel erreichen willst, so versetze dich in dieselbe Freiheit, wie der Himmel sie hat. Du wirst sie weder gut noch nicht-gut nennen.«

Bei diesen Worten wurde Joshu erleuchtet."

(Reps und Olvedi 1998, S.135)

So ungewöhnlich und teilweise unverständlich diese und viele andere Zen-Geschichten oft wirken, so scheinen sie doch auf die Sicht- und Lebensweise des Erleuchteten hinzuweisen: Er lebt in Frieden und Freiheit, im Hier und Jetzt, ohne Gedanken an Vergangenheit und Zukunft, ohne Wertungen, ohne Gegensätze – in der Mitte seines inneren Selbst.

10.6 Der Ochs und sein Hirte

Der Weg zum Selbst und das Leben des Erleuchteten wird sehr anschaulich in der Geschichte „Der Ochs und sein Hirte" verdeutlicht, einer zehnteiligen Bilderfolge mit Kommentaren, die ursprünglich von Kuo-an, einem chinesischen Zen-Meister aus dem 12. Jahrhundert stammt und die im Laufe der Jahrhunderte immer wieder neu gezeichnet, gedeutet und kommentiert wurde.

Diese Bilderfolge stellt den langen Weg des Zen-Schülers zur Erleuchtung, zum „Selbst", zur Verwirklichung seiner eigenen wahren Natur dar. Es ist die Geschichte eines Hirten, der seinen Ochsen verloren hat, ihn sucht und ihn wiederfindet, wobei der Ochse in der buddhistischen Tradition für das ewige Lebensprinzip, für das eigene innere Selbst steht, das in etwa im Daoismus dem Dao, im Hinduismus Atman bzw. Brahman und in der christlichen Mystik bei Meister Eckhart vielleicht dem Seelenfünklein bzw. dem Gott in uns entspricht.

Die Abfolge dieser zehn Bilder bzw. Stationen auf dem Pfad des Lebens des Zen-Mönchs bis hin zur Erkenntnis seines inneren Selbst soll im Folgenden kurz beschrieben werden. Als Vorlage dient dabei die verbreitete Bilderserie des Mönches und Zen-Malers Shuhbun aus dem 15. Jahrhundert, wie sie auch in den Büchern von Suzuki (Suzuki 2004) und Ohtsu (Ohtsu et al. 1999) abgebildet und kommentiert wird (s. Ohtsu et al. 1999, S. 131 f.) – s. dazu die Abbildungen auf der übernächsten Seite, enthalten z.B. in Wikipedia Commons (Shubun 15. Jahrhundert). Dabei wird im Folgenden auf Darstellungen von Dumoulin (Dumoulin 1976, S. 175 ff.), Reps (Reps und Olvedi 1998, S. 163 ff.), Ohtsu (Ohtsu et al. 1999, S. 9 ff.) und Suzuki (Suzuki 2004, S. 127 ff.) zurückgegriffen.

1. Bild: Die Suche nach dem Ochsen
Der Hirte hat den Ochsen, sein eigenes inneres Selbst, verloren und steht allein und verlassen in endloser Wildnis.
Hierzu der Kommentar von Kuo-an:
„Der Ochse ist nie verlorengegangen. Wozu sollte man ihn dann suchen? Nur wegen der Trennung von meiner wahren Natur finde ich ihn nicht. In der Verwirrung der Sinne habe ich sogar seine Spur verloren." (Reps und Olvedi 1998, S. 168)

2. Bild: Das Finden der Ochsenspur
Er sucht nach dem Ochsen. Durch Lesen religiöser Texte und Hören der Lehren erahnt er etwas vom Sinn der Wahrheit - er hat die Spur des Ochsen entdeckt.

3. Bild: Das Finden des Ochsen
Er geht der Spur nach und sieht („hört") den Ochsen, *„aber noch ist es nur ein fernes, intellektuelles Wissen oder intuitives Fühlen um den Ochsen."* (Dumoulin 1976, S. 176)

4. Bild: Das Fangen des Ochsen

Er fängt den Ochsen und züchtigt ihn mit der Strenge der Peitsche.

5. Bild: Das Zähmen des Ochsen

Er zähmt den Ochsen und weidet ihn, ohne die Peitsche und die Zügel einen Augenblick loszulassen.

„Diese zwei Stufen beinhalten die Übung in der Zen-Halle, die harte, peinvolle Übung bis zum Erfassen der Erleuchtung und die unabdingbare Übung des Erleuchteten." (Dumoulin 1976, S. 176)

6. Bild: Die Heimkehr auf dem Rücken des Ochsen

Der Kampf ist beendet, der Hirte kehrt heim auf dem Rücken des Ochsen, gelassen und in Muße. *„Die Freude des Hirten und der erhobene Kopf des schon nicht mehr nach Gras gierenden Tieres zeigen die erlangte volle Freiheit an."* (Dumoulin 1976, S. 176)

7. Bild: Der Ochs ist vergessen, der Hirte bleibt

Der Ochse ist verschwunden, denn Hirte und Ochse sind nun eins. *„Der Hirte in seiner Freiheit bedarf nicht mehr des »Ochsen«, er vergisst ihn, wie [...] Falle und Netz unnütz werden, wenn der Hase und der Fisch gefangen sind. So ist der Hirte allein, ohne den Ochsen."* (Dumoulin 1976, S. 176)

Der Mensch hat sein inneres Selbst gefunden, er kommt zur Erleuchtung (Satori) und verweilt in der Kontemplation, der ungestörten Betrachtung des Höchsten.

8. Bild: Die vollkommene Vergessenheit von Ochs und Hirte

Alle weltlichen Begierden sind abgefallen. Nun verschwindet auch die eigene Person. *„Nun verschwinden beide, Ochs und Hirte, im gründenden und umfassenden Nichts des Kreisrunds".* (Dumoulin 1976, S. 176)

In der Sprache der christlichen Mystik verschmilzt die Person in der mystischen Vereinigung, der unio mystica, mit dem bildlosen All-Ich, der allumfassenden Gottheit.

9. Bild: Zurückgekehrt in den Grund und Ursprung

Aber die Welt erscheint wieder. Nun sind alle Dinge um den Hirten so, wie sie sind – ohne noch an der Welt zu haften, beschaut er in der Stille ruhend den Wandel aller Dinge.

10. Bild: Das Hereinkommen auf den Markt mit offenen Händen

Der erleuchtete Hirte kehrt wieder in die Welt zurück, frei von allen weltlichen Wünschen und Gedanken. Er kommt herein in die Stadt und auf den Markt und wendet sich den Menschen zu mit segenspendenden Händen, um sie aus seiner inneren Fülle zu beschenken – und jeder, den er anschaut, wird erleuchtet.

Er *„lebt mit allen seinen Mitmenschen und wie alle seine Mitmenschen, aber die Güte, die er ausstrahlt, rührt von seiner Erleuchtung her"*. (Dumoulin 1976, S. 176 f.)

Der Ochs und sein Hirte

1. Die Suche nach dem Ochsen

2. Das Finden der Ochsenspur

3. Das Finden des Ochsen

4. Das Fangen des Ochsen

5. Das Zähmen des Ochsen

6. Die Heimkehr auf dem Rücken des Ochsen

7. Der Ochs ist vergessen, der Hirte bleibt

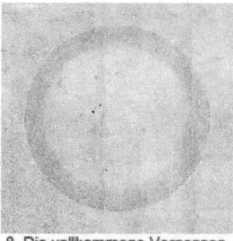

8. Die vollkommene Vergessenheit von Ochs und Hirte

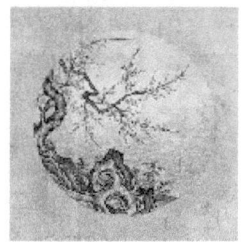

9. Zurückgekehrt in den Grund und Ursprung

10. Das Hereinkommen auf den Markt mit offenen Händen

Das Endziel des spirituellen Weges des Zen-Mönches ist hiernach also nicht das Verschwinden, die völlige Auslöschung der Persönlichkeit und ihr endgültiger Eingang ins „Nichts", sondern eine Rückkehr in den normalen Alltag, jetzt aber ohne jegliches weltliche Anhaften, segenspendend für seine Umwelt.

Und diese Lehre ähnelt derjenigen vieler christlicher und anderer Mystiker, die ebenfalls auf einen spirituellen Weg hinweisen, an dessen Ende nicht die Zurückgezogenheit in die Einsamkeit, sondern ein aktives Leben der tätigen Nächstenliebe steht (s.o. in den entsprechenden Kapiteln, insbesondere in Bezug auf Meister Eckhart in Kapitel 3.2 e).

10.7 Zen und christliche Mystik

Zur Nähe des Zen und allgemein des Buddhismus zur christlichen Mystik sei zunächst noch einmal die oben schon angeführte Stelle aus dem Buch „Der westliche und der östliche Weg", von Daisetz Suzuki zitiert:

„Als ich zum ersten Mal [...] ein kleines Buch mit einigen von Meister Eckharts Predigten las, beeindruckten diese mich tief, denn ich hatte niemals erwartet, dass irgendein christlicher Denker — gleich, ob alt oder modern — solch kühne Gedanken hegen würde, wie sie in diesen Predigten ausgesprochen wurden. Wenn ich mich auch nicht erinnere, welche Predigten das kleine Buch enthielt, so weiß ich doch: die darin geäußerten Gedanken waren buddhistischen Vorstellungen so nahe, dass man sie fast mit Bestimmtheit als Ausfluss buddhistischer Spekulation hätte bezeichnen können. Soweit ich es beurteilen kann, scheint mir Eckhart ein ungewöhnlicher »Christ« zu sein." (Suzuki 1957, S. 13)

Suzuki vergleicht in diesem Buch insbesondere die Lehre von Meister Eckhart mit der buddhistischen Lehre des Zen. Hierzu im Folgenden einige Zitate.

Zum Begriff der „Leerheit" (sunyata):

„Diese Idee von einem Gott, der die Welt aus dem Nichts schafft in absoluter Gegenwart – und sich daher jeglicher Kontrolle durch eine serielle Zeitkonzeption entzieht, dürfte buddhistischen Ohren nicht fremd sein. Vielleicht hören sie in ihr das Echo ihrer eigenen Doktrin von der Leerheit (sunyata)." (Suzuki 1957, S. 15 f.)

„Eckhart ist in völligem Einklang mit der buddhistischen sunyata-Doktrin, wenn er den Begriff der Gottheit zum „reinen Nichts" [...] erhöht." (Suzuki 1957, S. 25)

„Eckharts Gott der namenlosen oder unnennbaren »Nichtheit« ist in der buddhistischen Terminologie nichts anderes als die Ichlosigkeit aller Dinge, der sankhara-freie [aktivitätsfreie] *Geist, das Erloschensein aller Begierden."* (Suzuki 1957, S. 54)

Auch an anderer Stelle vergleicht er die von Meister Eckhart verwendeten Begriffe „Wüste", „Stille", „Schweigen", „Nichtigkeit", auch „Abgeschiedenheit" mit der buddhistischen Doktrin von der Leerheit. (Suzuki 1957, S. 22 f.)

Weiterhin vergleicht er den buddhistischen Begriff der Erleuchtung mit Meister Eckharts mystischen Erfahrungen:

„Eckharts Erfahrungen wurzeln tief in der grundlegenden, überwältigenden Erfahrung Gottes als Sein, das Sein und Nicht-Sein zugleich ist. [...] Die buddhistische Erleuchtung ist nichts anderes als diese Erfahrung der Ist–oder So-heit (tathata), der alle uns Menschen nur irgendwie vorstellbaren möglichen Werte (guna) innewohnen." (Suzuki 1957, S. 16)

Zum Begriff der Erleuchtung sagt er weiterhin:

„Eckharts Darlegung hinsichtlich der Selbstliebe Gottes, worin er »alle Dinge liebt«, entspricht in gewisser Weise den buddhistischen Gedanken der allumfassenden Erleuchtung." (Suzuki 1957, S. 18)

Veranlasst durch die vielen Parallelen zwischen den buddhistischen Lehren und Erfahrungen und denjenigen von Meister Eckhart kommt Suzuki zu dem Schluss:

„Immer, wenn ich auf solche Übereinstimmungen stoße, wächst meine Überzeugung, dass die christlichen religiösen Erfahrungen sich im Grunde von den buddhistischen nicht unterscheiden. Alles, was uns trennt, ist die Terminologie, sie trennt – und reizt uns zu unnützer Kraftvergeudung. Gleichwohl müssen wir sorgfältig abwägen und prüfen, ob es tatsächlich etwas gibt, das uns einander entfremdet, und ob es eine Basis gibt, auf der wir gemeinsam spirituell fortschreiten können, von der aus sich eine Weltkultur fördern lässt." (Suzuki 1957, S. 17)

Und er zitiert den tamilischen Historiker und Philosophen Coomaraswamy:

„Eckhart zeigt eine erstaunliche Nähe zur indischen Denkart. Passagen und viele einzelne Sätze lesen sich wie eine Übersetzung unmittelbar aus dem Sanskrit. Damit soll natürlich nicht der Eindruck erweckt werden, in Eckharts Schriften seien irgendwelche indischen Elemente tatsächlich vorhanden, obschon es einige orientalische Einflüsse in der europäischen Tradition gibt, die aus neuplatonischen und arabischen Quellen stammen. Was der Vergleich vielmehr beweist, das ist nicht der Einfluss eines Denksystems auf ein anderes, sondern der Zusammenhang der metaphysischen Überlieferung der ganzen Welt und aller Zeiten.“ (Zitiert nach Suzuki 1957, S. 22)

Auch der Jesuit und Zen-Meister Hugo Enomiya-Lassalle (1898 – 1990) betont immer wieder die Nähe der christlichen zur östlichen Mystik. So schreibt er:

„Wenn wir die Schriften der Mystiker studieren, werden wir finden, dass der Weg der christlichen Mystik ein Weg zur Gotteserfahrung und darüber hinaus zur Gottes-Vereinigung ist, und wir werden entdecken, dass der ganze Weg viel Ähnlichkeit mit dem Zen hat.“ (Enomiya-Lassalle und Wehr 1991, S. 31)
Und an anderer Stelle:

„Osten und Westen sind sich darin einig, dass das Ziel nicht eine bloße Bewusstseinserweiterung, sondern das Erlangen einer völlig neuen Bewusstseinsdimension ist. Diese kann auf zweierlei geprägt sein, entweder unpersönlich oder persönlich.“ (Enomiya-Lassalle und Wehr 1991, S. 123)

Und zu den subtilen Unterschieden schreibt Enomiya-Lassalle:

„Der Buddhist erfährt in der Erleuchtung zwar das tiefste Selbst, aber als eins mit dem absoluten Sein. Er wird dadurch in seinem Glauben an die vollkommene Einheit allen Seins bestärkt.

Der Christ - oder wer an einen persönlichen Gott glaubt - erfährt das Selbst nicht nur in sich, sondern auch in seiner Beziehung zum absoluten Sein. Er erfährt Gott in seinem Selbst. Die christliche Gotteserfahrung geht über das Selbst. Daher wird das Selbst nicht in das Absolute »eingeschmolzen«. Im Gegenteil: Die Gotteserfahrung ist für den Christen die Vollendung seiner Persönlichkeit.

Meister Eckhart sagt: »Da ist Gott mein Grund und mein Grund Gottes Grund.« Damit ist die für die christliche Mystik typische Liebesvereinigung mit Gott angesprochen.

Beide, der Buddhist und der Christ, fühlen sich in ihrer Erfahrung von Furcht und Zweifel befreit und erfüllt von tiefem Frieden und höchster Freude. Die Beziehung zum Absoluten ist in beiden Fällen wesentlich vorhanden ... Es nimmt daher nicht wunder, dass man das Phänomen der Erleuchtung in ähnlicher Weise zu allen Zeiten und in allen Religionen gefunden hat und auch noch findet." (Enomiya-Lassalle und Wehr 1991, S. 125)

Auf den Unterschied zwischen dem personalen Gott und der eher apersonalen „Gottheit" bei Meister Eckhart wurde schon oben in den Kapiteln 3.2 c und 9.7 e genauer eingegangen.

Zum Abschluss dieses Kapitels sei eine alte Zen-Geschichte zitiert, die die Nähe zwischen dem Zen-Buddhismus und dem Christentum, aber auch die Wertschätzung der Buddhisten für die christliche Lehre zeigt:

„Ein Universitätsstudent, der [den Zen-Meister] *Gasan besuchte, fragte ihn:* »*Haben Sie jemals die christliche Bibel gelesen?*«

»*Nein, lies sie mir vor*«, *sagte Gasan.*

Der Student öffnete die Bibel und las aus dem Matthäus-Evangelium: »*Und warum sorgt ihr euch um Kleidung? Betrachtet die Lilien auf dem Felde, wie sie wachsen; sie arbeiten nicht und spinnen nicht, und doch sage ich euch: Selbst Salomon in all seiner Pracht war nicht gekleidet wie eine von ihnen[...]*

Sorgt euch darum nicht ängstlich um den morgigen Tag, denn der morgige Tag wird für sich selbst sorgen.«

Gasan sagte: »*Wer solche Worte aussprach, ist meiner Meinung nach ein erleuchteter Mensch*«.

Der Student fuhr fort zu lesen: »*Bittet, und es wird euch gegeben werden; suchet, und ihr werdet finden, klopfet an, und es wird euch aufgetan werden. Denn wer bittet, empfängt; wer suchet, der findet; wer anklopft, dem wird aufgetan werden.*«

Gasan bemerkte: »*Das ist ausgezeichnet. Wer das sagte, ist nicht fern der Buddhaschaft.*«" (Reps und Olvedi 1998, S.38)

D. MYSTIK IN DER GEGENWART

11. Neuzeitliche Mystiker

11.1 Einleitung

In den vergangenen Kapiteln wurde dargestellt, in welchen verschiedenen Facetten die Mystik bei Vertretern der großen Weltreligionen erscheint, und es stellte sich heraus, dass es offenbar im Wesentlichen derselbe Grundton ist, der durch alle äußerlich oft so unterschiedlichen religiösen Strömungen hindurchklingt. Jedoch ist die Mystik ersichtlich nicht auf Zugänge seitens bestimmter Religionen und auch nicht auf bestimmte Epochen beschränkt. Denn es treten immer wieder und zu allen Zeiten Menschen auf, die mystisches Gedankengut verbreiten, die sich zuweilen keiner bestimmten religiösen Richtung zuordnen lassen und deren Lehren doch eine große Tiefe an Spiritualität erkennen lassen.

So gibt es auch in der Gegenwart viele spirituelle Lehrer, deren Gedanken denen der klassischen mystischen Text sehr nahe stehen. In dem Buch von Bittrich und Salvesen „Die Erleuchteten kommen" aus dem Jahr 2002 (Bittrich und Salvesen 2002) sind beispielsweise 30 Kurzbiografien von großenteils noch lebenden Weisheitslehrern aus der östlichen und westlichen Welt enthalten, die weitgehend unabhängig voneinander auftreten und die von sich behaupten, dass sie sich dauerhaft in einem Zustand befinden, der der „mystische Vereinigung" nahekommt - wenn auch von ihnen nicht als solcher bezeichnet, sondern eher als „Zustand der Einheit" beschrieben. Ihre Lehren sind teilweise ganz losgelöst von jeder religiösen Tradition, teils stellen sie eine Mischung aus mehreren religiösen Richtungen dar, insbesondere aus dem Christentum und verschiedenen östlichen Lehren.

Wohl am bekanntesten sind im indischen Raum Nisargadatta Maharaj (1897 – 1981) und sein Schüler Ramesh Balsekar (1917 – 2009), die der hinduistischen Advaita-Lehre nahestehen, und in der westlichen Welt vor allem Eckhart Tolle (*1948), Tony Parsons (*1933) und Byron Katie (*1942), deren Lehren relativ unabhängig von jeglicher religiösen Bindung sind.

Insbesondere die Werke von Eckhart Tolle sind auf der ganzen Welt verbreitet; sein Hauptwerk „Jetzt! Die Kraft der Gegenwart" („The Power Of

Now") (Tolle 2007) wurde inzwischen in 35 Sprachen übersetzt und, oft mit Bestsellerstatus, viele hunderttausendmal verkauft. Auf ihn und seine Lehre soll stellvertretend für viele andere neuzeitliche Weisheitslehrer etwas genauer eingegangen werden.

11.2 Eckhart Tolle

Eckhart Tolle wurde 1948 geboren und hatte nach eigener Aussage im Alter von 29 Jahren ein Erleuchtungserlebnis, das von ihm als „seine wahre Natur", als „reines Bewusstsein" erfahren wurde, ein Zustand, der ihn seither nicht mehr verließ (Tolle 2007, S. 16 f.). Seitdem, also seit über 40 Jahren ist er als spiritueller Lehrer tätig, schreibt Bücher und ist zu Vortragsreisen in der ganzen Welt unterwegs. Seine Lehre enthält weniger religiös-philosophische Gedanken als vielmehr umfangreiche Anweisungen für ein spirituell orientiertes, leidfreies und erfülltes Leben. Sie zeigt eine große Nähe zum Advaita-Gedanken im Hinduismus (s.o. Kapitel 9); er selbst hat sich dazu geäußert, dass er seine Lehre als Weiterführung der Lehren von J. Krishnamurti und Ramana Maharshi (s.o. Kapitel 9.7) sieht, mit denen er sich geistig eng verbunden fühlt. (Parker 2001, S.97 ff.)

In der Mystik von Eckhart Tolle finden sich dieselben Elemente, die in allen anderen bisher behandelten mystischen Richtungen zu finden sind und die oben jeweils beschrieben wurden. Diese sollen im Folgenden nacheinander genauer betrachtet werden, und zwar ähnlich wie bisher gegliedert nach folgenden Gesichtspunkten:
  a. Das Sein als das eigene innere Wesen
  b. Das Jetzt als der Zugang zum Sein
  c. Die Stille als das wahre innere Wesen
  d. Erleuchtung als Einheit mit dem Sein
  e. Der Weg in die Stille
  f) Leben in der Welt in Stille

a. Das Sein als das eigene innere Wesen

Das eigene wahre, innerste Wesen, das tiefste Selbst, wird von Eckhart Tolle mit „Sein" bezeichnet. Dies hat eher apersonale Züge und entspricht in etwa dem, was bei Meister Eckhart mit „Gottheit" (s.o. Kapitel 3.2.c), im Daoismus als „Dao" (s.o. Kapitel 8.2), im Hinduismus als „Brahman" (s.o. Kapitel 9.2), bei Ramana Maharshi als das „Selbst" (s.o. Kapitel 9.7 e) bezeichnet wird.

Er schreibt dazu:
„Es gibt das ewige, immer gegenwärtige eine Leben jenseits der Myriaden von Lebensformen, die Geburt und Tod unterworfen sind. Viele Menschen verwenden dafür das Wort »Gott«; ich nenne ist meist »Sein«, obwohl das Wort »Sein« ebenso wenig erklärt wie das Wort »Gott«. »Sein« hat allerdings den Vorteil, dass es ein offenes Konzept ist. Es reduziert das unendliche Unsichtbare nicht auf etwas Endliches. Man kann sich unmöglich eine gedankliche Vorstellung davon machen. Niemand kann einen Alleinanspruch auf das Sein geltend machen. Es ist dein Gegenwärtigsein an sich, und jeder hat durch das Gefühl der eigenen Gegenwart unmittelbaren Zugang dazu. Vom Wort »Sein« ist es nur ein kleiner Schritt zur Erfahrung des Seins.

Das Sein besteht nicht nur jenseits aller Formen, sondern zugleich tief im Innern aller Formen als deren innerstes, unsichtbares, unzerstörbares Wesen. Folglich ist es dir jetzt als dein eigenes tiefstes Selbst, dein eigenes wahres Wesen zugänglich." (Tolle und Ifang 2002, 15)

Aber auch bei Eckhart Tolle ist dieses oberste Lebensprinzip nicht zu begreifen, nicht mit dem Verstand zu erfassen:
„Aber versuche nicht, es mit dem Denken zu erfassen. Versuche nicht, es zu verstehen.

Du kannst es nur erfahren, wenn der Verstand still ist. Du wirst es nie mit dem Intellekt begreifen können, aber wenn du voll gegenwärtig bist und deine Aufmerksamkeit ganz auf das Jetzt konzentrierst, kannst du es fühlen." (Tolle und Ifang 2002, 15 f.)

b. Das Jetzt als der Zugang zum Sein

Die Kernbotschaft von Eckhart Tolle ist, dass Zeit, also Vergangenheit und Zukunft im Grunde nur eine Illusion sind, dass einzig die Gegenwart, das „Jetzt", wirklich existiert:

„Die Unterteilung des Lebens in Vergangenheit, Gegenwart und Zukunft ist erdacht und letztlich eine Illusion. Vergangenheit und Zukunft sind Gedankenformen, mentale Abstraktionen. Die Vergangenheit kommt nur im Jetzt in Erinnerung. Woran du dich erinnerst, ist ein Ereignis, das im Jetzt stattfand, und daran erinnerst du dich jetzt. Wenn die Zukunft eintritt, ist sie die Gegenwart des Jetzt. Das einzige also, was wirklich ist, was je da ist, ist das Jetzt." (Tolle 2003, S. 48)

Indem man seine Aufmerksamkeit weg von Vergangenheiten und Zukunft auf den gegenwärtigen Augenblick richtet, verblassen allmählich die Gedanken, die uns wie in einem Traum gefangen halten, und wir „erwachen":

„Wenn du deine Aufmerksamkeit auf das Jetzt richtest, stellt sich Wachheit ein. Es ist, als erwachtest du aus einem Traum, aus dem Traum vom Denken, dem Traum von Vergangenheit und Zukunft. Solche Klarheit, solche Einfachheit. Kein Platz für Probleme. Bloß dieser Augenblick, so wie er ist." (Tolle 2003, S. 52)

„Wenn du ins Jetzt eintrittst, trittst du aus den Denkinhalten heraus. Der unablässige Strom des Denkens verlangsamt sich. Die Gedanken beanspruchen nicht länger deine gesamte Aufmerksamkeit, absorbieren dich nicht mehr total. Lücken entstehen zwischen den Gedanken – Weite, Stille. Allmählich wird dir klar, wie viel weiter und tiefer du doch bist als dein Denken." (Tolle 2003, S. 53)

c. Die Stille als das wahre innere Wesen

Wenn der Gedankenstrom versiegt, stellt sich Stille ein, die das wahre innere Wesen, das Gewahrsein, der innere Raum des Menschen ist:

„Wenn du die Berührung mit der inneren Stille verlierst, verlierst du den Kontakt mit dir selbst. Wenn du den Kontakt mit dir selbst verlierst, verlierst du dich in der Welt.

Das innerste Selbstgefühl, das Gefühl dessen, der du bist, ist untrennbar mit Stille verbunden. Das ist das »Ich bin«, das tiefer ist als Namen und Formen." (Tolle 2003, S. 11)
„Die Stille ist dein wahres Wesen. Was ist Stille? Stille ist der innere Raum oder das Gewahrsein." (Tolle 2003, S. 12)

d. Erleuchtung als Einheit mit dem Sein

Erleuchtung ist nach Eckhart Tolle jedoch unser natürlicher Zustand, der durch unser Denken verdeckt wird, er ist das Gefühl des Einsseins mit dem Sein:

„Der unaufhörliche Lärm des Denkens verhindert jedoch, dass wir den Raum der inneren Stille finden, der vom Sein untrennbar ist." (Tolle und Ifang 2002, S. 17)

„Sich des Seins wieder bewusst zu werden und in diesem Zustand »fühlenden Erkennens« zu verharren ist Erleuchtung.

Das Wort Erleuchtung beschwört die Vorstellung einer übermenschlichen Großtat herauf, und das Ego möchte, dass es so bleibt; dabei bezeichnet das Wort einfach nur den natürlichen Zustand, in dem du dich eins mit dem Sein fühlst. Es ist ein Zustand der Verbundenheit mit etwas Unermesslichem und Unzerstörbarem, mit etwas, das paradoxerweise du selbst bist und das trotzdem viel größer ist als du. Du findest darin, jenseits von Name und Form, dein wahres Wesen." (Tolle und Ifang 2002, S. 16)

e. Der Weg in die Stille

Der unaufhaltsame Gedankenstrom verhindert, dass wir im Jetzt leben und in die Stille eingehen. Der Weg zurück besteht darin, dass wir uns immer wieder klar machen, dass wir nicht unsere äußeren Lebensumstände, unsere Gedanken und Erfahrungen sind, sondern unser im Jetzt gegründetes Bewusstsein, das „Ich bin".

„Ständig übersiehst du dabei eine unbestreitbare Tatsache: Dein innerstes »Ich bin«-Gefühl hat nichts mit dem zu tun, was in deinem Leben geschieht, es hat nichts mit dem Lebensinhalt zu tun. Dieses »Ich bin"« ist eins mit dem Jetzt. Es bleibt immer gleich ... Mit anderen Worten: Das

Lebensgefühl wird durch die Umstände, den Gedankenstrom und die vielen Dinge dieser Welt beeinträchtigt. Das Jetzt wird durch Zeit verdunkelt.

Und so vergisst du, dass du im Sein wurzelst, vergisst du deine göttliche Wirklichkeit und verlierst dich in der Welt. Verwirrung, Wut, Depressivität, Gewalt und Konflikt treten auf, wenn Menschen vergessen, wer sie sind.

Dabei ist es so einfach, sich an die Wahrheit zu erinnern und heimzukehren:

Ich bin nicht meine Gedanken, Emotionen, Sinneswahrnehmungen und Erfahrungen. Ich bin nicht mein Lebensinhalt. Ich bin das Leben selbst. Ich bin der Raum, in dem alles geschieht. Ich bin Bewusstsein. Ich bin das Jetzt. Ich bin." (Tolle 2003, S. 54 f.)

Um in die Stille zu kommen und uns dem umfassenden Bewusstsein zu öffnen, müssen wir den gegenwärtigen Augenblick ganz annehmen:

„Wenn du diesen Augenblick voll und ganz annimmst und dich dem, was ist, nicht länger widersetzt, lässt der Zwang zum Denken nach und weicht einer wachsamen Stille. Du bist voll bewusst, obwohl du diesen Augenblick in keiner Weise mental etikettierst. Dieser Zustand innerer Widerstandslosigkeit öffnet dich dem unkonditionierten Bewusstsein, das unendlich viel größer ist als der menschliche Geist. Diese umfassende Intelligenz kann sich dann durch dich ausdrücken und dich innerlich wie äußerlich unterstützen." (Tolle 2003, S. 74)

Wir müssen uns dem Fluss des Lebens anvertrauen, uns ganz ihm hingeben:

„Hingabe ist die einfache und zugleich tiefe Weisheit, dich dem Fluss des Lebens anzuvertrauen statt dich ihm zu widersetzen. Den Fluss des Lebens kannst du nur im Jetzt erleben, und indem du den jetzigen Moment bedingungslos und rückhaltlos annimmst, gibst du dich hin. In der Hingabe lässt du den inneren Widerstand gegen das, was ist, los. [...]

Das Annehmen dessen, was ist, befreit dich sofort aus der mentalen Identifikation und verbindet dich wieder in mit dem Sein." (Tolle 2007, S. 213 f.)

„Wenn du dich dem hingibst, was ist, und dadurch vollgegenwärtig bist, dann verliert die Vergangenheit an Macht. Du brauchst sie nicht mehr. Gegenwärtigkeit ist der Schlüssel. Das Jetzt ist der Schlüssel." (Tolle 2007, S. 235)

f. Leben in der Welt in Stille

Wie in fast allen anderen mystischen Richtungen, betont auch Eckhart Tolle, dass äußerer Lärm und äußere Betriebsamkeit uns nicht daran hindern, im Sein und in der Stille zu bleiben:

„Die äußere Stille ist zwar hilfreich, aber nicht erforderlich, um innere Stille zu finden. Selbst wenn Lärm da ist, kannst du der Stille hinter dem Lärm gewahr werden, des Raums, in dem der Lärm entsteht. Das ist der innere Raum reiner Bewusstheit, es ist das Bewusstsein selbst.

Du kannst des Bewusstseins als Hintergrund aller Sinneswahrnehmungen, alles Denkens gewahr werden. Beim Gewahrsein dieses Bewusstseins entsteht innere Stille." (Tolle 2003, S. 14)

„Jeder störende Lärm kann ebenso hilfreich sein wie äußere Stille. Inwiefern? Wenn du den inneren Widerstand gegen den Lärm aufgibst, sodass er sein darf, wie er ist, führt dich dieses Annehmen auch in den Bereich des inneren Friedens, der inneren Stille.

Wann immer du diesen Augenblick so, wie er ist – welche Form er auch haben mag – aus tiefstem Herzen annimmst ist, bist du still, bist du im Frieden." (Tolle 2003, S. 14)

Betrachtet man nun die soeben angeführten Aussagen von Eckhart Tolle zum Sein, zur Einheit mit dem Sein, zum Weg dahin und zum Leben mit dem Sein, so ist der Eindruck unabweisbar, dass hier ein ganz ähnlicher Zustand angesprochen und beschrieben wird, den auch viele andere Mystiker der verschiedensten religiösen Richtungen beschreiben, die oben genauer dargestellt wurden – ob sie nun von Gott, von der Gottheit, vom Dao, von Brahman, vom Selbst sprechen, ob sie dieses höchste Lebensprinzip personal oder apersonal auffassen. Immer scheinen es dieselben inneren Erfahrungen zu sein, denen von ihnen Ausdruck verliehen werden soll - wenn auch mit immer nur unzureichenden, an die jeweilige Sprache und Kultur angepassten Formulierungen.

Und diese Erfahrungen scheinen zeitlos zu sein – von den ältesten Quellen, den Veden vor vielleicht zweitausend Jahren bis heute treten immer wieder Menschen auf, die ihre mystischen Erfahrungen in Worte zu kleiden versuchen und die damit ihren Mitmenschen einen kleinen Einblick vermitteln in eine Welt, die unsere materielle Welt übersteigt und die vielleicht unserem Leben einen tieferen inneren Sinn zu verleihen vermag.

12. Jeder Mensch ist ein Mystiker – Abraham Maslow

12.1 Einleitung

Es erhebt sich nun die Frage, ob der Zugang zu Gott in uns einigen wenigen Mystikern vorbehalten ist, die vereinzelt von Zeit zu Zeit von ihren spirituellen Erfahrungen berichten oder ob sich zumindest im Prinzip jedem Menschen ein unmittelbarer Zugang zu Gott eröffnen kann.

Es gibt in der Weltliteratur zahlreiche Berichte von Menschen, die offenbar spontane mystische Erfahrungen hatten, auch wenn sie nicht immer als Mystiker im eigentlichen Sinne bezeichnet werden können.

Schon der amerikanische Psychologe und Philosoph William James (1842 – 1910), der eigentliche Begründer der wissenschaftlichen Psychologie in den USA, zitiert in seinem 1901/1902 erschienenen Werk „Die Vielfalt religiöser Erfahrungen" eine Vielzahl von Berichten über singuläre mystische Erfahrungen (James et al. 1997, S. 383 ff.), die teilweise auch unter Einfluss von Drogen gemacht wurden, und kommt zu dem Ergebnis:

„dass unser normales Wachbewusstsein, das rationale Bewusstsein, wie wir es nennen, nur ein besonderer Typ von Bewusstsein ist, während um ihn herum, von ihm durch den dünnsten Schirm getrennt, mögliche Bewusstseinsformen liegen, die ganz andersartig sind. […]

Keine Betrachtung des Universums kann abschließend sein, die diese anderen Bewusstseinsformen ganz außer Betracht lässt." (James et al. 1997, S. 390 f.)

Es seien dazu im Folgenden beispielhaft zwei mystische Erfahrungen erwähnt, die bekannten Persönlichkeiten, Thomas von Aquin und Blaise Pascal, zuteilwurden.

a. Thomas von Aquin

Der schon in Kapitel 2.2 erwähnte berühmte Heilige und Kirchenlehrer Thomas von Aquin (1225 – 1274), einer der größten und tiefsinnigsten Denker der abendländischen Scholastik, hat ein umfangreiches Schriftwerk zu allen bedeutenden theologischen Fragen seiner Zeit hinterlassen – er ist einer der einflussreichsten Theologen der Geschichte; die von ihm vertretenen Ansichten gehören bis heute zur Grundlage der katholischen Lehre.

Eines seiner Hauptwerke und zugleich sein letztes Werk ist die „Summa theologica". Es behandelt alle wesentlichen Fragen der mittelalterlichen Theologie und umfasst weit über 1000 Seiten. Jedoch mitten im 90. Kapitel des dritten Teils des Buches, bei seinen Abhandlungen über das Bußsakrament, seinen Gedanken zum Nachlass von Todsünden und lässlichen Sünden, bricht der Text ab und wird von ihm auch später nicht mehr zu Ende geführt. Dieser abrupte Abbruch geht offenbar auf ein Ereignis zurück, das Thomas am Nikolaustag, dem 6. Dezember des Jahres 1273, im Alter von 48 Jahren hatte.

Nachdem er an diesem Tag von der Messfeier in seine Zelle zurückgekehrt war, weigerte er sich weiterzuschreiben mit den Worten *„Alles, was ich geschrieben habe, erscheint mir wie Stroh – verglichen mit dem, was ich geschaut habe und was mir offenbart worden ist."* (Pieper 2014, S. 23 und S. 157)

Er, eine der bedeutendsten Persönlichkeiten des Mittelalters, ein Meister in Wort und Schrift, der die Tiefen der christlichen Lehre erforscht und verbreitet hat, vergleicht seine umfangreichen intellektuellen Erkenntnisse mit Stroh, ausgedroschenen inhaltsleeren Halmen, gegenüber den in einer Vision erhaltenen Einsichten, die ihm ersichtlich in einem mystischen Erlebnis offenbart worden sind. Und fortan hat er nichts weiter geschrieben, was den Schluss nahelegt, dass diese lebendigen Erkenntnisse für ihn nicht in Worten beschreibbar, nicht aussagbar, nicht mitteilbar sind.

Dies erinnert an die Zeilen von Laozi, dem Klassiker des Daoismus (s.o. Kapitel 8.4):
„Der Wissende redet nicht.
Der Redende weiß nicht.
Man muss seinen Mund schließen
und seine Pforten zumachen"
(Laotse und Wilhelm 2004, Kapitel 56)
Und es erinnert auch an die Worte des Apostels Paulus im 2. Korintherbrief (2. Korinther 12,4) über seine Entrückung in das Paradies, wo er *„unaussprechliche Worte [hörte], die kein Mensch sagen kann".*

b. Blaise Pascal

Blaise Pascal (1623 – 1662) war ein bedeutender Mathematiker, Physiker und Philosoph, auf dessen Namen noch heute beispielsweise in der Physik die Druckeinheit (1 Pa), in der Mathematik eine Bezeichnung für die Binomialkoeffizienten (Pascalsches Dreieck), in der Informatik eine Programmiersprache (Pascal) und in der Religionsphilosophie eine Art „Gottesbeweis" oder besser „Glaubensvorteilsbeweis" (Pascalsche Wette) zurückgehen.

Im Alter von 31 Jahren hatte er offenbar ein mystisches Erlebnis, das er anschließend schriftlich festhielt mit den Worten:

„Im Jahre des Heils 1654.
Montag, 23.November
[…]
Seit ungefähr halb elf Uhr abends bis ungefähr eine halbe Stunde nach Mitternacht.
Feuer.
Der Gott Abrahams, der Gott Isaaks und der Gott Jakobs,
nicht der Philosophen und der Gelehrten.
Gewissheit, Gewissheit, Empfinden, Freude, Frieden. Der Gott Jesu Christi.
Deum meum et deum vestrum.
Dein Gott ist mein Gott.
Vergessen der Welt und aller Dinge, nur Gottes nicht. […]"
(Zaiser 1995, S. 77 in französischer Originalsprache, hier in deutscher Übersetzung)
Pascal hatte das Pergament, auf das er diesen Text geschrieben hatte und das später als sein „Mémorial" (Denkschrift) bezeichnet wurde, in das Futter seiner Jacke eingenäht, wo es ein Bediensteter nach seinem Tode fand (Zaiser 1995, S. 75).

Es handelt sich bei Pascal hierbei offenbar um eine Art Gotteserscheinung, eine Offenbarung, eine Epiphanie.

Der erste Teilsatz, *„der Gott Abrahams, der Gott Isaaks und der Gott Jakobs"* spielt offensichtlich auf die Offenbarung Gottes gegenüber Moses im brennenden Dornbusch an, die im 2. Buch Moses (Exodus 3) erzählt wird und wo es heißt:

„Und der Engel des Herrn erschien ihm [Moses] in einer feurigen Flamme aus dem Dornbusch. [...]

Und er [Gott] sprach weiter:»Ich bin der Gott deines Vaters, der Gott Abrahams, der Gott Isaaks und der Gott Jakobs«". (2. Mose 3, 2 und 3, 6)

So wie sich Gott dem Moses im Feuer offenbart hat, scheint Pascal seine feurige Vision als göttliche Offenbarung, als eine Art Erleuchtung zu interpretieren. Rainer Zaiser schreibt dazu in seinem Buch über Epiphanie in der französischen Literatur:

„dass der Text des Mémorial alle Anzeichen einer Epiphanie erkennen lässt. Das Ereignis, das im Zentrum der Schilderung steht, tritt plötzlich und überraschend ein, es ist von relativ kurzer Dauer, es löst die Vision von Feuer und Licht und das Gefühl von Gewissheit und Freude aus, und es führt zur Erkenntnis einer religiösen Wahrheit." (Zaiser 1995, S. 85 f. und S. 95 f.)

Im zweiten Teilsatz *„nicht [der Gott] der Philosophen und der Gelehrten"* stellt er ersichtlich den geoffenbarten Gott Abrahams dem gedachten Gott der Philosophen gegenüber. Dazu schreibt der Philosoph Wilhelm Weischedel in seinem Werk „Der Gott der Philosophen", dessen Titel sich offensichtlich auf Pascals „Mémorial" bezieht:

„Auch dem, dem es ernstlich darum zu tun ist, auf dem Wege des Philosophierens Gott zu erkennen, kann zweifelhaft werden, ob das Denken überhaupt zu jenem Ungreifbaren gelangen kann; so jedenfalls, als das Ende eines langen und vergeblichen Bemühens, ist die schroffe Verwerfung des Gottes der Philosophen zu verstehen, wie sie Pascal in seinem »Mémorial« ausspricht." (Weischedel 197, S. XVII)

Ähnlich wie seinerzeit Thomas von Aquin, so scheint auch der große Denker, Mathematiker und Naturwissenschaftler Blaise Pascal ein inneres Erlebnis gehabt zu haben, das ihn zu der Überzeugung geführt hat, dass der Verstand allein nicht zu einer wahren Erkenntnis Gottes führen kann, sondern dass der Zugang zu ihm allein durch innere Erfahrungen gefunden werden kann.

Diese beiden Beispiele sollen stellvertretend für viele Berichte aus der Weltliteratur über Erfahrungen stehen, die offenbar mystischen Charakter haben und immer wieder auf einen Gott im Inneren des Menschen hinweisen und auf die Möglichkeit, seine Nähe unmittelbar zu erleben.

* * * * *

Dies legt die schon oben aufgeworfene Frage nahe, ob nicht vielleicht jeder Mensch zumindest im Prinzip einen unmittelbaren Zugang zu Gott in sich besitzt, ob also jeder Mensch gewissermaßen ein potenzieller Mystiker ist.

Auf diese Frage geht der amerikanische Psychologe Abraham Maslow (1908 – 1970), einer der Begründer der Humanistischen Psychologie, später auch der Transpersonalen Psychologie, in seinem 1964 verfassten Buch mit dem Titel „Religions, Values and Peak-Experience" genauer ein, das zusammen mit seinem Vortrag „Lessons from the Peak-Experiences" von 1962 in Deutsch unter dem Titel „Jeder Mensch ist ein Mystiker" herausgegeben wurde (Maslow et al. 2014).

Mit dem Ziel, die Psychologie der Gesundheit zu erforschen, untersuchte er die „besten, gesündesten Menschen", die er finden konnte, und fand heraus, *„dass diese Menschen dazu tendieren, von mystischen Erfahrungen zu berichten, von Augenblicken großer Ehrfurcht, Augenblicken des intensivsten Glücks oder sogar der Verzückung, Ekstase oder Glückseligkeit."*
Und er beschreibt die Erfahrungen dieser Menschen folgendermaßen:
„Diese Augenblicke waren das reine, positive Glück. Alle Zweifel, alle Ängste, alle Hemmungen, alle Spannungen, alle Schwächen wurden zurückgelassen. Sogar das Bewusstsein ihrer selbst verlor sich. Alle Getrenntheit und Entfernung von der Welt schwanden. Sie wurden eins mit der Welt, verschwammen mit ihr, gehörten ihr wirklich zu und an, statt außen vor zu bleiben und nur hineinzuschauen."
Sie berichteten *„über das Gefühl, dass sie wirklich die ultimative Wahrheit, das Wesen der Dinge, das Geheimnis des Lebens gesehen hätten, als wäre ein Schleier beiseite gezogen worden."* (Maslow et al. 2014, S.15 f.)

12.2 Gipfelerlebnisse („peak-experiences")

Die Beschreibungen dieser Erfahrungen ähneln sehr denen der Mystiker aus den verschiedensten religiösen Richtungen. Maslow betont jedoch, dass die von ihm untersuchten Menschen eben die „gesündesten Menschen" waren, die jedoch im Allgemeinen keinen besonderen Bezug zur Religion hatten.

„Diese Erfahrungen hatten meist nichts mit Religion zu tun, zumindest nicht im normalen übernatürlichen Sinne."

Und es waren für ihn natürliche, keine übernatürlichen Erfahrungen, weshalb er die Bezeichnung „mystische Erfahrungen" aufgab und sie „Gipfelerlebnisse" (peak-experiences) nannte, die seiner Auffassung nach wissenschaftlich untersucht werden können (Maslow et al. 2014, S. 17 f.).

„[Gipfelerlebnisse] beschränken sich nicht auf randständige Menschen, d.h. Mönche, Heilige oder Yogis, Zen-Buddhisten, Orientalen oder Menschen in einem besonderen Stand der Gnade. Gipfelerlebnisse sind nicht etwas, das im Fernen Osten vorkommt, an besonderen Orten oder einem speziell geschulten oder auserwählten Volk. Es findet statt in der Mitte des Lebens, widerfährt alltäglichen Menschen in alltäglichen Berufen." (Maslow et al. 2014, S. 21)

„Sie befinden sich innerhalb der Reichweite des menschlichen Wissens, sind keine ewigen Geheimnisse. Sie befinden sich in der Welt, nicht außerhalb der Welt. Nicht bloß Priester machen sie, sondern die ganze Menschheit. Sie stellen nicht länger Gegenstände des Glaubens dar, sondern öffnen sich der menschlichen Erforschung und des menschlichen Wissens." (Maslow et al. 2014, S. 18)

Damit sind also die „mystischen Erlebnisse" bzw. die Gipfelerlebnisse dem alleinigen Anspruch der Religionen entzogen – auch wenn sie im Allgemeinen traditionell in der Sprache der Religionen formuliert werden. Und Maslow kommt zu der Überzeugung, dass praktisch jeder Mensch Gipfelerlebnisse hat, auch wenn er sich nicht immer dessen bewusst ist:

„[Ich habe gelernt,] dass Gipfelerlebnisse weitaus häufiger vorkommen, als ich jemals erwartet hatte: Sie waren nicht auf gesunde Menschen beschränkt. Diese Gipfelerlebnisse hatten auch durchschnittliche und sogar psychisch kranke Menschen. In der Tat vermute ich jetzt, dass sie bei

praktisch allen auftreten, allerdings unerkannt oder nicht als das genom-
men, was sie sind. [...] Praktisch jeder berichtet von Gipfelerlebnissen,
wenn er auf sie angesprochen und befragt und in der richtigen Weise ermu-
tigt wird." (Maslow et al. 2014, S. 18 f.)

Diese Gipfelerlebnisse können nach Maslow bei den verschiedensten An-
lässen auftreten – er zählt hierfür zahlreiche Beispiele auf, die ihm von den
befragten Personen berichtet wurden:
  „Sie entstammten den großen Augenblicken von Liebe und Sex, den
großen ästhetischen Augenblicken (insbesondere Musik), den Ausbrüchen
von Kreativität und kreativem Furor (der großen Inspiration), den großen
Augenblicken der Einsicht und der Entdeckung, bei Frauen dem Erleben
einer natürlichen Geburt – oder der bloßen Liebe zu den Kindern, den Au-
genblicken der Verschmelzung mit der Natur (im Wald, an einer Küste, auf
den Bergen, etc.), gewissen sportlichen Erfahrungen wie Schnorcheln, Tan-
zen, etc." (Maslow et al. 2014, S. 17 f.)

12.3 Gipfelerlebnisse im religiösen Kontext

Maslow vermutet, wie erwähnt, dass Gipfelerlebnisse zwar im Allgemeinen
nichts mit Religionen zu tun haben, aber in der Vergangenheit, auch infolge
des Mangels an anderen sprachlichen Ausdrucksmöglichkeiten, oft in einen
religiösen Kontext eingebettet und entsprechend formuliert wurden. Entsprechend beschreibt er die charakteristischen Erfahrungen der von ihm befragten Menschen während ihrer Gipfelerfahrungen genauer und vergleicht
sie mit den Aussagen, wie sie traditionell von Menschen formuliert wurden,
die ihre religiösen Erlebnisse beschreiben.

Seine diesbezüglichen Schilderungen lauten (in Auszügen und gekürzt,
Nummerierung wie im Originaltext):
  „(01)Das ganze Universum [wird] wahrgenommen [...] als ein integrier-
tes und vereintes Ganzes. [...] Dies ist [...] eine klare Wahrnehmung (anstatt
einer dann abstrakten und verbalen philosophischen Akzeptanz) [...], dass
das Universum aus einem Stück sei und dass man seinen Platz in ihm habe
– man sei Teil von ihm, gehöre ihm an.

(02) In der Erkenntnis, die mit Gipfelerlebnissen einhergeht, wird das Wahrgenommene ausschließlich und voll adressiert. Das heißt, es gibt eine überwältigende Konzentration von der Art, die normalerweise nicht vorkommt. Es ist die wahrste und totalste Art der visuellen Wahrnehmung oder des Hörens oder des Fühlens.

(03) Die Erkenntnis des Seins [...], die in Gipfelerlebnissen stattfindet, tendiert dazu, äußere Objekte, die Welt und einzelne Menschen, eher getrennt von menschlichen Sorgen wahrzunehmen.

(04) Wahrnehmung in den Gipfelerlebnissen kann relativ ego-überwindend, selbst-vergessen, ego-los, selbst-los sein. Sie kommt dem Zustand nahe, antriebslos, unpersönlich, losgelöst, ohne Begehren, Bedürfnis oder Wunsch zu sein.

(05) Das Gipfelerlebnis fühlt sich an als ein sich selber genügender und rechtfertigender Augenblick, der seinen eigenen inneren Wert mit sich bringt. Die Erfahrung fühlt sich als von hohem – sogar einzigartigem – Wert an, eine so große Erfahrung, dass schon der Versuch, sie zu rechtfertigen, ihr die Würde und das Gewicht nähme. [...] Gipfelerlebnisse können durch ihr gelegentliches Auftreten das Leben lebenswert machen. Sie geben dem Leben selber Bedeutung. Sie beweisen, dass es lebenswert ist. Anerkennung dieser Erfahrungen als Zweck in sich und nicht Mittel zum Zweck ist ein weiterer Punkt. [...] Gipfelerlebnisse sind ein Teil der operationalen Definition der Aussage, dass das »Leben lebenswert« oder »bedeutungsvoll« sei.

(06) Anerkennung dieser Erfahrung als Zweck an sich und nicht als Mittel zum Zweck ist ein weiterer Punkt. [...] Gipfelerlebnisse sind ein Teil der operationalen Definition der Aussage, dass das »Leben lebenswert« oder »bedeutungsvoll« sei.

(07) In dem Gipfelerlebnis findet eine sehr charakteristische Desorientierung hinsichtlich Zeit und Raum statt bis hin zum Verlust des Bewusstseins von Zeit und Raum. Positiv ausgedrückt entspricht das der Erfahrung von Universalität und Ewigkeit.

(08) Die Welt, die in Gipfelerlebnissen gesehen wird, ist schön, gut, wünschenswert, wertvoll usw. und wird niemals als böse und ablehnenswert erfahren.

(09) Sicher ist das ein weiterer Weg, »Ebenbild Gottes« zu werden. Die Götter, die das Ganze des Seins überschauen und umfassen und die es darum verstehen, müssen es als gut, gerecht unvermeidlich ansehen und

das »Böse« als Produkt eines begrenzten oder selbstsüchtigen Blicks und Verständnisses.

(10) Für uns in diesem Zusammenhang wichtig ist, dass diese Liste der Charakteristika der Welt, wie wir sie in unseren scharfsinnigsten Augenblicken wahrnehmen, fast der gleicht, die Menschen die Jahrhunderte durch als ewige Wahrheiten, als spirituelle oder höchste oder religiöse Werte bezeichnet haben.

(11) S-Erkenntnis *[Seinserkenntnis]* im Gipfelerlebnis ist passiver und aufnehmender, demütiger, als normale Erkenntnis. Sie ist bereiter und fähiger, zuzuhören.

(12) Für Gipfelerlebnisse werden solche Emotionen wie Staunen, Ehrfurcht, Ehrerbietung, Demut, Ergebung und sogar Lobpreis im Angesicht der Größe der Erfahrung berichtet.

(13) In Gipfelerlebnissen werden die Zwiespältigkeiten, Polarisierungen und Konflikte des Lebens überwunden oder gelöst. Das will sagen, es gibt da eine Tendenz, sich in die Richtung der Wahrnehmung von Einheit und Integration der Welt zu bewegen. Die Person selbst tendiert zu Verschmelzung, Integration und Einheit und weg von Zersplitterung, Konflikten und Entgegensetzungen.

(14) In Gipfelerlebnissen tendiert man, wenn auch vorübergehend, dazu, Furcht, Angst, Hemmung, Widerstand und Kontrolle, Fassungslosigkeit, Zögern und Zwanghaftigkeit zu verlieren. *[…]* Das lässt sich vielleicht zusammenfassen darin, dass die Furcht schwindet.

(15) Manchmal sind ihre nachträglichen Folgen so tiefgreifend und so stark, dass sie uns an die tiefen religiösen Bekehrungen erinnern, die jemanden für immer geprägt haben. *[…]* Dieses Konzept können religiöse Menschen leicht akzeptieren, da sie es gewohnt sind, in Begriffen von Konversion, großen Erleuchtungen, Augenblicken großer Einsicht usw. zu denken.

(16) Ich liebe die Metapher für das Gipfelerlebnis, dass es ein Besuch in einem persönlich definierten Himmel sei, von dem jemand auf die Erde zurückkehre. Damit ist dem Konzept des Himmels eine natürliche Bedeutung gegeben.

(17) In Gipfelerlebnissen gibt es eine Tendenz, näher heranzurücken an eine vollkommene Identität oder Einzigartigkeit oder Besonderheit einer Person oder ihres wirklichen Selbst. Man wird eine wirkliche Person.

(18) Man empfindet sich in dieser Zeit mehr als verantwortlich, aktiv, als kreatives Zentrum der eigenen Aktivitäten oder der eigenen Wahrnehmungen, als selbstbestimmter, als freier Handelnder, mit mehr »freiem Willen« im Gegensatz zu sonst.

(19) Aber es wurde auch entdeckt, dass genau die Personen, die die klarste und stärkste Identität haben, genau die sind, denen die größten Fähigkeiten eignen, das Ego oder Selbst zu transzendieren und selbstlos zu werden, wenigstens relativ selbstlos und relativ egolos.

(20) Wer Gipfelerlebnisse hat, wird liebender und toleranter, und so wird er spontaner und ehrlicher und unschuldiger.

(21) Er wird weniger zum Objekt, zum Ding, weniger ein Objekt der Welt, in der er unter den Gesetzen der physischen Welt lebt, und er wird mehr Psyche, mehr eine Person, mehr Subjekt der psychologischen Gesetze, besonders der Gesetze, die die Menschen das »höhere Leben« genannt haben.

(22) Weil er weniger motiviert ist, d.h. sich der Mühe-, Wunsch- und Bedürfnislosigkeit annähert, erwartet er in solchen Augenblicken weniger von sich. Er ist weniger selbstsüchtig.

(23) Während und nach Gipfelerlebnissen fühlen Leute sich charakteristischerweise freudig, glücklich, begnadet. [...] Bei religiösen Menschen stellt sich als Konsequenz üblicherweise das Gefühl der Dankbarkeit ihrem Gott gegenüber ein, bei anderen dem Schicksal oder der Natur oder auch nur dem Glück gegenüber. In diesem Zusammenhang ist es interessant, dass dies übergehen kann in Anbetung, Dankbarkeit, Bewunderung, Lobpreis, Verehrung und andere Reaktionen, die sich leicht in den orthodox religiösen Rahmen stellen lassen.

(24) Die Trennung oder Polarität zwischen Demut und Stolz tendiert dazu, in den Gipfelerlebnissen auch bei sich selbst verwirklichenden Personen aufgehoben zu werden. Solche Leute heben die Trennung zwischen Stolz und Demut auf, indem sie sie verschmelzen zu einem einzigen Komplex einer übergeordneten Einheit.

(25) Was das »Bewusstsein der Einheit« genannt wurde, ist oft durch Gipfelerlebnisse gegeben, etwa in dem Sinne, dass das Heilige in und durch das spezielle Vorkommen des Augenblicks, des Säkularen, des Weltlichen scheint." (Maslow et al. 2014, S. 113 ff.)

Aus dieser Aufzählung ist die Ähnlichkeit der Aussagen der Menschen, die Gipfelerlebnisse hatten, zu denjenigen der religiösen Mystiker, wie sie in den vorangegangenen Kapiteln beschrieben wurden, offensichtlich. Und es liegt nahe, dass Gipfelerlebnisse, auch wenn sie nicht in einem religiösen Kontext erfahren wurden, oft als religiös-spirituelle Erlebnisse gedeutet wurden, und zwar sowohl von denen, die sie erfahren haben, als auch von denen, denen sie berichtet wurden. Dies mag daran liegen, dass die klassischen Religionen, zumeist selbst aus einem mystischen (Gipfel-)Erlebnis entstanden, sowohl ein Weltbild zur Verfügung stellen, in das diese Erlebnisse eingebettet werden können, als auch eine Sprache, in der ihnen verbal Ausdruck verliehen werden kann.

Maslow sagt dazu:

„Wieder und wieder konnte nachgewiesen werden, dass die transzendenten Erfahrungen bei einigen Menschen in jeder Kultur und zu jeder Zeit und in jeder Religion und in jeder Schicht oder Kaste stattfinden. All diese Erfahrungen lassen sich im Allgemeinen fast gleich umreißen; die Sprache und der konkrete Inhalt mögen sich unterscheiden, müssen sich tatsächlich unterscheiden. Diese Erfahrungen sind im Wesen unbeschreibbar (in dem Sinne, dass selbst die besten verbalen Ausdrücke nicht ganz hinreichen), was auch besagt, dass sie unstrukturiert sind (wie die Rorschach-Tintenklecksmuster). Ebenso verstand man sie über die Geschichte hinweg nicht in einem natürlichen Sinn. Kaum verwunderlich, dass der Mystiker, der seine Erfahrung zu beschreiben versucht, dies nur in einer lokalen, kultur-, unwissenheits- und sprachverhafteten Art tun kann und dabei seine Beschreibung der Erfahrung damit verwechselt, was ihm zu seiner Zeit und an seinem Ort an Erklärungen und Versprachlichung zur Verfügung steht. […]

Noch ein anderer Weg, dieses Phänomen zu verstehen, besteht darin, das Gipfelerlebnis zu vergleichen mit Rohstoffen, die zu verschiedenen Strukturformen werden können, so wie die gleichen Ziegel, der gleiche Mörtel und das gleiche Holz von einem Franzosen, einem Japaner oder einem Tahitianer zu verschiedenen Häuser[n] verbaut werden.“ (Maslow et al. 2014, S. 127 f.)

Maslow vertritt daher die Meinung, dass diese Erlebnisse zumindest teilweise aus dem transzendent-religiösen Kontext herausgeholt werden sollten, um wissenschaftlich untersucht werden zu können, da sie natürliche, also keine übernatürlichen Erfahrungen sind, da sie sich in der Welt, nicht außerhalb der Welt abspielen. Damit sollte für ihn auch *„die Religion in den Geltungsbereich der Wissenschaft eindringen"* in dem Sinne, dass sie nicht außerhalb der Wissenschaft stehen, sondern wissenschaftlichen Kriterien unterworfen sein sollte.(Maslow et al. 2014, S. 18)

Hierzu sagt er:

„Aber es hat neuerdings den Anschein, dass sich diese »Offenbarungen« oder mystischen Erleuchtungen unter die Rubrik der »Gipfelerlebnisse«, Ekstasen oder »transzendenten« Erfahrungen subsumieren lassen, wie sie durch viele Psychologen jetzt ernsthaft untersucht werden. Dies soll sagen, es sei ziemlich wahrscheinlich, sogar fast sicher, dass jene älteren Berichte zwar in den Begriffen übernatürlicher Offenbarung verfasst wurden, in der Tat jedoch ganz natürliche, menschliche Gipfelerlebnisse der Art darstellten, wie sie sich heute leicht untersuchen lassen, allerdings ausgedrückt in dem den einzelnen Sehern zu ihrer Zeit verfügbaren jeweiligen konzeptionellen, kulturellen und linguistischen Rahmen." (Maslow et al. 2014, S. 70 f.)

Darüber hinaus wirft er die Frage auf, inwieweit Gipfelerlebnisse durch die Einnahmen von psychedelischen Substanzen herbeigeführt werden können (Maslow et al. 2014, S. 78 f.).

12.4 Gipfelerlebnisse und Mystik

Nach Maslow besitzt der Mensch *„eine höhere und transzendente Natur, und sie ist Teil seines Wesens, d.h. seiner biologischen Natur als Mitglied einer Gattung, die der Evolution entsprungen ist."* (Maslow et al. 2014, S. 50) Und für ihn wurde *„alle mystische Erfahrung, wie sie klassisch beschrieben wird,[...] mehr oder weniger durch Gipfelerlebnisse erlangt."* (Maslow et al. 2014, S. 36)

Gipfelerlebnisse können jedoch seiner Erfahrung nach im Allgemeinen nicht willentlich herbeigeführt werden - sie können weniger aktiv erlangt als vielmehr passiv empfangen werden. Und die entsprechende Geisteshaltung ähnelt seiner Meinung nach der Grundeinstellung der buddhistischen und daoistischen Philosophie:

„Kann man diese Erfahrungen willentlich herbeiführen? Nein! Oder nahezu völlig Nein! Im Allgemeinen werden wir von Freude überrascht. [...]
Die günstigste Geistesverfassung, um sie zu »empfangen«, ist fast eine Art Passivität, ein Vertrauen oder eine »Kapitulation«, eine taoistische Haltung des Gewährenlassens ohne Störung oder Eingriff. Man muss in der Lage sein, Stolz, Wille, Macht, Steuerung, Kontrolle aufzugeben. Man muss in der Lage sein zu entspannen und es passieren zu lassen. (Maslow et al. 2014, S. 24 f.)

Ähnlich schreibt Maslow an anderer Stelle:

„Wir haben gesehen, dass, soweit es Gipfel betrifft, scheinbar die meisten von ihnen Phänomene des Empfangens sind. Sie fallen der Person zu und diese muss in der Lage sein, es zuzulassen. Man kann sie nicht erzwingen, fassen, oder herbeibefehlen. Willenskraft ist nutzlos, gleichfalls Sehnsucht und Anstrengung. Notwendig ist vielmehr, in der Lage zu sein, loszulassen, die Dinge geschehen zu lassen.“ (Maslow et al. 2014, S. 33)

Umgekehrt gibt es offenbar einige wenige Menschen, die von sich behaupten, niemals Gipfelerlebnisse gehabt zu haben, die Maslow dementsprechend „Gipfellose" („non-peakers") nennt. Und er hegt den Verdacht, dass auch diese Menschengruppe zwar Gipfelerlebnisse hat, jedoch *„Angst vor ihnen hat, sie unterdrückt, leugnet, »vergisst«, die sich von ihnen abwendet".* Die Gründe dafür könnten für ihn sein, dass diese Personen Angst vor Kontrollverlust haben, davor, von irrationalen Emotionen überwältigt zu werden, verrückt zu werden. Es sind dies Menschen, die *„sich nicht im Wasser »treiben« lassen können. Sie können einfach nicht loslassen oder aufhören sich zu kontrollieren. Um sich treiben zu lassen, muss man sich dem Wasser anvertrauen. Bekämpft man es, geht man unter. ... Willenskraft stört nur. In diesem gleichen Sinne scheint es, als ob der Einsatz von Willenskraft Gipfelerlebnisse hemme.“* (Maslow et al. 2014, S. 73 f. und S. 33)

Diese Bedingungen für Gipfelerlebnisse, sich „treiben lassen" zu können, seinen Eigenwillen aufzugeben, zuzulassen, sich anzuvertrauen, erinnert an die Eigenschaften, die häufig von religiösen Mystikern als Vorbedingung für spirituelle Erfahrungen genannt werden. Entsprechend sagt Maslow:

„Im Großen und Ganzen kann ich sagen, dass meine Ergebnisse den Philosophien des Zen und des Tao besser entsprechen als jeder anderen religiösen Mystik." (Maslow et al. 2014, S. 25)

So erinnern die von Maslow erwähnten Bedingungen der Anstrengungslosigkeit, der Passivität , des „Sich-Treiben-Lassens" an das daoistische „Nicht-Handeln" (wu wei), das in Kapitel 8.6 genauer beschrieben wurde.

Hierzu noch einmal die schon in Kapitel 8.6 zitierten Stellen aus dem Daodejing des Laozi (Laotse und Wilhelm 2004):

„Wer das LEBEN hochhält,
handelt nicht und hat keine Absichten."
(Kapitel 38)
„[…] nichts machen,
[…] die Stille lieben,
[…] nichts unternehmen,
[…] keine Begierden haben."
(Kapitel 57)

Dazu das auch schon oben angeführte Zitat aus den Erklärungen von Richard Wilhelm zu seiner Übersetzung des Daodejing:

Das Wirken ohne Handeln *„ist das Wirkenlassen der schöpferischen Kräfte im und durch das eigne Ich, ohne selbst etwas von außen her dazu tun zu wollen."* (Laotse und Wilhelm 2004, S. 203)

Und aus dem Zen-Buddhismus zu diesem Thema noch einmal die schon in Kapitel 10.5 zitierte Geschichte:

„Joshu fragte Nansen:»Was ist der Pfad?«
Nansen sagte:»Das tägliche Leben ist der Pfad.«
Joshu fragte:»Kann man das studieren?«
Nansen sagte:»Wenn du versuchst, es zu studieren, so bist du fern davon.«"
(Reps und Olvedi 1998, S.135)

Und weiterhin die im selben Kapitel zitierten Ausführungen von Suzuki zum Satori (Erleuchtung) der Zen-Buddhisten:

„Satori kommt unvermutet über einen Menschen, wenn er fühlt, dass er sein ganzes Sein erschöpft hat. Religiös gesehen, ist es eine Wiedergeburt; intellektuell bedeutet es die Erreichung eines neuen Blickpunktes. Die Welt erscheint jetzt wie in einem neuen Gewand, das die ganze Hässlichkeit des Dualismus zudeckt, der nach buddhistischer Auffassung reine Täuschung ist." (Suzuki et al. 1999, S. 132)

Jedoch auch in der christlichen Mystik werden häufig dieselben Tugenden der Passivität, der Hingabe, der „Gelassenheit" als Vorbedingung für die Erleuchtung beschrieben.

So sagt Meister Eckhart (s.o. Kapitel 3.2 d):

„Das allerbeste und alleredelste, wozu man in diesem Leben kommen kann, ist, wenn du schweigst und Gott wirken und sprechen lässt. Wo alle Kräfte allen ihren Werken und Bildern entzogen sind, da wird dieses Wort gesprochen. [...] Soll daher Gott sein Wort in der Seele sprechen, so muss sie in Frieden und in Ruhe sein: dann spricht er sein Wort und sich selbst in der Seele, - kein Bild, sondern sich selbst." (Meister Eckhart und Quint 1979, Predigt 57, S. 419 f.)

„Ich sage bei der ewigen und immerwährenden Wahrheit, dass Gott sich in einen jeglichen Menschen, der sich bis auf den Grund gelassen hat, seinem ganzen Vermögen nach völlig ergießen muss, so ganz und gar, dass er in seinem Leben, in seinem Sein, in seiner Natur noch auch in seiner ganzen Gottheit nichts zurückbehält: das alles muss er in befruchtender Weise ergießen in den Menschen, der sich Gott gelassen und die unterste Stätte bezogen hat." (Meister Eckhart und Quint 1979, Predigt 34, S. 314)

(In Kapitel 3.2 d wurde bereits ausführlicher auf die Frage eingegangen, inwieweit der Mensch selbst willentlich etwas dazu beitragen kann, um Erleuchtung bzw. die mystische Vereinigung zu erlangen.)

Und auch von Angelus Silesius seien hierzu noch einmal einige Verse angeführt (s.o. Kapitel 6.2 c, Zitate aus Angelus Silesius und Gnädinger 1986):

„JE MEHR DU AUS, JE MEHR GOTT EIN.

Je mehr du dich aus dir kannst austun und entgießen,
Je mehr muss Gott in dich mit seiner Gottheit fließen."
(I, 138)

„DAS HÖCHSTE IST STILLE SEIN.
Geschäftig sein ist gut, viel besser aber beten;
Noch besser stumm und still vor Gott, den Herren, treten."
(II, 19)
„GOTT ERGREIFT MAN NICHT.
Gott ist ein lauter Nichts, ihn rührt kein Nun noch Hier:
Je mehr du nach ihm greifst, je mehr entwird er dir."
(I, 25)

Maslow kommt zu dem Schluss, dass im Grunde alle Religionen den gleichen spirituellen Kern haben, dass sie die gleichen transzendenten Erfahrungen in ihrem jeweiligen religiösen Kontext, ihren Symbolen und in ihrer
Sprache ausdrücken:

„In dem Maße, in welchem sich alle mystischen oder Gipfelerlebnisse
ihrem Wesen nach gleichen und immer geglichen haben, gleichen sich alle
Religionen ihrem Wesen nach und haben das immer getan. Sie sollten da-
rum im Prinzip darin übereinstimmen, das zu lehren, was ihnen gemeinsam
ist, also gleichgültig, was der Inhalt ist, nämlich dass sie das Gipfelerlebnis
teilen. (Das, was die Erleuchtungen unterscheidet, lässt sich leicht auf die
Unterschiede von Ort und Zeit zurückführen; die Unterschiede sind dem-
nach randständig, vernachlässigbar, nicht wesensmäßig.) Dies Gemein-
same, das Etwas, das übrig bleibt, wenn wir alles Ortsgebundene abschä-
len, alle Zufälligkeiten der speziellen Sprachen oder Philosophien, aller
ethnozentrischen Verlautbarungen, alle jene Elemente, die nicht gemein-
sam sind, könnten wir die »im Kern religiöse« oder »transzendente Erfah-
rung« nennen." (Maslow et al. 2014, S. 71)

12.5 Höhenflüge („plateau-experiences")

Maslow hat sein Buch "Religions, Values and Peak-Experience" im Jahre
1964 veröffentlicht. Im Jahre 1970 erschien eine erweiterte Neuausgabe, zu
der er kurz vor seinem Tode ein ausführliches Vorwort verfasste, in dem er
auf neuere wissenschaftliche Erkenntnisse eingeht (Maslow et al. 2014,
S. 39-51). In diesem Vorwort beschreibt er erstmals von ihm so genannte
„Höhenflüge" (Übersetzung von „plateau-experiences"). Er sagt dazu:

Höhenfüge *„sind heiterer und ruhiger als emotional eingreifende Gipfeler-lebnisse, selbstständige Reaktion auf das Wunderbare, das Ehrfurchtgebie-tende, das Sakrale, das All-Eine, die Seins-Werte. So weit mir jetzt schon klar ist, beinhaltet ein Höhenflug immer ein geistiges und kognitives Ele-ment, das sich in Gipfelerlebnissen nicht immer findet, denn diese können ausschließlich rein emotional sein. Er ist weit mehr vom Willen gesteuert als Gipfelerlebnisse. Man kann lernen, die Perspektive des All-Einen willentlich einzunehmen. Dann wird sie zur Bezeugung, zum Einverständnis: das könnte man eine heitere, kognitive Seligkeit nennen [...]*

Gipfelerlebnisse beinhalten mehr Überraschung, Ungläubigkeit und äs-thetische Erschütterung, mehr die Qualität, eine derartige Erfahrung das erste Mal zu haben." (Maslow et al. 2014, S. 47 f.)

Mystik-ähnliche Erlebnisse sind nach seinen Erkenntnissen also nicht allein auf spontane, kurzzeitige (Gipfel-)Erfahrungen beschränkt, sondern können durchaus auch längerfristige (Plateau-)Erlebnisse umfassen.

Diese „Höhenflüge" erfordern jedoch für ihn, im Gegensatz zu Gipfeler-lebnissen, im Allgemeinen konsequente Bemühungen, um dauerhaft erfah-ren werden zu können:

„Inhaltlich besonders wichtig ist es, heute zu realisieren, dass sich Hö-henflüge durch lange, harte Arbeit erreichen, lernen und verdienen lassen. Man kann sie sinnvollerweise anstreben. [...] Einen flüchtigen Blick er-heischt man sicherlich in Gipfelerlebnissen, die schließlich alle irgendwann haben mögen. Sich allerdings in der luftigen Höhe des All-Einen Bewusst-seins gleichsam eine Heimstatt zu bauen – das ist eine ganz andere Sache. Es neigt dahin, ein lebenslanges Projekt zu sein. [...] Ja, es sollte überhaupt nicht mit einer einzelnen Erfahrung verwechselt werden. Die»Spiritualität«, sowohl die klassische als auch die neuere, die dieser Tage entdeckt wird, braucht Zeit, Arbeit, Disziplin, Bemühung, Verbindlichkeit." (Maslow et al. 2014, S. 49)

Und diese Bemühungen sind vielleicht vergleichbar mit den spirituellen Übungen auf den Stufen der Reinigung, die für einige spirituelle Richtungen unerlässlich sind – wenn auch nicht für alle. In Kapitel 3.2 d wurde bereits ausführlicher darauf eingegangen, inwieweit zur Vorbereitung auf mystische Erfahrungen eigene Aktivitäten erforderlich sind oder etwa eher hinderlich sind.

Möglicherweise handelt es sich z.B. bei den Erlebnissen von Angelus Silesius bei seiner Verfassung des „Cherubinischen Wandersmanns" (s.o. Kapitel 6.2), über die er schreibt, dass ihm *die Reime [...] meistenteils ohne Vorbedacht und mühsames Nachsinnen in kurzer Zeit von dem Ursprung alles Guten einig und allein gegeben worden [sind]"* und *„dass er auch das erste Buch in vier Tagen verfertigt hat"* (Angelus Silesius und Gnädinger 1986, S. 26 f.) zumindest zum Teil um einen solchen „Höhenflug".

Es ist jedoch zu bedenken, dass viele Mystiker davon sprechen, dass sie permanent in einem Zustand der Ich-Losigkeit, der Einheit (sei es mit Gott, mit dem Dao, mit Brahman, mit dem Selbst o.ä.) leben. Dies gilt vermutlich von vielen Religionsstiftern, von Heiligen der verschiedenen Religionen, vielleicht von hinduistischen Gurus und von buddhistischen Zen-Meistern. Auch viele der in dem schon erwähnten Buch „Die Erleuchteten kommen" von Bittrich und Salvesen (Bittrich und Salvesen 2002) östlichen und westlichen Weisheitslehrer behaupten von sich, dauerhaft im Zustand der Einheit zu leben.

Und es erhebt sich die Frage, ob deren Bewusstseinszustand mit diesen von Maslow betrachteten Höhenflügen überhaupt erfasst werden, oder ob es sich hier nicht um eine noch höhere Bewusstseinsebene handelt, die vielleicht erst das wahre Wesen der Mystik umfasst.

Maslow hat seine Überlegungen zu den Höhenflügen nicht weiter ausführen können – auch bis heute gibt es nur wenige wissenschaftliche Untersuchungen zu diesem Thema. In dem Buch „The Plateau Experience" von Buckler aus dem Jahre 2011 (Buckler 2011) sind die neueren Forschungsergebnisse hierzu zusammengestellt, die allerdings keine prinzipiell neuen Resultate bringen.

Als Ergebnis der Erkenntnisse und Überlegungen von Maslow bleibt jedenfalls festzuhalten, dass nahezu jeder Mensch zeitweise Gipfelerlebnisse, also mystik-ähnliche Erfahrungen hat, die nach den Worten von Maslow, wie ein Besuch in einem persönlich definierten Himmel seien, von dem jemand auf die Erde zurückkehrt. Und für viele Menschen kann ein einziger Blick in den Himmel genug sein, um ihnen zu beweisen, dass es ihn gibt (Maslow et al. 2014, S. 120 und S.130).

Vielleicht sind reine mystische Erlebnisse mehr als „nur" Gipfelerlebnisse, aber Gipfelerlebnisse sind möglicherweise eine Vorstufe, ein Vorgeschmack, ein Wegweiser zu ihnen.

Und Maslow schließt demgemäß seinen Vortrag: „Was Gipfelerlebnisse uns lehren" mit den Worten:

„Es muss inzwischen denen klar geworden sein, die mit der Literatur der mystischen Erfahrungen vertraut sind, dass diese Gipfelerlebnisse diesen sehr ähneln und sich mit ihnen überlappen, aber nicht mit ihnen identisch sind. Was ihre wahre Beziehung ist, weiß ich nicht. Meine Vermutung lautet, dass ein zwar gradueller, aber kein prinzipieller Unterschied besteht. Alle mystische Erfahrung, wie sie klassisch beschrieben wird, wurde mehr oder weniger durch Gipfelerlebnisse erlangt." (Maslow et al. 2014, S. 36)

E. ZUSAMMENFASSUNG UND ERGEBNISSE

13.1 Gegenseitige Beeinflussung der Mystiker

Ein wichtiges Ergebnis der vorliegenden Texte und Überlegungen ist die Erkenntnis, dass zwischen den Aussagen vieler Mystiker, ihren Weltbildern und ihren Erfahrungsberichten eine erstaunliche Übereistimmung besteht, auch wenn diese zu ganz unterschiedlichen Zeiten in den verschiedensten Sprach- und Kulturräumen, eingebettet in die unterschiedlichsten religiösen Strömungen, gelebt und gewirkt haben. Es erhebt sich daher die Frage, inwieweit sie sich gegenseitig beeinflusst haben, also mehr oder weniger voneinander abhängig sind.

So beststeht sicherlich eine große Nähe zwischen Hinduismus und Buddhismus, da der Buddhismus im Grunde historisch aus dem Hinduismus hervorgegangen ist und viele Elemente der altindischen Weltanschauung, die sich auch im Hinduismus finden, beibehalten worden sind. (Glasenapp 2005, S. 137)

Der Zen-Buddhismus wiederum hat sich aus dem ursprünglichen Buddhismus und seiner Begegnung mit dem Daoismus entwickelt. (Fischer-Schreiber 1994, S. 470)

Ob der ursprüngliche Daoismus Einflüssen aus der indischen Religion ausgesetzt war, ist umstritten. Zwar ähneln sich ihre Lehren in einigen Punkten, jedoch gibt es keinerlei Quellen, die von einem geistigen Kontakt zwischen China und Indien etwas wissen. Man kann also davon ausgehen, dass sich ihr Gedankengut parallel und unabhängig voneinander entwickelt hat (Glasenapp 2005, S. 209 f.).

Von großem Interesse ist weiterhin die Frage, inwieweit sich die indische und die abendländische Philosophie und Religion gegenseitig beeinflusst haben (s. dazu insbesondere Glasenapp 1974, S. 1 ff. und S. 427 ff).

Es scheint so, dass die alten indischen und abendländischen Philosophen bei den Formulierungen ihrer Lehren nichts voneinander gewusst haben (Glasenapp 1974, S. 427 f.). Später jedoch, durch die Reisen von Indern nach Rom, Athen und Alexandrien hat etwa im 1. Jahrhundert n. Chr. offenbar ein Einfluss indischen Gedankengutes auf Gnostiker,

Neuplatoniker und christliche Theologen stattgefunden – die wiederum Einfluss auf das christliche Gedankengut hatten (Glasenapp 1974, S. 430).

Der Indologe und Religionswissenschaftler Helmut von Glasenapp kommt daher zu dem Ergebnis:

„Nach dem Gesagten ist ein indischer Einfluss auf abendländische Philosophen des 19. Jahrhunderts sicher, bei Gnostikern und Neuplatonikern [also etwa im 3. Jahrhundert n.Chr.] *wahrscheinlich, bei den älteren griechischen Philosophen aber nicht erweisbar."* (Glasenapp 1974, S. 434)

Damit ist es wohl nach den Worten des Religionswissenschaftlers Max Müller (1823 - 1900) angebracht,

„sowohl die griechische als auch die indische Philosophie als Produkte des geistigen Nährbodens Indiens und Griechenlands zu betrachten und aus ihren auffälligen Ähnlichkeiten nur diese einfache Überzeugung abzuleiten, dass es in der Philosophie einen Reichtum an Wahrheit gibt, der das gemeinsame Erbstück der ganzen Menschheit bildet und von allen Nationen entdeckt werden kann, wenn diese mit Aufrichtigkeit und Beharrlichkeit danach suchen". (Zitiert nach Glasenapp 1974, S. 439, aus dem Englischen übersetzt vom Verfasser)

Aber auch wenn, wie anzunehmen ist, beispielsweise mittelalterliche christliche Mystiker zumindest indirekt Kenntnisse von indischem Geistesgut gehabt haben, so spielt dies für die Beurteilung ihrer Aussagen nur eine untergeordnete Rolle. Denn Mystiker aller religiösen Richtungen haben immer wieder betont, dass es sich bei ihren Aussagen weniger um theoretische Spekulationen handelt, als um Beschreibung einer Erfahrung, die sie selbst gemacht haben (sogenannte „cognitio dei experimentalis", ein existentielles Erfahren des Göttlichen, s.o. Kapitel 2.2).

So weist beispielsweise Meister Eckhart häufig darauf hin, dass seine Lehren aus unmittelbaren Erfahrungen des Göttlichen in ihm hervorgegangen sind. So sagt er, wie schon in Kapitel 3.2 zitiert:

„Könntet ihr mit meinem Herzen erkennen, so verstündet ihr wohl, was ich sage; denn es ist wahr, und die Wahrheit sagt es selbst." (Quint 1957, Predigt 2, S. 163)

„Was ich euch gesagt habe, das ist wahr; dafür setze ich euch die Wahrheit zum Zeugen und meine Seele zum Pfande." (Quint 1957, Predigt 2, S. 164)
„Wer diese Rede nicht versteht, der bekümmere sein Herz nicht damit. Denn solange der Mensch dieser Wahrheit nicht gleich ist, solange wird er diese Rede nicht verstehen. Denn es ist eine unverhüllte Wahrheit, die da gekommen ist aus dem Herzen Gottes unmittelbar." (Quint 1957, Predigt 32, S. 309)

Aber auch Aussagen der meisten anderen, auch vieler neuzeitlichen Mystiker deuten darauf hin, dass es sich um jeweils eigene Erfahrungen handelt und nicht um Spekulationen über die Aussagen anderer Mystiker, die möglicherweise sogar anderen Kulturkreisen entstammen. Hierzu noch ein Beispiel aus dem hinduistischen Raum von Ramana Maharshi (s. Kapitel 9.7). Ein Besucher aus Europa fragt ihn:
„Ist die Lehre des Maharshi die gleiche wie die Sri Sankaras?" (gemeint ist die in Kapitel 9 behandelte Lehre des indischen Philosophen Shankara, 788 – 820).
Ramana Maharshi antwortet:
„Die Lehre des Maharshi ist lediglich Ausdruck seiner eigenen Erfahrung und Verwirklichung. Es sind die anderen, die feststellen, dass sie mit der Sri Sankaras übereinstimme." (Ramana Maharshi 2003, S. 158)

Geht man also davon aus, dass die meisten Mystiker ihre eigenen Erlebnisse schildern, so spielt es also für die Tatsache, dass diese immer wieder in ähnlicher Form und zu allen Zeiten auftreten, keine wesentliche Rolle, ob sie voneinander gewusst haben – allenfalls können sie vielleicht Anregungen voneinander empfangen haben.

Es scheint also im Gegenteil so, dass die Erlebnisse mystischer Erfahrungen relativ unabhängig von den Weltbildern sind, in denen ihre Urheber verankert sind, wohingegen jedoch ihre diesbezüglichen Interpretationen sicherlich vom jeweiligen Weltbild geprägt sind. Und so handelt es sich bei mystischen Erlebnissen offenbar um genuin menschliche Erfahrungen, die von Zeit zu Zeit immer wieder gemacht werden und unabhängig von der jeweiligen Kultur und Religion sind, sich also auch unabhängig voneinander entfalten können.

13.2 Gemeinsamkeiten und Unterschiede

Betrachtet wurden insbesondere Mystiker aus dem christlichen, dem daoistischen, dem hinduistischen und dem buddhistischen Kulturkreis.
Im Folgenden sollen daraus Elemente zusammengestellt werden, die bei den verschiedensten Mystikern immer wieder auftreten, aber doch oft im Detail mehr oder weniger voneinander abweichen.

Hierzu werden noch einmal stellvertretend einige markante Textstellen insbesondere aus dem westlichen und östlichen Kulturkreis zitiert – weitere ausführlichere Zitate dazu finden sich im Hauptteil. Dabei sollen wie bisher die Themen unter den folgenden Gesichtspunkten betrachtet werden:

a. Persönliche Erfahrung

b. Gott im Menschen

c. Unerkennbarkeit und Unbeschreibbarkeit Gottes

d. Der Weg zur Erleuchtung

e. Leben in der Einheit mit Gott

a. Persönliche Erfahrung

Bei den Aussagen der Mystiker handelt es sich, wie schon eben in Kapitel 13.1 angesprochen, im Allgemeinen um Schilderung ihrer eigenen inneren Erfahrungen, nicht um Spekulationen und Interpretationen vorgegebener heiliger Texte, während ihre eigenen Texte selbst oft als Grundlage für unterschiedliche Interpretationen und damit oft als Ausgangspunkt verschiedener spiritueller Strömungen dienen.

Im Gegensatz dazu sehen viele Volksreligionen ihre Aufgabe darin, vorgegebene heilige Texte, wie beispielsweise die Bibel, im Wortlaut genauer zu betrachten und auszulegen, wiewohl diese Text selbst häufig mystischen Erfahrungen ihren Ursprung verdanken.

So wurde die Mystik, wie bereits erwähnt (s.o. Kapitel 2.2), schon im christlichen Mittelalter in Anlehnung an den Kirchenlehrer Thomas von Aquin (1225 – 1274) als „cognitio dei experimentalis", als erfahrungsmäßige Erkenntnis Gottes bezeichnet.

Zur Verdeutlichung sei hierzu noch einmal der Satz von Meister Eckhart zitiert (s.o. Kapitel 3.2):

„Der Mensch soll sich nicht genügen lassen an einem gedachten *Gott; denn wenn der Gedanke vergeht, so vergeht auch der Gott.* Man soll vielmehr einen wesenhaften *Gott haben, der weit erhaben ist über die Gedanken des Menschen und aller Kreatur.* Der *Gott vergeht nicht, der Mensch wende sich denn mit Willen von ihm ab."* (Meister Eckhart und Quint 1979, Reden der Unterweisung 6, S. 60)

Und ähnlich sagt Shankara (s.o. Kapitel 9.4):
„Erwirb unmittelbare Erfahrung. Verwirkliche Gott in dir selbst. Erkenne den Atman als das eine unteilbare Sein und erlange Vollkommenheit. Befreie dein Denken von allen Zerstreuungen und verharre im Bewusstsein des Atman." (Shankara 1981, S. 123)

b. Gott im Menschen

Gott oder ein göttliches Prinzip wird von nahezu allen Mystikern als dem Menschen innwohnend erlebt – also nicht als äußerer, vom Menschen völlig abgetrennter Gott. Demgemäß wird weniger davon gesprochen, dass sich Gott von außen in das Innere des Menschen ergießen muss, als davon, dass der Mensch in sein eigenes Inneres eintauchen muss, um Gott zu begegnen, ihn zu erleben.
Auch hierzu noch einmal ein diesbezügliches Zitat von Meister Eckhart (s.o. Kapitel 3.2 b):
„Gott ist uns »nahe«, wir aber sind ihm fern; Gott ist drinnen, wir aber sind draußen; Gott ist (in uns) daheim, wir aber sind in der Fremde." (Meister Eckhart und Quint 1979, Predigt 36, S. 327)

Ähnliche Gedanken finden sich in folgendem bekannten Gedicht, das dem persischen Sufi-Mystiker Rumi (1207 – 1273) zugeschrieben wird:
„Ich versuchte, ihn [Gott] zu finden am Kreuz der Christen, aber er war nicht dort. Ich ging zu den Tempeln der Hindus und zu den alten Pagoden, aber ich konnte nirgendwo eine Spur von ihm finden. Ich suchte ihn in den Bergen und Tälern, aber weder in der Höhe noch in der Tiefe sah ich mich imstande, ihn zu finden. Ich ging zur Kaaba in Mekka, aber dort war er auch nicht. Ich befragte die Gelehrten und Philosophen, aber er war jenseits ihres

Verstehens. Ich prüfte mein Herz, und dort verweilte er, als ich ihn sah. Er ist nirgends sonst zu finden."

c. Unerkennbarkeit und Unbeschreibbarkeit Gottes

Von fast jedem Mystiker wird betont, dass Gott (bzw. das göttliche Prinzip) unerkennbar und unnennbar, mit Worten nicht beschreibbar ist, da er jenseits aller Sprache und aller weltlichen Vorstellungen ist.
Auch hierzu zur Verdeutlichung noch einmal der schon zitierte Text von (Pseudo-) Dionysius Areopagita (s.o. Kapitel 3.2 c):

„Er ist weder Seele noch Geist; hat weder Einbildung noch Meinung, Vernunft- oder Verstandeserkenntnis; Er ist weder Wort noch Verstehen, wird weder ausgesprochen noch erkannt. [...]

Er ist nicht geistig berührbar, nicht Wissen oder Wahrheit, nicht Königtum oder Weisheit, weder Eines noch Einheit noch Gottheit noch Güte, nicht Geist, wie wir ihn verstehen; nicht Sohnschaft noch Vaterschaft noch sonst etwas von dem, was wir erkennen oder was ein anderes Seiendes erkennt; Er ist nichts vom Nichtseienden oder vom Seienden: Weder erkennt Ihn das Seiende als seiend noch erkennt Er das Seiende als seiend; es gibt für Ihn weder Begriff noch Namen noch Erkenntnis. (Dionysius und Stein 2015, S. 16 f.)

Oder noch einmal Meister Eckhart dazu (s.o. Kapitel 3.2 c):
„Gott ist namenlos, denn von ihm kann niemand etwas aussagen oder erkennen. Darum sagt ein heidnischer Meister: Was wir von der ersten Ursache erkennen oder aussagen, das sind wir mehr selber, als dass es die erste Ursache wäre; denn sie ist über alles Aussagen und Verstehen erhaben. [...]

Sage ich ferner: Gott ist ein Sein - es ist nicht wahr; er ist (vielmehr) ein überseiendes Sein und eine überseiende Nichtheit! Daher sagt Sankt Augustinus: Das Schönste, was der Mensch über Gott auszusagen vermag, besteht darin, dass er aus der Weisheit des inneren Reichtums schweigen könne. Schweig daher und klaffe [schwatze] nicht über Gott. [...]

Auch erkennen (wollen) sollst du nichts von Gott, denn Gott ist über allem Erkennen. Ein Meister sagt: Hätte ich einen Gott, den ich erkennen könnte, ich würde ihn nimmer für Gott ansehen! Erkennst du nun aber etwas von ihm: er ist nichts davon, und damit, dass du etwas von ihm erkennst, gerätst du in Erkenntnislosigkeit und durch solche Erkenntnislosigkeit in Tierischkeit." (Meister Eckhart und Quint 1979, Predigt 42, S. 353)

Und die ersten Worte des Daodejing von Laozi lauten entsprechend (s.o. Kapitel 8.2):
   „Das Dao, das sich aussprechen lässt,
   ist nicht das ewige Dao.
   Der Name, der sich nennen lässt,
   ist nicht der ewige Name."
(Laotse und Wilhelm 2004, Kapitel 1)

Ebenso ist für fast alle Mystiker das Erlebnis der mystischen Vereinigung mit Gott unbeschreibbar, unaussprechbar, da für diese Erfahrungen in unserer Sprache, die ja anhand unserer Alltagserlebnisse gebildet wurde, die passenden Worte und Begriffe fehlen.

Es sei hierzu noch einmal an die Stelle im 2. Korintherbrief (2. Korinther 12,4) über die Entrückung des Apostels Paulus in das Paradies erinnert, wo er *„unaussprechliche Worte [hörte], die kein Mensch sagen kann"*.

d. Der Weg zur Erleuchtung

In den meisten Beschreibungen des Weges zur Erleuchtung werden mehrere Stufen beschrieben, die sich im Allgemeinen auf folgende drei Stufen bzw. Phasen zurückführen lassen:
   1. Stufe: Reinigung,
   2. Stufe: Erleuchtung,
   3. Stufe: Vereinigung mit Gott (unio mystica).

Es bestehen jedoch große Unterschiede in der Frage, inwieweit sich der Mensch selbst bemühen muss, inwieweit er überhaupt etwas selbst dazu tun kann, um diese Stufen zu erreichen bzw. inwieweit er hierbei auf die Gnade Gottes oder eines höheren göttlichen Prinzips angewiesen ist.

Wie schon erwähnt (s.o. Kapitel 3.2 d), wird von den meisten Mystikern in allen Religionen die Ansicht vertreten, dass der Mensch die zweite und die dritte Stufe auf dem Weg zu Gott, die Erleuchtung und die Vereinigung, nicht mehr selbst beeinflussen kann, sondern dass sie zu erreichen allein durch göttliche Gnade bewirkt wird.

Unterschiedliche Auffassungen gibt es jedoch bezüglich der Frage, ob der Mensch etwas dazu beitragen muss, diese Gnade zu erlangen, ob er also die erste Stufe, die Reinigung, selbst aktiv in die Hand nehmen muss.

Die eine Seite vertritt die Ansicht, dass der Mensch die erste Stufe selbst vorbereiten muss, z.B. indem er sein Inneres „reinigt", sich gewissermaßen von allem weltlichen Ballast befreien muss, damit Gott in ihn einkehren kann bzw. Gott in seinem Inneren erkennbar und erfahrbar wird – oder in der Sprechweise der östlichen Religionen, damit er zur Erleuchtung bzw. zur Selbstverwirklichung gelangen kann.

Hiernach ist in christlicher Ausdruckweise der Geist, die Seele des Menschen durch egoistische Wünsche und äußere Bilder so angefüllt, dass Gott keinen Platz in ihm findet. Deshalb muss die Seele gewissermaßen gesäubert, entleert werden, damit Gott in sie einkehren kann bzw. Gott in ihr erkennbar wird. Hierzu geben manche Mystiker konkrete Handlungsanweisungen und schlagen oft mühsame geistliche Übungen (gewissermaßen Techniken) vor, wie man sich innerlich reinigen soll, um sich auf die Erleuchtung und die Vereinigung mit Gott vorzubereiten.

Ein Bespiel für diese Auffassung wäre der Zen-Weg, auf dem der Mönch sich oft jahrelang in strenger Selbstzucht mit seinem Koan befasst. Auch manche Yoga-Praktiken im Hinduismus weisen mit ihren Übungen in diese Richtung (s.o. Kapitel 9.5).

Hierzu als Beispiel noch einmal die Zen-Geschichte von dem japanischen Zen-Meister Nan-in, den ein Universitätsprofessor besuchte, um etwas über Zen zu erfahren (s.o. Kapitel 10.4):

„Nan-in servierte Tee. Er goss die Tasse seines Besuchers voll und hörte nicht auf weiterzugießen.

Der Professor beobachtete das Überlaufen, bis er nicht mehr an sich halten konnte. »Es ist übervoll. Mehr geht nicht hinein!«

»So wie diese Tasse«, sagte Nan-in, »sind auch Sie voll mit Ihren eigenen Meinungen und Spekulationen. Wie kann ich Ihnen Zen zeigen, bevor Sie Ihre Tasse geleert haben?«" (Reps und Olvedi 1998, S. 21)

Auf der anderen Seite jedoch gibt es die Ansicht, dass der Mensch durch und durch so egoistisch ist, dass jede seiner Absichten und Handlungen, also auch seine geistlichen Übungen, ihn in seinem egoistischen Gefängnis verharren lassen, ihn also nicht von dort herausführen können, Gott nicht näherführen können - dass also jegliche Anstrengung auf dem Wege eher von Gott wegführt, dass eher eine gewisse „Anstrengungslosigkeit", eine Gelassenheit zu Gott führt.

In Kapitel 3.2 d wurde bereits erwähnt, dass beispielsweise Meister Eckhart stellenweise in die eine, stellenweise die andere Ansicht zu vertreten scheint – vielleicht je nach Auffassungsgabe seiner Zuhörer.

Ähnlich finden sich auch bei Angelus Silesius für beide Ansichten Beispiele:

WACHEN, FASTEN, BETEN.

Drei Werke muss man tun, wenn man vor Gott will treten;
Er fordert sonst auch nichts, als: Wachen, Fasten, Beten.

(II, 220)

DAS HÖCHSTE IST STILLE SEIN.

Geschäftig sein ist gut, viel besser aber beten;
Noch besser stumm und still vor Gott, den Herren, treten.

(II, 19)

(Angelus Silesius und Gnädinger 1986, s.o. Kapitel 6.1 und 6.2 c)

Innerhalb dieses letztgenannten Standpunktes der Anstrengungslosigkeit entsteht allerdings die paradoxe Situation, dass man zur Erreichung der ersten Stufe gewissermaßen „mit Absicht absichtslos" sein muss, dass „das eigene Ich das Ich aufgeben" muss, dass man in der Ausdrucksweise von Meister Eckhart „auf eine gewisse Weise weiselos" sein muss. Man gleicht damit der legendären Schnecke, die mit ihrem Hinterteil ihre Spur verwischen will und sie damit noch deutlicher macht: Jede persönliche Anstrengung, das „Ich", den Eigenwillen loszuwerden, stärkt den Eigenwillen und damit das Ich.

Dieses Paradoxon wird übrigens auch innerhalb der Mystik in anderen Religionen diskutiert. Ein Beispiel hierfür liefert eine Textstelle aus dem Buch „Zen in der Kunst des Bogenschießens" des deutschen Philosophen Eugen Herrigel (1884 – 1955), der sich intensiv mit dem Zen–Buddhismus auseinandergesetzt hat. In diesem Buch wird ein Gespräch von Herrigel mit einem Zen-Meister zitiert, in dem dieser ihm erklärt, wie man die Kunst des Bogenschießens erlernen kann.

Herrigel schreibt:
> *„»Was habe ich also zu tun?« fragte ich nachdenklich.*
> *»Sie müssen das rechte Warten erlernen.«*
> *»Und wie erlernt man das?«*
> *»Indem Sie loskommen von sich selbst, so entschieden sich selbst und all das Ihre hinter sich lassen, dass von Ihnen nichts mehr übrigbleibt als das absichtslose Gespanntsein.«*
> *»Ich soll also mit Absicht absichtslos werden«, entfuhr es mir.*
> *»So hat mich noch kein Schüler gefragt, und ich weiß daher die rechte Antwort nicht.«*
> *»Und wann beginnen wir mit diesen neuen Übungen?«*
> *»Warten Sie, bis es an der Zeit ist!«"*

(Herrigel 1981, S. 42)

Dass der Meister am Ende die Antwort auf die Frage des Schülers nicht weiß, deutet an, dass hier offenbar tatsächlich ein Paradoxon vorliegt, das mit den rationalen Zugängen der Sprache nicht auflösbar ist.

In Kapitel 9.5 wurde im Rahmen der hinduistischen Yoga-Praxis schon einmal auf diese Schwierigkeit hingewiesen. So hält z.B. Ramana Maharshi (s.o. Kapitel 9.7) einem Besucher, der aus den Upanishaden zitiert: *„Wer Brahman erkennt, wird zu Brahman"*, die Antwort entgegen: *„Man muss es nicht werden, sondern sein."* (Mudaliar 2011, S. 220)

Und an anderer Stelle antwortet Ramana Maharshi einem Besucher, der ihn fragt, ob es in seinem Leben so etwas wie eine der westlichen Mystik entsprechende Stufe der Reinigung gab:

„Das Selbst wird nicht dadurch erlangt, indem man etwas tut, sondern indem man still ist und das ist, was man ist." (Mudaliar 2011, S. 252)

Dieses Paradoxon lässt sich möglicherweise nur dadurch lösen, dass nicht nur die Stufe der Erleuchtung und die Stufe der Vereinigung ein Werk der göttlichen Gnade sind, sondern auch schon die erste Stufe der Reinigung.

Ein fiktives Gespräch zwischen einem Schüler und seinem Meister könnte damit beispielsweise lauten:

Schüler: *„Wie kann ich zur Erleuchtung kommen?"*

Meister: *„Zur Erleuchtung kann man nicht kommen, erleuchtet kann man nur sein."*

„Aber welche Eigenschaften muss ich haben, um erleuchtet sein zu können?"

„Dein Gemüt muss innerlich frei und leer von allen Bildern und persönlichen Wünschen sein."

„Aber wie kann ich mein Gemüt davon entleeren?"

„Du kannst es nicht entleeren, du musst leer sein! Leer sein kannst du aber nicht durch eigene Anstrengung, sondern allein durch göttliche Gnade."

Nach dieser Auffassung braucht der Mensch nichts selbst dafür zu tun, ja er kann nichts dafür tun, um Gott näherzukommen, sondern Gott muss zu ihm kommen – Gott selbst muss die Reinigung bewirken, damit er in den Menschen einziehen kann. Oder diese Position anders formuliert:

Unser ganzes Denken und Handeln geschieht in und durch Gottes Gnade. Und damit wären auch unsere geistlichen Übungen, die die Reinigung des Gemütes bewirken, Ausfluss der göttlichen Gnade, auch wenn wir selbst sie irrtümlicherweise unserer eigenen Willensentscheidung zuschreiben.

Diese Ansicht entspricht der von Martin Luther (auch wenn dieser nicht als Mystiker im eigentlichen Sinne bezeichnet werden kann), für den der Mensch nichts für sein geistliches Heil tun kann, also in der Denkweise der Mystik seine Erleuchtung auch nicht selbst vorbereiten kann (s.o. Kapitel 3.2 d und 5.3 a).

Ein anderes Beispiel für diese Ansicht ist das „Nicht-Handeln" (das wu wei) im Daoismus (s.o. Kapitel 8.4 und 8.6). Auch hierzu noch einmal einige kurze Textstellen.

„Wer das LEBEN hochhält,
handelt nicht und hat keine Absichten."

(Laozi in Laotse und Wilhelm 2004, Kapitel 38)

„Namenlose Einfalt bewirkt Wunschlosigkeit.
Wunschlosigkeit macht still,
und die Welt wird von selber recht."
(Laozi in Laotse und Wilhelm 2004, Kapitel 37)
„Nichts sinnen, nichts denken: so erkennst du das Dao; nichts tun und
nichts lassen; so ruhst du im Dao, keine Straße wandern: so erlangst du das
Dao." (Zhuangzi in Zhuangzi und Wilhelm 2002, Buch XXII,1; S. 227)

Das Wirken ohne Handeln *„ist das Wirkenlassen der schöpferischen Kräfte*
im und durch das eigne Ich, ohne selbst etwas von außen her dazu tun zu
wollen." (Richard Wilhelm in Laotse und Wilhelm 2004, S. 203)

Doch man kann natürlich auch hier die Frage stellen, ob der Mensch nicht
zuerst sein eigenes Ich reinigen muss, damit die schöpferischen Kräfte in
und durch ihn wirken können – womit man allerdings wieder in die oben
beschriebene Paradoxie gerät.

So lässt sich also zusammenfassen, dass die Frage, ob und inwieweit
der Mensch etwas dafür tun kann, um die erste Stufe der Reinigung auf dem
Weg zu Gott bzw. zur Erleuchtung zu erreichen, von den verschiedenen
Mystikern auch innerhalb einer religiösen Richtung unterschiedlich und zum
Teil auch nicht eindeutig beantwortet wird.

e. Leben in der Einheit mit Gott

Entgegen der verbreiteten Auffassung, dass der Mensch, der in der Einheit
mit Gott lebt, der Welt entsagt und sich in die Einsamkeit zurückzieht, betonen viele Mystiker immer wieder, dass dieser inmitten in der Welt stehen
kann, ohne jedoch in ihr verhaftet zu sein - ja dass nach der mystischen
Vereinigung erst das eigentliche Leben in Vollkommenheit beginnt.

In diesem Sinne sagt beispielsweise Angelus Silesius:
DIE EINSAMKEIT
Die Einsamkeit ist not: Doch sei nur nicht gemein,
So kannst du überall in einer Wüste sein.
(II, 117)

257

(*„sei nur nicht gemein"* ist wohl im Sinne von „Mache dich nicht gemein mit dem gewöhnlichen Volk" zu verstehen.)
GLEICHSCHÄTZUNG MACHT RUH.
Wenn du die Dinge nimmst ohn allen Unterscheid,
So bleibst du still und gleich in Lieb und auch in Leid.
(I, 38)
(Angelus Silesius und Gnädinger 1986, s.o. Kapitel 6.2 d)

Der Mensch, der in der Einheit mit Gott lebt, kann also äußerlich nach wie vor inmitten der Welt mit all ihren Verzweigungen und Verstrickungen leben, aber in seinem Inneren lebt er in Einsamkeit und Abgeschiedenheit.
Dies drückt auch der folgende bekannte Zen-Spruch aus:
„Vor der Erleuchtung: Holz hacken und Wasser holen;
nach der Erleuchtung: Holz hacken und Wasser holen. "
Äußerlich lebt der Verwirklichte weiter wie zuvor, aber in seinem Inneren hat er sich verwandelt.

Noch deutlicher hebt Meister Eckhart in seiner Predigt über Maria und Martha und seiner Interpretation hervor, dass die reine Kontemplation erst eine Vorstufe zur Vollkommenheit ist, die sich erst im tätigen Leben verwirklicht (s.o. Kapitel 3.2 e). So stellt er das aktive Leben der Martha über das rein kontemplative Leben der Maria und sagt: *„Wenn die Heiligen zu Heiligen werden, dann erst fangen sie an, Tugenden zu wirken."* (Meister Eckhart und Quint 1979, Predigt 28, S. 289)

Am nachdrücklichsten aber wird dies in der bekannten zen-buddhistischen Geschichte vom Ochs und seinem Hirten ausgedrückt (s.o. Kapitel 10.6), die in zehn Bildern den Weg des Mönches Weg zum Selbst und das Leben des Erleuchteten beschreibt. Im achten Bild wird die Erleuchtung des Mönches, die unio mystica durch einen leeren Kreis dargestellt – aber es folgen noch zwei weitere Bilder bzw. Stufen: Auf der zehnten und letzten Stufe kehrt der Mönch aus der äußeren Einsamkeit wieder in die Welt zurück und beschenkt die Menschen aus seiner inneren Fülle.

Aus diesen und anderen Texten vieler Mystiker wird auch immer wieder deutlich, dass es sich bei der mystischen Vereinigung, der unio mystica nicht um ein punktuelles und vorübergehendes ekstatisches Erlebnis handelt, sondern um eine dauerhafte Eigenschaft, ein Leben in der Welt im Zustand der inneren Vereinigung mit Gott, mit dem Selbst, mit dem Dao – welchen Namen man auch immer diesem inneren Seelen- und Weltengrund geben mag.

13.3 Gottesbilder - personaler und apersonaler Gott

In den verschiedenen Religionen existieren auch unterschiedliche Gottes-bilder, die sich auch häufig in den Gottesvorstellungen der Mystikerinnen und Mystiker des betreffenden Kulturkreises wiederfinden. Allerdings setzen sich manche Mystikerinnen und Mystiker über diese vorherrschenden Bilder hinweg – wodurch sie oft ausgegrenzt wurden: Im besten Falle wurden ihre Schriften verboten, in vielen Fällen wurde sie, wie beispielsweise im abend-ländischen Mittelalter, der Ketzerei bezichtigt und verfolgt, wenn nicht sogar hingerichtet.

Während in den abrahamitischen Religionen, also dem Christentum, dem Islam und dem Judentum, eine monotheistische und zumeist personale Gottesvorstellung vorherrscht, finden sich in den östlichen Religionen, also beispielsweise im Daoismus, im Hinduismus und im Buddhismus eher aper-sonale, pantheistische Vorstellungen von Gott bzw. dem Urgrund des Seins (wobei auch in diesen Religionen, vor allem als Volksreligionen, ihr Gott bzw. - wie im hinduistischen Polytheismus - ihre Götter oft personale Züge annehmen).

Der Weg und das Ziel der Mystik ist es (sofern man in der Mystik überhaupt von einem „Weg" und einem „Ziel" sprechen kann), Kontakt mit dem Göttli-chen aufzunehmen, sich ihm anzunähern, ihm zu begegnen und sich mit ihm zu vereinigen. Und dabei spielen die unterschiedlichen Gottesbilder na-turgemäß eine große Rolle.

Jedoch wird im Allgemeinen *vor* der mystischen Vereinigung, der unio mystica, Gott, die Gottheit, das Dao, das Selbst, das Sein oder wie auch immer das göttliche Prinzip bezeichnet werden mag, immer noch als eine von mir getrennte Wesenheit gedacht - sei sie nun personal oder apersonal, als innerhalb oder außerhalb von mir existierend vorgestellt. Es handelt sich also um eine dualistische Welt- und Gottesauffassung: Ich, meine Seele, mein Bewusstsein ist das Subjekt, das Gott als Objekt ansieht und versucht, ihm nahe zu kommen.

Unterschiede bestehen jedoch in der Auffassung, inwieweit im Zustand der mystischen Vereinigung diese Dualität bestehen bleibt: Ob das Ich, die persönliche Identität des Schauenden auch dort noch fortbesteht, oder ob sie in der Verschmelzung mit dem Göttlichen ausgelöscht wird.

Zu dem Unterschied insbesondere der westlichen und der östlichen Mystik sei noch einmal der schon oben (in Kapitel 10.7) erwähnte Jesuit und Zen-Meister Hugo Enomiya-Lassalle zitiert. Er vergleicht die Erleuchtung im Buddhismus und im Christentum und schreibt dazu:

„Der Buddhist erfährt in der Erleuchtung zwar das tiefste Selbst, aber als eins mit dem absoluten Sein. Er wird dadurch in seinem Glauben an die vollkommene Einheit allen Seins bestärkt.

Der Christ - oder wer an einen persönlichen Gott glaubt - erfährt das Selbst nicht nur in sich, sondern auch in seiner Beziehung zum absoluten Sein. Er erfährt Gott in seinem Selbst. Die christliche Gotteserfahrung geht über das Selbst. Daher wird das Selbst nicht in das Absolute »eingeschmolzen«. Im Gegenteil: Die Gotteserfahrung ist für den Christen die Vollendung seiner Persönlichkeit." (Enomiya-Lassalle und Wehr 1991, S. 125)

(Es ist hierbei allerdings zu beachten, dass Enomiya-Lassalle mit dem Begriff „Selbst" hier offenbar das persönliche Ich bezeichnet, nicht das tiefere innere Selbst, das dieser Begriff im Hinduismus z.B. bei Shankara bezeichnet.)

In der östlichen Mystik wird überwiegend die Ansicht vertreten, dass in der mystischen Vereinigung die individuelle Seele mit dem Göttlichen verschmilzt; der Unterschied zwischen dem Subjekt und dem Objekt wird aufgehoben und zurück bleibt eine nicht-duale Einheit zwischen Gott (Brahman, dem Selbst, dem Sein) und der Seele – was im Indischen „Advaita", Nichtzweiheit genannt wird. Es gibt weder einen Erkennenden noch etwas Erkanntes mehr - der zunächst von mir getrennte, mir gegenüberstehende Gott verschwindet zusammen mit meiner persönlichen Identität, und übrig bleibt das alles Umfassende All-Eine, das mit „meinem" Bewusstsein identisch ist.

(Dies kann auch einer der Gründe sein, weshalb, wie von vielen Mystikern betont wird, über das göttliche Prinzip und den Zustand der Vereinigung im Grunde nicht gesprochen werden kann: Wenn Gott als Objekt verschwindet, kann nichts mehr an und in ihm erkannt werden, und alle begrifflichen Umschreibungen versagen. Auch wenn das Göttliche in der Einheit erfahren wird, so kann es nur in der Dualität erinnert und beschrieben werden, deren Sprache jedoch die hierfür notwendigen Begriffe, die ja alle aus der Dualität stammen, gar nicht zur Verfügung stellt.)

Hierzu noch einmal ein markantes Zitat des indischen Advaita-Philosophen Shankara (s.o. Kapitel 9.4) über den Zustand nach der Erleuchtung:

„Das Ich ist vergangen. Ich habe meine Identität mit Brahman erfahren; so sind alle meine Wünsche ausgelöscht. Ich habe mich über meine Unwissenheit, meine Beschäftigung mit diesem Weltall der Erscheinungen erhoben. Was ist diese Freude in mir? Wer könnte sie ermessen? Ich kenne nichts mehr als grenzenlose, uferlose Freude!

Das Meer Brahmans ist voller Nektar, der Freude des Atman. Der Schatz, den ich dort gefunden habe, ist nicht mit Worten zu beschreiben. Gedanken können ihn nicht erfassen. Mein Bewusstsein fiel wie ein Hagelkorn in die Weite des Meeres, das Brahman ist. Als es einen Tropfen dieses Meeres berührte, löste es sich auf und wurde eins mit Brahman." (Shankara 1981, S. 123 f.)

* * * * *

Dagegen findet sich in der christlichen Mystik überwiegend (aber nicht ausschließlich) die Auffassung, dass sich in der unio mystica die individuelle Seele zwar mit Gott vereint, dass dabei jedoch immer noch ihr individuelles Bewusstsein bestehen bleibt (s. obiges Zitat von Enomiya-Lassalle): Die Seele erfährt Gott auch in der mystischen Vereinigung als ein Gegenüber, mit dem sie in einer dualen Ich-Du-Beziehung bleibt.

Typische Beispiele hierfür finden sich vor allem in der mittelalterlichen Brautmystik (s.o. Kapitel 4.4), in der oft geschildert wird, wie die Mystikerin Gott in der Person von Christus begegnet und sich mit ihm vereint.
Hierzu ein schon oben in Kapitel (4.5) angeführtes Zitat von Mechthild von Magdeburg:

Gott bzw. die Gottheit spricht zu der Seele: *»Edle Seele, ihr seid meiner Natur so innig verbunden, dass gar nichts zwischen Euch und mir sein darf. Niemals war ein Engel so erhaben, dass ihm auch nur für einen Augenblick zuteil geworden wäre, was Euch auf ewig zu eigen ist.« [...] Darauf tritt da eine selige Stille ein, wie es beide wollen. Er schenkt sich ihr, und sie schenkt sich ihm. Was ihr jetzt geschieht, das weiß sie - und dies ist mein Trost. Nun kann dies nicht lange währen; wo zwei Liebende heimlich zusammenkommen, müssen sie immer wieder auseinandergehen, ohne sich doch zu trennen.“* (Mechthild von Magdeburg und Vollmann-Profe 2008, S. 47)

Gott und die Seele vereinigen sich, aber sie gehen auch wieder auseinander – die Seele wird also durch die Vereinigung nicht „eingeschmolzen“, nicht vernichtet – ihre Persönlichkeit, ihr individuelles Bewusstsein bleibt erhalten.

(Dass in der östlichen Mystik dagegen bei der Vereinigung mit dem Absoluten keine duale Ich-Du-Beziehung mehr erhalten bleibt, hängt natürlich auch eng damit zusammen, dass dort das Göttliche eher apersonal vorgestellt wird.)

Der oben in Kapitel 6 genauer behandelte Angelus Silesius beschreibt zwar mehrfach die Vereinigung mit Gott als Ziel, z.B. in den Versen;
DIE GEISTLICHE GOLDMACHUNG.
Dann wird das Blei zu Gold, dann fällt der Zufall hin,
Wann ich mit Gott durch Gott in Gott verwandelt bin.
(I, 102)
WIE SIEHT MAN GOTT?
Gott wohnt in einem Licht, zu dem die Bahn gebricht:
Wer es nicht selber wird, der sieht ihn ewig nicht.
(I, 72)
DAS ERKENNENDE MUSS DAS ERKANNTE WERDEN.
In Gott wird nichts erkannt: er ist ein einig Ein,
Was man in ihm erkennt, das muss man selber sein.
(I, 285)
(Angelus Silesius und Gnädinger 1986 s.o. Kapitel 6.2 b)

Andererseits betont er, dass bei dieser Vereinigung die Individualität der menschlichen Seele erhalten bleibt. So schreibt in er der Vorrede zu seinem „Cherubinischen Wandersmann":

„Und ist hiermit einmal für allemal zu wissen, dass des Urhebers [Angelus Silesius`] Meinung nirgends sei, dass die menschliche Seele ihre Geschaffenheit solle oder könne verlieren und durch die Vergottung in Gott oder sein ungeschaffenes Wesen verwandelt werden, welches in alle Ewigkeit nicht sein kann. Denn obwohl Gott allmächtig ist, so kann er doch dieses nicht machen (und wenn ers könnte, wäre er nicht Gott), dass eine Kreatur natürlich und wesentlich Gott sei. Derowegen sagt Taulerus in seinen Geistlichen Unterrichtungen c. [Kapitel] 9: »Weil der Allerhöchste nicht machen konnte, dass wir von Natur Gott wären (denn dies steht ihm alleine zu), so hat er gemacht, dass wir Gott wären aus Gnaden, damit wir zugleich mit ihm in immerwährender Liebe besitzen mögen eine Seligkeit, eine Freude und ein einiges Königreich.« Sondern dieses ist sein Sinn, dass die gewürdigte und heilige Seele zu solcher naher Vereinigung mit Gott und seinem göttlichen Wesen gelange, dass sie mit demselben ganz und gar durchdrungen, überformet, vereinigt und eines sei; dermaßen, dass wenn man sie sehen sollte, man an ihr nichts anderes sehen und erkennen würde als Gott, wie dann im ewigen Leben geschehen wird, weil sie von dem Glanze seiner Herrlichkeit gleichsam ganz verschlungen sein wird." [Hierin bezieht er sich auf die Schrift „Geistliche Unterrichtungen", die Johannes Tauler (1300 – 1361), einem Schüler von Meister Eckhart zugeschrieben wird.] (Angelus Silesius und Gnädinger 1986, S. 10 f.)

Aber auch in der christlichen Mystik finden sich, wenn auch nur vereinzelt (dafür allerdings an prominenter Stelle), Beispiele, die der oben beschriebenen östlichen Auffassung gleichen.

So schreibt Meister Eckhart (s.o. Kapitel 3.2 b):

Die Seele *„wird mit Gott eins und nicht [nur] vereint; denn, wo Gott ist, da ist [auch] die Seele, und, wo die Seele ist, da ist [auch] Gott."* (Meister Eckhart und Quint 1976, Predigt 64, S. 519)

Noch deutlicher sagt er es an anderer Stelle:

„Soll ich aber Gott auf solche Weise unmittelbar erkennen, so muss ich schlechthin er, und er muss ich werden. Genauerhin sage ich: Gott muss schlechthin ich werden und ich schlechthin Gott, so völlig eins, dass dieses »Er« und dieses »Ich« Eins ist, werden und sind und in dieser Seinsheit ewig

ein Werk wirken. Denn, solange dieses »Er« und dieses »Ich«, das heißt Gott und die Seele, nicht ein einziges Hier und ein einziges Nun sind, solange könnte dieses »Ich« mit dem »Er« nimmer wirken noch eins werden." (Meister Eckhart und Quint 1979. S. 354 f.)

Und die mittelalterliche Mystikerin Marguerite Porete schreibt entsprechend (s.o. Kapitel 4.7):

Auf der sechsten Stufe auf dem Weg zu Gott schließlich sieht die Seele, *„dass da nichts ist außer Gott selbst, der ist, von dem alles ist. Und das, was ist, ist Gott selbst, und deshalb sieht sie nichts außer sich selbst. Denn wer das sieht, was ist, sieht nichts außer Gott selbst, der sich in dieser Seele selbst sieht. [...]*

[Sie sieht] *weder Gott noch sich selbst, vielmehr sieht Gott sich von sich aus in ihr, für sie, ohne sie. Dieser (nämlich Gott) zeigt ihr, dass nichts ist als nur er."* (Marguerite Porete und Kern 2011, S. 184)

An diesen Beispielen erkennt man, dass es auch christliche Mystikerinnen und Mystiker gibt, deren Ansicht vom Zustand in und nach der mystischen Vereinigung derjenigen der östlichen Mystik sehr nahekommt: Dass mein individuelles Bewusstsein sich in der unio mystica mit dem göttlichen Bewusstsein so vereint, dass das göttliche Bewusstsein zu meinem Bewusstsein und mein Bewusstsein zum göttlichen Bewusstsein wird.

Und vielleicht ist dies letztlich das Endziel jedweder Mystik

13.4 Abschluss

In den vergangenen Kapiteln wurden viele Mystikerinnen und Mystiker aus den unterschiedlichsten Weltreligionen zitiert, aus dem östlichen Kulturraum des Hinduismus, Daoismus und Buddhismus und aus dem westlichen christlichen Kulturraum, und der Zeitraum dieser Zitate reicht von den Veden, die etwa im zweiten vorchristlichen Jahrtausend entstanden, bis in die Gegenwart. Betrachtet man nun im Rückblick diese Zitate in der Zusammenschau, so ist der Eindruck unabweisbar, dass die von diesen Mystikerinnen und Mystikern geschilderten eigenen spirituellen Erlebnisse alle ein und derselben Quelle entstammen – dass sie in der mystischen Vereinigung die gleichen inneren Empfindungen hatten, die sie, je nach Bildungsstand und religiös-kulturellem Hintergrund, in unterschiedlichen Worten und Bildern ausdrückten.

Und so wird die Überzeugung gestärkt, dass die Spiritualität, die sich in der Mystik ausdrückt, zu einem wesentlichen Teil der menschlichen Natur gehört. Jeder einzelne Text aber kann als ein Aspekt, als eine Facette der Mystik betrachtet werden – und alle Facetten zusammen können vielleicht eine Ahnung von diesem inneren spirituellen Urgrund vermitteln, der jedem Menschen innewohnt.

LITERATURVERZEICHNIS

Angelus Silesius; Gnädinger, Louise (Hg.) (1986): Cherubinischer Wandersmann oder geistreiche Sinn- und Schlussreime. Vollst. Ausg. Zürich: Manesse-Verlag (Manesse-Bibliothek der Weltliteratur).

Angelus Silesius; Held, Hans Ludwig (Hg.) (2002): Sämtliche poetische Werke. In drei Bänden. Lizenzausg., nach der 3., erw. Aufl. von 1952. Wiesbaden: Fourier.

Benedikt XVI. (2008): Pseudo-Dionysius Areopagita. Generalaudienz vom 14.5.2008.

Bittrich, Dietmar; Salvesen, Christian (2002): Die Erleuchteten kommen. Satsang: Antwort auf die wichtigen Fragen des Lebens. 1. Aufl., Orginalausg. München: Goldmann.

Bock, Rudolf (2003): Lao-tzu und Chuang-tzu. Der philosophisch-mystische Taoismus. Münster: Principal-Verl.

Buckler, Scott (2011): The Plateau Experience. Maslow`s Unfinished Theory. [Place of publication not identified]: LAP LAMBERT ACADEMIC PUBL.

Bultmann, Rudolf (Hg.) (1993): Glauben und Verstehen. Gesammelte Aufsätze. Erster Band. 9. Auflage Tübingen.

Büttner, Herman (1934): Meister Eckehart. Schriften. Jena: Eugen Diederichs Verlag.

Ceming, Katharina; Werlitz, Jürgen (2007): Die verbotenen Evangelien. Apokryphe Schriften. Ungekürzte Taschenbuchausg. München, Zürich: Piper (Serie Piper, 5027).

Deussen, Paul (1921): Sechzig Upanishad´s des Veda. 3. Aufl. Leizig: Brockhaus.

Deussen, Paul; Michel, Peter (Hg.) (2007): Upanishaden. Die Geheimlehre des Veda. 2. Aufl. 2007. neu gesetzt und überarb. nach der 3. Aufl. 1938. Wiesbaden: Marixverl. Online verfügbar unter http://deposit.ddb.de/cgi-bin/dokserv?id=2709387&prov=M&dok_var=1&dok_ext=htm.

Die Bibel (2017): Nach Martin Luthers Übersetzung: Lutherbibel. Revidiert 2017, Jubiläumsausgabe "500 Jahre Reformation". Stuttgart: Deutsche Bibelgesellschaft.

Dinzelbacher, Peter (Hg.) (1998): Wörterbuch der Mystik. 2., erg. Aufl. Stuttgart: Kröner (Kröners Taschenausgabe, 456).

Dinzelbacher, Peter; Bauer, Dieter R. (Hg.) (1990): Frauenmystik im Mittelalter. [Wissenschaftliche Studientagung der Akademie der Diözese Rottenburg-Stuttgart, 22.-25. Februar 1984 in Weingarten]. Studientagung der Akademie der Diözese Rottenburg-Stuttgart. 2. Aufl. Ostfildern: Schwabenverl.

Dionysius; Stein, Edith (2015): Über alles Licht erhaben. Mystische Theologie, die Namen Gottes, himmlische Hierarchie, kirchliche Hierarchie. Kevelaer: Topos (Topos-Taschenbücher, 1009).

Dumoulin, Heinrich (1976): Der Erleuchtungsweg des Zen im Buddhismus. Orig.-Ausg. Frankfurt a.M.: Fischer Taschenbuch-Verl. (Fischer-Taschenbücher, 1667).

Ebert, Gabriele (2003): Ramana Maharshi. Sein Leben. Orig.-ausg. Stuttgart: Lüchow.

Enomiya-Lassalle, Hugo M.; Wehr, Gerhard (Hg.) (1991): Erleuchtung ist erst der Anfang. Texte zum Nachdenken. Orig.-Ausg. Freiburg im Breisgau, Basel, Wien: Herder (Herder-Spektrum, Bd. 4048).

Fischer-Schreiber, Ingrid (Hg.) (1994): Lexikon der östlichen Weisheitslehren. Buddhismus, Hinduismus, Taoismus, Zen. 2. Aufl. der Sonderausg. München: Barth.

Glasenapp, Helmuth von (o.J.): Indische Geisteswelt. Eine Auswahl von Texten in deutscher Übersetzung. Wiesbaden: Emil Vollmer Verlag.

Glasenapp, Helmuth von (1948): Der Stufenweg zum Göttlichen. Shankaras Philosophie der All-Einheit. Baden-Baden: Hans Bühler Junior.

Glasenapp, Helmuth von (1974): Die Philosophie der Inder. Eine Einführung in ihre Geschichte und ihre Lehren. 3. Aufl. Stuttgart: Kröner (Kröners Taschenausgabe, 195).

Glasenapp, Helmuth von (2005): Die fünf Weltreligionen. Hinduismus, Buddhismus, Chinesischer Universismus, Christentum, Islam. München: Diederichs (Diederichs gelbe Reihe).

Glasenapp, Helmuth von; Boxberger, Robert (Hg.) (2008): Bhagavadgita. Das Lied der Gottheit. Stuttgart: Reclam (Reclams Universal-Bibliothek, 7874).

Grün, Anselm (2011): Mystik. Den inneren Raum entdecken. 3. Aufl. Freiburg, Br., Basel, Wien: Herder (Inspiration Christentum, Bd. 6060).

Herrigel, Eugen (1981): Zen in der Kunst des Bogenschießens. 20. Aufl. München: Otto-Wilhelm-Barth-Verlag.

Jäger, Willigis (2013): Wiederkehr der Mystik. Das Ewige im Jetzt erfahren. Freiburg i.Br., Basel etc.: Herder (Herder-Spektrum, Bd. 6569).

James, William; Herms, Eilert; Sloterdijk, Peter (1997): Die Vielfalt religiöser Erfahrung. Eine Studie über die menschliche Natur. Lizenzausg. Frankfurt am Main: Insel-Verl. (Insel Taschenbuch, 1784).

Karrer, Otto und Piesch, Herma (1927): Meister Eckeharts Rechtfertigungsschrift. Erfurt: Verlag Kurt Stenger.

Laotse; Wilhelm, Richard (2004): Tao-te-king. Das Buch vom Sinn und Leben. Kreuzlingen/München: Hugendubel (Diederichs gelbe Reihe).

Lao-Tzu; Yutang, Lin (Hg.) (1985): Die Weisheit des Laotse. Lizenzausg. Frankfurt am Main: Büchergilde Gutenberg.

Leppin, Volker (2007): Die christliche Mystik. Orig.-Ausg. München: Beck (Beck'sche Reihe C.-H.-Beck-Wissen, 2415).

Leppin, Volker (2016): Die fremde Reformation. Luthers mystische Wurzeln. 1. Aufl. München: C.H. Beck. Online verfügbar unter http://elibrary.chbeck.de/10.17104/9783406690822/die-fremde-reformation.

Luther, Martin (2006): Der Mensch vor Gott. 1. Aufl. Band 1. Leipzig: Evang. Verlagsanst (Lateinisch-Deutsche Studienausgabe, 01).

Luther, Martin; Aland, Kurt (Hg.) (2008): Martin Luther, gesammelte Werke. Mit Einführungen zur Entstehungs- und Wirkungsgeschichte der Werke ; Stellenkommentare, Personenregister und Schriftenverzeichnis ; CD-ROM. Berlin: Directmedia Publ (Zeno.org, 39).

Marguerite Porete; Kern, Bruno (2011): Der Spiegel der einfachen Seelen. Mystik der Freiheit. Wiesbaden: Marixverl.

Maslow, Abraham H.; Doubrawa, Erhard; Tembrins, Karola; Steindl-Rast, David (Hg.) (2014): Jeder Mensch ist ein Mystiker. Impulse für die seelische Ganzwerdung. Wuppertal: Hammer (Eine Edition der Gestalt-Institute Köln & Kassel).

Mattheß, Klaus (2019): Luthers Lehre vom unfreien Willen - heute. Luthers Lehre vom unfreien Willen im Lichte der aktuellen Debatte um die Willensfreiheit. In: Aufklärung und Kritik 26. Jahrgang (2), S. 217–225.

Mechthild von Magdeburg; Vollmann-Profe, Gisela (Hg.) (2008): "Das fließende Licht der Gottheit". Eine Auswahl ; mittelhochdeutsch/neuhochdeutsch. Stuttgart: Reclam (Reclams Universal-Bibliothek, Nr. 18557).

Meister Eckhart; Quint, Josef (1963): Die deutschen und lateinischen Werke. Die deutschen Werke. Herausgegeben und übersetzt von Josef Quint. Fünfter Band. Traktate. Stuttgart: Kohlhammer.

Meister Eckhart; Quint, Josef (Hg.) (1976): Die deutschen und lateinischen Werke. Die deutschen Werke. Herausgegeben und übersetzt von Josef Quint: Dritter Band - Predigten Dritter Band. Stuttgart: Kohlhammer.

Meister Eckhart; Quint, Josef (Hg.) (1979): Deutsche Predigten und Traktate. Lizenzausg., Neued. Zürich: Diogenes-Verl. (Diogenes-Taschenbuch detebe-Klassiker, 20642).

Mittwede, Martin (1992): Spirituelles Wörterbuch Sanskrit-Deutsch. 6. Aufl. 2007. Dietzenbach: Sathya-Sai-Vereinigung.

Mudaliar, Devaraja (2006): Day by day with Bhagavan. From the diary of A. Devaraja Mudaliar. Tiruvannamalai, India: Sri Ramanasramam.

Mudaliar, Devaraja (2011): Tagebuch der Gespräche mit Ramana Maharshi. 2. Aufl. Norderstedt: Books On Demand.

Mülhaupt, Erwin (1959): Luthers Psalmen-Auslegung. 1. Band. Göttingen: Vandenhoeck & Ruprecht.

Nagamma, Suri (2011): Briefe aus dem Ramanashram. 2. Aufl. Norderstedt: Books On Demand.

Ohtsu, Daizohkutsu R.; Tsujimura, Kôichi; Buchner, Hartmut (1999): Der Ochs und sein Hirte. Eine altchinesische Zen-Geschichte ; mit japanischen Bildern aus dem 15. Jahrhundert. 8. Aufl. Stuttgart: Neske.

Parker, John W. (2001): Dialogues with emerging spiritual teachers. 1st ed. Fort Collins, Colo.: Sagewood Press.

Pfeiffer, Franz (Hg.) (1886): Deutsche Theologie. Gernsbach.

Pieper, Josef (2014): Thomas von Aquin. Leben und Werk. Genehmigte Lizenzausgabe. Hg. v. Berthold Wald. Kevelaer: Verlagsgemeinschaft Topos plus (Topos Taschenbücher, Band 869).

Quint, Josef (1957): Textbuch zur Mystik des deutschen Mittelalters. Meister Eckhart, Tauler, Seuse. Tübingen: Max Niemeyer Verlag.

Rahner, Karl (1966): Schriften zur Theologie. Band 7. Zur Theologie des geistlichen Lebens. Einsiedeln: Benzinger.

Ramaṇa; Porep, Rüdiger (Hg.) (2005): Nan Yar?- Wer bin ich? 2. Aufl. Hamburg: AdvaitaMedia.

Ramana Maharshi (2003): Gespräche des Weisen vom Berge Arunachala. Gesamtausg., 5. Aufl. München: Ansata-Verl.

Ramana Maharshi (2006): Sei, was du bist! Ramana Maharshis Unterweisungen über das Wesen der Wirklichkeit und den Pfad der Selbstergründung. 8. Aufl. Frankfurt a.M.: Fischer.

Rat der Evangelischen Kirche in Deutschland (2014): Rechtfertigung und Freiheit. 500 Jahre Reformation 2017. Gütersloh: Gütersloher Verlagshaus.

Reps, Paul; Olvedi, Ulli (Hg.) (1998): Ohne Worte - ohne Schweigen. 101 Zen-Geschichten und andere Zen-Texte aus 4 Jahrtausenden. 11. Aufl. Bern: Barth.

Ruh, Kurt (1985): Meister Eckhart. Theologe, Prediger, Mystiker. München: Beck.

Schopenhauer, Arthur (1972b): Sämtliche Werke. Die Welt als Wille und Vorstellung. Zweiter Band. 3. Aufl. Wiesbaden: Brockhaus.

Schopenhauer, Arthur (1972a): Sämtliche Werke. Die Welt als Wille und Vorstellung. Erster Band. 3. Aufl. Wiesbaden: Brockhaus.

Seuse, Heinrich (1911a): Deutsche Schriften. Erster Band. Übertragen und eingeleitet von Walter Lehmann. Jena: Eugen Diederichs.

Seuse, Heinrich (1911b): Deutsche Schriften. Zweiter Band. Übertragen und eingeleitet von Walter Lehmann. Jena: Eugen Diederichs.

Seuse, Heinrich; Tauler, Johannes; Jaspert, Bernd (Hg.) (1993): Mystische Schriften. 2. Aufl. München: Diederichs (Diederichs gelbe Reihe, 74).

Shankara (o.D.): Shankara´s One Hundred Verses. Hg. v. V. Krishnamurthy. Online verfügbar unter https://www.profvk.com/30-first-16-shlokas-of-shata-shloki.

Shankara (1981): Das Kleinod der Unterscheidung. Die Erkenntnis der Wahrheit. Bearbeitete und erweiterte Neuauflage 1981. Bern, München, Wien: Scherz Verlag für Otto Wilhelm Barth Verlag.

Shubun (15. Jahrhundert): Der Ochs und sein Hirte. Wikimedia Commons.

Sieck, Annerose (2011): Mystikerinnen. Biographien visionärer Frauen. Ostfildern: Thorbecke.

Störmer-Caysa, Uta (2004): Einführung in die mittelalterliche Mystik. überarb. und erg. Neuausg. Stuttgart: Reclam (Reclams Universal-Bibliothek, 17646).

Suzuki, Daisetz Taitaro (1957): Der westliche und der östliche Weg. Essays über christliche und buddhistische Mystik. Frankfurt/M - Berlin -Wien: Ullstein GmbH.

Suzuki, Daisetz Teitaro (2004): Manual of Zen Buddhism. New York: Grove Press.

Suzuki, Daisetz Teitaro; Schottlaender, Felix; Jung, C. G. (1999): Die große Befreiung. Einführung in den Zen-Buddhismus. Limitierte Jub.-Ausg. München: Barth.

Thomas von Aquin: Summa Theologica.

Tolle, Eckhart (2003): Stille spricht. Wahres Sein berühren. 4. Aufl. München: Goldmann (Arkana).

Tolle, Eckhart (2007): Jetzt! - Die Kraft der Gegenwart. Ein Leitfaden zum spirituellen Erwachen. Unter Mitarbeit von Christine Bolam und Marianne Nentwig. 17. Auflage. Bielefeld: J. Kamphausen Verlag & Distribution GmbH.

Tolle, Eckhart; Ifang, Erika (2002): Leben im Jetzt. Lehren, Übungen und Meditationen aus "The Power of Now". 14. Aufl. München: Arkana (Goldmann Arkana, 33680).

Triebel, Eckhart: Meister Eckhart. Online verfügbar unter http://www.eckhart.de/.

Trusen, Winfried (1988): Der Prozeß gegen Meister Eckhart. Vorgeschichte, Verlauf und Folgen. Paderborn: Schöningh (Rechts- und staatswissenschaftliche Veröffentlichungen der Görres-Gesellschaft N.F., 54).

Unger, Helga (Hg.) (1991): Der Berg der Liebe. Europäische Frauenmystik. Freiburg im Breisgau: Herder (Reihe Frauenforum).

Vivekānanda; Friedrichs, Kurt (Hg.) (2010): Vedanta. Der Ozean der Weisheit ; eine Einführung in die spirituellen Lehren und die Praxis des geistigen Yoga in der indischen Vedanta-Tradition. Neuausg. München: Barth.

Watts, Alan (1985): Vom Geist des Zen. 2. Aufl. Basel: Sphinx Verl.

Watts, Alan; Huang, Al Chung-liang; Schaup, Susanne (2003): Der Lauf des Wassers. Die Lebensweisheit des Taoismus. 1. Aufl. Frankfurt am Main: Insel-Verl. (Insel-Taschenbuch, 2939).

Wehr, Gerhard (2011a): Angelus Silesius. Textauswahl und Kommentar. Hg. v. Gerhard Wehr. Wiesbaden: Marixverl.

Wehr, Gerhard (2011b): Die deutsche Mystik. Köln: Anaconda Verlag.

Wehr, Gerhard (2013): Dionysius Areopagita. Hg. v. Gerhard Wehr. Wiesbaden: Marixverl.

Weischedel, Wilhelm (1979): Der Gott der Philosophen. München: Dt. Taschenbuch-Verl. (dtv dtv-Wissenschaft, 4322).

Wolz-Gottwald, Eckard (2011): Die Mystik in den Weltreligionen. Spirituelle Wege und Übungsformen. 1. Aufl. Petersberg: Verl. Via Nova.

Zaiser, Rainer (1995): Die Epiphanie in der französischen Literatur. Zur Entmystifizierung eines religiösen Erlebnismusters. Zugl.: Tübingen, Univ., Habil.-Schr., 1995. Tübingen: Narr (Études littéraires françaises, 63).

Zhuangzi (Hg.) (2013): Das Buch der Spontaneität. Über den Nutzen der Nutzlosigkeit und die Kultur der Langsamkeit ; das klassische Buch daoistischer Weisheit. Unter Mitarbeit von Victor H. Mair. 2. Aufl. Oberstdorf: Windpferd (Schneelöwe).

Zhuangzi; Wilhelm, Richard (2002): Das wahre Buch vom südlichen Blütenland. Sonderausg. Düsseldorf: Heinrich Hugendubel (Diederichs gelbe Reihe, 172).

Webseite zum Buch:
www.facettendermystik.de

INDEX

Mystikerinnen, Mystiker und mystische Schriften